中学校学習指導要領(平成29年告示)解説

国語編

平成29年7月

文部科学省

まえがき

　文部科学省では，平成29年3月31日に学校教育法施行規則の一部改正と中学校学習指導要領の改訂を行った。新中学校学習指導要領等は平成33年度から全面的に実施することとし，平成30年度から一部を移行措置として先行して実施することとしている。

　今回の改訂は，平成28年12月の中央教育審議会答申を踏まえ，

① 教育基本法，学校教育法などを踏まえ，これまでの我が国の学校教育の実績や蓄積を生かし，子供たちが未来社会を切り拓（ひら）くための資質・能力を一層確実に育成することを目指すこと。その際，子供たちに求められる資質・能力とは何かを社会と共有し，連携する「社会に開かれた教育課程」を重視すること。

② 知識及び技能の習得と思考力，判断力，表現力等の育成のバランスを重視する平成20年改訂の学習指導要領の枠組みや教育内容を維持した上で，知識の理解の質を更に高め，確かな学力を育成すること。

③ 先行する特別教科化など道徳教育の充実や体験活動の重視，体育・健康に関する指導の充実により，豊かな心や健やかな体を育成すること。

を基本的なねらいとして行った。

　本書は，大綱的な基準である学習指導要領の記述の意味や解釈などの詳細について説明するために，文部科学省が作成するものであり，中学校学習指導要領第2章第1節「国語」について，その改善の趣旨や内容を解説している。

　各学校においては，本書を御活用いただき，学習指導要領等についての理解を深め，創意工夫を生かした特色ある教育課程を編成・実施されるようお願いしたい。

　むすびに，本書「中学校学習指導要領解説国語編」の作成に御協力くださった各位に対し，心から感謝の意を表する次第である。

　平成29年7月

　　　　　　　　　　　　　　　　　　　　　　文部科学省初等中等教育局長

　　　　　　　　　　　　　　　　　　　　　　　　　　髙　橋　道　和

目次

- 第1章　総説 ……………………………………………………… 1
  - 1　改訂の経緯及び基本方針 …………………………………… 1
  - 2　国語科の改訂の趣旨及び要点 ……………………………… 6

- 第2章　国語科の目標及び内容 ………………………………… 11
  - 第1節　国語科の目標 …………………………………………… 11
    - 1　教科の目標 ………………………………………………… 11
    - 2　学年の目標 ………………………………………………… 15
  - 第2節　国語科の内容 …………………………………………… 17
    - 1　内容の構成 ………………………………………………… 17
    - 2　〔知識及び技能〕の内容 ………………………………… 18
    - 3　〔思考力, 判断力, 表現力等〕の内容 …………………… 27

- 第3章　各学年の内容 …………………………………………… 40
  - 第1節　第1学年の内容 ………………………………………… 40
    - 1　〔知識及び技能〕 ………………………………………… 40
    - 2　〔思考力, 判断力, 表現力等〕 …………………………… 54
  - 第2節　第2学年の内容 ………………………………………… 74
    - 1　〔知識及び技能〕 ………………………………………… 74
    - 2　〔思考力, 判断力, 表現力等〕 …………………………… 86
  - 第3節　第3学年の内容 ………………………………………… 103
    - 1　〔知識及び技能〕 ………………………………………… 103
    - 2　〔思考力, 判断力, 表現力等〕 …………………………… 114

- 第4章　指導計画の作成と内容の取扱い ……………………… 131
  - 1　指導計画作成上の配慮事項 ………………………………… 131
  - 2　内容の取扱いについての配慮事項 ………………………… 138
  - 3　教材についての配慮事項 …………………………………… 141

- 付 録 ……………………………………………………………… 145
  - 付録1：学校教育法施行規則（抄）……………………… 146
  - 付録2：中学校学習指導要領　第1章　総則…………… 151
  - 付録3：中学校学習指導要領　第2章　第1節　国語
    ……………………………………………………………… 158
  - 付録4：教科の目標，各学年の目標及び内容の系統表
    （小・中学校国語科）……………………………………… 166
  - 付録5：小学校学習指導要領　第2章　第1節　国語
    ……………………………………………………………… 178
  - 付録6：中学校学習指導要領　第2章　第9節　外国語
    ……………………………………………………………… 191
  - 付録7：中学校学習指導要領　第3章　特別の教科　道徳
    ……………………………………………………………… 198
  - 付録8：「道徳の内容」の学年段階・学校段階の一覧表
    ……………………………………………………………… 202

第1章　総説

● 1　改訂の経緯及び基本方針

(1) 改訂の経緯

　今の子供たちやこれから誕生する子供たちが，成人して社会で活躍する頃には，我が国は厳しい挑戦の時代を迎えていると予想される。生産年齢人口の減少，グローバル化の進展や絶え間ない技術革新等により，社会構造や雇用環境は大きく，また急速に変化しており，予測が困難な時代となっている。また，急激な少子高齢化が進む中で成熟社会を迎えた我が国にあっては，一人一人が持続可能な社会の担い手として，その多様性を原動力とし，質的な豊かさを伴った個人と社会の成長につながる新たな価値を生み出していくことが期待される。

　こうした変化の一つとして，人工知能（AI）の飛躍的な進化を挙げることができる。人工知能が自ら知識を概念的に理解し，思考し始めているとも言われ，雇用の在り方や学校において獲得する知識の意味にも大きな変化をもたらすのではないかとの予測も示されている。このことは同時に，人工知能がどれだけ進化し思考できるようになったとしても，その思考の目的を与えたり，目的のよさ・正しさ・美しさを判断したりできるのは人間の最も大きな強みであるということの再認識につながっている。

　このような時代にあって，学校教育には，子供たちが様々な変化に積極的に向き合い，他者と協働して課題を解決していくことや，様々な情報を見極め知識の概念的な理解を実現し情報を再構成するなどして新たな価値につなげていくこと，複雑な状況変化の中で目的を再構築することができるようにすることが求められている。

　このことは，本来，我が国の学校教育が大切にしてきたことであるものの，教師の世代交代が進むと同時に，学校内における教師の世代間のバランスが変化し，教育に関わる様々な経験や知見をどのように継承していくかが課題となり，また，子供たちを取り巻く環境の変化により学校が抱える課題も複雑化・困難化する中で，これまでどおり学校の工夫だけにその実現を委ねることは困難になってきている。

　こうした状況を踏まえ，平成 26 年 11 月には，文部科学大臣から新しい時代にふさわしい学習指導要領等の在り方について中央教育審議会に諮問を行った。中央教育審議会においては，2 年 1 か月にわたる審議の末，平成 28 年 12 月 21 日に「幼稚園，小学校，中学校，高等学校及び特別支援学校の学習指導要領等の改善及び必要な方策等について（答申）」（以下「中央教育審議会答申」という。）を

示した。
　中央教育審議会答申においては，"よりよい学校教育を通じてよりよい社会を創る"という目標を学校と社会が共有し，連携・協働しながら，新しい時代に求められる資質・能力を子供たちに育む「社会に開かれた教育課程」の実現を目指し，学習指導要領等が，学校，家庭，地域の関係者が幅広く共有し活用できる「学びの地図」としての役割を果たすことができるよう，次の6点にわたってその枠組みを改善するとともに，各学校において教育課程を軸に学校教育の改善・充実の好循環を生み出す「カリキュラム・マネジメント」の実現を目指すことなどが求められた。

① 「何ができるようになるか」（育成を目指す資質・能力）
② 「何を学ぶか」（教科等を学ぶ意義と，教科等間・学校段階間のつながりを踏まえた教育課程の編成）
③ 「どのように学ぶか」（各教科等の指導計画の作成と実施，学習・指導の改善・充実）
④ 「子供一人一人の発達をどのように支援するか」（子供の発達を踏まえた指導）
⑤ 「何が身に付いたか」（学習評価の充実）
⑥ 「実施するために何が必要か」（学習指導要領等の理念を実現するために必要な方策）

　これを踏まえ，平成29年3月31日に学校教育法施行規則を改正するとともに，幼稚園教育要領，小学校学習指導要領及び中学校学習指導要領を公示した。小学校学習指導要領は，平成30年4月1日から第3学年及び第4学年において外国語活動を実施する等の円滑に移行するための措置（移行措置）を実施し，平成32年4月1日から全面実施することとしている。また，中学校学習指導要領は，平成30年4月1日から移行措置を実施し，平成33年4月1日から全面実施することとしている。

(2) 改訂の基本方針
　今回の改訂は中央教育審議会答申を踏まえ，次の基本方針に基づき行った。
①今回の改訂の基本的な考え方
　ア　教育基本法，学校教育法などを踏まえ，これまでの我が国の学校教育の実践や蓄積を生かし，子供たちが未来社会を切り拓くための資質・能力を一層確実に育成することを目指す。その際，子供たちに求められる資質・能力とは何かを社会と共有し，連携する「社会に開かれた教育課程」を重視すること。
　イ　知識及び技能の習得と思考力，判断力，表現力等の育成のバランスを重

視する平成20年改訂の学習指導要領の枠組みや教育内容を維持した上で，知識の理解の質を更に高め，確かな学力を育成すること。
ウ　先行する特別教科化など道徳教育の充実や体験活動の重視，体育・健康に関する指導の充実により，豊かな心や健やかな体を育成すること。

②育成を目指す資質・能力の明確化

中央教育審議会答申においては，予測困難な社会の変化に主体的に関わり，感性を豊かに働かせながら，どのような未来を創っていくのか，どのように社会や人生をよりよいものにしていくのかという目的を自ら考え，自らの可能性を発揮し，よりよい社会と幸福な人生の創り手となる力を身に付けられるようにすることが重要であること，こうした力は全く新しい力ということではなく学校教育が長年その育成を目指してきた「生きる力」であることを改めて捉え直し，学校教育がしっかりとその強みを発揮できるようにしていくことが必要とされた。また，汎用的な能力の育成を重視する世界的な潮流を踏まえつつ，知識及び技能と思考力，判断力，表現力等をバランスよく育成してきた我が国の学校教育の蓄積を生かしていくことが重要とされた。

このため「生きる力」をより具体化し，教育課程全体を通して育成を目指す資質・能力を，ア「何を理解しているか，何ができるか（生きて働く「知識・技能」の習得）」，イ「理解していること・できることをどう使うか（未知の状況にも対応できる「思考力・判断力・表現力等」の育成）」，ウ「どのように社会・世界と関わり，よりよい人生を送るか（学びを人生や社会に生かそうとする「学びに向かう力・人間性等」の涵養）」の三つの柱に整理するとともに，各教科等の目標や内容についても，この三つの柱に基づく再整理を図るよう提言がなされた。

今回の改訂では，知・徳・体にわたる「生きる力」を子供たちに育むために「何のために学ぶのか」という各教科等を学ぶ意義を共有しながら，授業の創意工夫や教科書等の教材の改善を引き出していくことができるようにするため，全ての教科等の目標及び内容を「知識及び技能」，「思考力，判断力，表現力等」，「学びに向かう力，人間性等」の三つの柱で再整理した。

③「主体的・対話的で深い学び」の実現に向けた授業改善の推進

子供たちが，学習内容を人生や社会の在り方と結び付けて深く理解し，これからの時代に求められる資質・能力を身に付け，生涯にわたって能動的に学び続けることができるようにするためには，これまでの学校教育の蓄積を生かし，学習の質を一層高める授業改善の取組を活性化していくことが必要であ

り，我が国の優れた教育実践に見られる普遍的な視点である「主体的・対話的で深い学び」の実現に向けた授業改善(アクティブ・ラーニングの視点に立った授業改善)を推進することが求められる。

今回の改訂では「主体的・対話的で深い学び」の実現に向けた授業改善を進める際の指導上の配慮事項を総則に記載するとともに，各教科等の「第3 指導計画の作成と内容の取扱い」において，単元や題材など内容や時間のまとまりを見通して，その中で育む資質・能力の育成に向けて，「主体的・対話的で深い学び」の実現に向けた授業改善を進めることを示した。

その際，以下の6点に留意して取り組むことが重要である。

ア 児童生徒に求められる資質・能力を育成することを目指した授業改善の取組は，既に小・中学校を中心に多くの実践が積み重ねられており，特に義務教育段階はこれまで地道に取り組まれ蓄積されてきた実践を否定し，全く異なる指導方法を導入しなければならないと捉える必要はないこと。

イ 授業の方法や技術の改善のみを意図するものではなく，児童生徒に目指す資質・能力を育むために「主体的な学び」，「対話的な学び」，「深い学び」の視点で，授業改善を進めるものであること。

ウ 各教科等において通常行われている学習活動(言語活動，観察・実験，問題解決的な学習など)の質を向上させることを主眼とするものであること。

エ 1回1回の授業で全ての学びが実現されるものではなく，単元や題材など内容や時間のまとまりの中で，学習を見通し振り返る場面をどこに設定するか，グループなどで対話する場面をどこに設定するか，児童生徒が考える場面と教師が教える場面をどのように組み立てるかを考え，実現を図っていくものであること。

オ 深い学びの鍵として「見方・考え方」を働かせることが重要になること。各教科等の「見方・考え方」は，「どのような視点で物事を捉え，どのような考え方で思考していくのか」というその教科等ならではの物事を捉える視点や考え方である。各教科等を学ぶ本質的な意義の中核をなすものであり，教科等の学習と社会をつなぐものであることから，児童生徒が学習や人生において「見方・考え方」を自在に働かせることができるようにすることにこそ，教師の専門性が発揮されることが求められること。

カ 基礎的・基本的な知識及び技能の習得に課題がある場合には，その確実な習得を図ることを重視すること。

④各学校におけるカリキュラム・マネジメントの推進

　各学校においては，教科等の目標や内容を見通し，特に学習の基盤となる資質・能力（言語能力，情報活用能力（情報モラルを含む。以下同じ。），問題発見・解決能力等）や現代的な諸課題に対応して求められる資質・能力の育成のためには，教科等横断的な学習を充実することや，「主体的・対話的で深い学び」の実現に向けた授業改善を，単元や題材など内容や時間のまとまりを見通して行うことが求められる。これらの取組の実現のためには，学校全体として，児童生徒や学校，地域の実態を適切に把握し，教育内容や時間の配分，必要な人的・物的体制の確保，教育課程の実施状況に基づく改善などを通して，教育活動の質を向上させ，学習の効果の最大化を図るカリキュラム・マネジメントに努めることが求められる。

　このため総則において，「生徒や学校，地域の実態を適切に把握し，教育の目的や目標の実現に必要な教育の内容等を教科等横断的な視点で組み立てていくこと，教育課程の実施状況を評価してその改善を図っていくこと，教育課程の実施に必要な人的又は物的な体制を確保するとともにその改善を図っていくことなどを通して，教育課程に基づき組織的かつ計画的に各学校の教育活動の質の向上を図っていくこと（以下「カリキュラム・マネジメント」という。）に努める」ことについて新たに示した。

⑤教育内容の主な改善事項

　このほか，言語能力の確実な育成，理数教育の充実，伝統や文化に関する教育の充実，体験活動の充実，外国語教育の充実などについて総則や各教科等において，その特質に応じて内容やその取扱いの充実を図った。

2 国語科の改訂の趣旨及び要点

中央教育審議会答申においては，小・中学校の国語科の成果と課題について，次のように示されている。

○ PISA2012（平成24年実施）においては，読解力の平均得点が比較可能な調査回以降，最も高くなっているなどの成果が見られたが，PISA2015（平成27年実施）においては，読解力について，国際的には引き続き平均得点が高い上位グループに位置しているものの，前回調査と比較して平均得点が有意に低下していると分析がなされている。これは，調査の方式がコンピュータを用いたテスト（CBT）に全面移行する中で，子供たちが，紙ではないコンピュータ上の複数の画面から情報を取り出し，考察しながら解答することに慣れておらず，戸惑いがあったものと考えられるが，そうした影響に加えて，情報化の進展に伴い，特に子供にとって言葉を取り巻く環境が変化する中で，読解力に関して改善すべき課題が明らかとなったものと考えられる。

○ 全国学力・学習状況調査等の結果によると，小学校では，文における主語を捉えることや文の構成を理解したり表現の工夫を捉えたりすること，目的に応じて文章を要約したり複数の情報を関連付けて理解を深めたりすることなどに課題があることが明らかになっている。中学校では，伝えたい内容や自分の考えについて根拠を明確にして書いたり話したりすることや，複数の資料から適切な情報を得てそれらを比較したり関連付けたりすること，文章を読んで根拠の明確さや論理の展開，表現の仕方等について評価することなどに課題があることが明らかになっている。

○ 一方，全国学力・学習状況調査において，各教科等の指導のねらいを明確にした上で言語活動を適切に位置付けた学校の割合は，小学校，中学校ともに90％程度となっており，言語活動の充実を踏まえた授業改善が図られている。しかし，依然として教材への依存度が高いとの指摘もあり，更なる授業改善が求められる。

これらの成果と課題を踏まえて改訂した中学校学習指導要領の国語科の主な内容は，次のようなものである。

(1) 目標及び内容の構成
①目標の構成の改善

国語科で育成を目指す資質・能力を「国語で正確に理解し適切に表現する資質・能力」と規定するとともに，「知識及び技能」，「思考力，判断力，表現力

等」,「学びに向かう力,人間性等」の三つの柱で整理した。また,このような資質・能力を育成するためには,生徒が「言葉による見方・考え方」を働かせることが必要であることを示している。

　学年の目標についても,従前,「話すこと・聞くこと」,「書くこと」,「読むこと」の領域ごとに示していた目標を,教科の目標と同様に,「知識及び技能」,「思考力,判断力,表現力等」,「学びに向かう力,人間性等」の三つの柱で整理した。

②内容の構成の改善

　三つの柱に沿った資質・能力の整理を踏まえ,従前,「話すこと・聞くこと」,「書くこと」,「読むこと」の3領域及び〔伝統的な言語文化と国語の特質に関する事項〕で構成していた内容を,〔知識及び技能〕及び〔思考力,判断力,表現力等〕に構成し直した。

　〔知識及び技能〕及び〔思考力,判断力,表現力等〕の構成は,以下のとおりである。

　〔知識及び技能〕
　　(1) 言葉の特徴や使い方に関する事項
　　(2) 情報の扱い方に関する事項
　　(3) 我が国の言語文化に関する事項

　〔思考力,判断力,表現力等〕
　　A 話すこと・聞くこと
　　B 書くこと
　　C 読むこと

　「知識及び技能」と「思考力,判断力,表現力等」は,国語で正確に理解し適切に表現する上で共に必要となる資質・能力である。したがって,国語で正確に理解し適切に表現する際には,話すこと・聞くこと,書くこと,読むことの「思考力,判断力,表現力等」のみならず,言葉の特徴や使い方,情報の扱い方,我が国の言語文化に関する「知識及び技能」が必要となる。このため,今回の改訂では,資質・能力の三つの柱に沿った整理を踏まえ,従前の3領域1事項の内容のうち,国語で正確に理解し適切に表現するために必要な「知識及び技能」を〔知識及び技能〕として明示した。

　この〔知識及び技能〕に示されている言葉の特徴や使い方などの「知識及び

技能」は，個別の事実的な知識や一定の手順のことのみを指しているのではない。国語で理解したり表現したりする様々な場面の中で生きて働く「知識及び技能」として身に付けるために，思考・判断し表現することを通じて育成を図ることが求められるなど，「知識及び技能」と「思考力，判断力，表現力等」は，相互に関連し合いながら育成される必要がある。

　こうした「知識及び技能」と「思考力，判断力，表現力等」の育成において大きな原動力となるのが「学びに向かう力，人間性等」である。「学びに向かう力，人間性等」については，教科及び学年の目標においてまとめて示し，指導事項のまとまりごとに示すことはしていない。教科及び学年の目標において挙げられている態度等を養うことにより，「知識及び技能」と「思考力，判断力，表現力等」の育成が一層充実することが期待される。

(2) 学習内容の改善・充実

〔知識及び技能〕と〔思考力，判断力，表現力等〕の各指導事項について，育成を目指す資質・能力が明確になるよう内容を改善した。

①語彙指導の改善・充実

　中央教育審議会答申において，「小学校低学年の学力差の大きな背景に語彙の量と質の違いがある」と指摘されているように，語彙は，全ての教科等における資質・能力の育成や学習の基盤となる言語能力を支える重要な要素である。このため，語彙を豊かにする指導の改善・充実を図っている。

　語彙を豊かにするとは，自分の語彙を量と質の両面から充実させることである。具体的には，意味を理解している語句の数を増やすだけでなく，話や文章の中で使いこなせる語句を増やすとともに，語句の意味や使い方に対する認識を深め，語感を磨き，語彙の質を高めることである。このことを踏まえ，各学年において，指導の重点となる語句のまとまりを示すとともに，語句への理解を深める指導事項を系統化して示した。

②情報の扱い方に関する指導の改善・充実

　急速に情報化が進展する社会において，様々な媒体の中から必要な情報を取り出したり，情報同士の関係を分かりやすく整理したり，発信したい情報を様々な手段で表現したりすることが求められている。一方，中央教育審議会答申において，「教科書の文章を読み解けていないとの調査結果もあるところであり，文章で表された情報を的確に理解し，自分の考えの形成に生かしていけるようにすることは喫緊の課題である。」と指摘されているところである。

話や文章に含まれている情報を取り出して整理したり，その関係を捉えたりすることが，話や文章を正確に理解することにつながり，また，自分のもつ情報を整理して，その関係を分かりやすく明確にすることが，話や文章で適切に表現することにつながるため，このような情報の扱い方に関する「知識及び技能」は国語科において育成すべき重要な資質・能力の一つである。

こうした資質・能力の育成に向け，「情報の扱い方に関する事項」を新設し，「情報と情報との関係」と「情報の整理」の二つの系統に整理して示した。

③学習過程の明確化，「考えの形成」の重視

中央教育審議会答申においては，ただ活動するだけの学習にならないよう，活動を通じてどのような資質・能力を育成するのかを示すため，平成20年告示の学習指導要領に示されている学習過程を改めて整理している。この整理を踏まえ，〔思考力，判断力，表現力等〕の各領域において，学習過程を一層明確にし，各指導事項を位置付けた。

また，全ての領域において，自分の考えを形成する学習過程を重視し，「考えの形成」に関する指導事項を位置付けた。

④我が国の言語文化に関する指導の改善・充実

中央教育審議会答申においては，「引き続き，我が国の言語文化に親しみ，愛情を持って享受し，その担い手として言語文化を継承・発展させる態度を小・中・高等学校を通じて育成するため，伝統文化に関する学習を重視することが必要である。」とされている。

これを踏まえ，「伝統的な言語文化」，「言葉の由来や変化」，「書写」，「読書」に関する指導事項を「我が国の言語文化に関する事項」として整理し，その内容の改善を図った。

(3) 学習の系統性の重視

国語科の指導内容は，系統的・段階的に上の学年につながっていくとともに，螺旋的・反復的に繰り返しながら学習し，資質・能力の定着を図ることを基本としている。このため，小・中学校を通じて，〔知識及び技能〕の指導事項及び〔思考力，判断力，表現力等〕の指導事項と言語活動例のそれぞれにおいて，重点を置くべき指導内容を明確にし，その系統化を図った。（付録4「教科の目標，各学年の目標及び内容の系統表（小・中学校国語科）」参照）

(4) 授業改善のための言語活動の創意工夫

〔思考力，判断力，表現力等〕の各領域において，どのような資質・能力を育成するかを(1)の指導事項に示し，どのような言語活動を通して資質・能力を育成するかを(2)の言語活動例に示すという関係を明確にするとともに，各学校の創意工夫により授業改善が行われるようにする観点から，従前に示していた言語活動例を言語活動の種類ごとにまとめた形で示した。

(5) 読書指導の改善・充実

中央教育審議会答申において，「読書は，国語科で育成を目指す資質・能力をより高める重要な活動の一つである。」とされたことを踏まえ，各学年において，国語科の学習が読書活動に結び付くよう〔知識及び技能〕に「読書」に関する指導事項を位置付けるとともに，「読むこと」の領域では，学校図書館などを利用して様々な本などから情報を得て活用する言語活動例を示した。

第2章　国語科の目標及び内容

第1節　国語科の目標

1　教科の目標

教科の目標は，次のとおりである。

> 言葉による見方・考え方を働かせ，言語活動を通して，国語で正確に理解し適切に表現する資質・能力を次のとおり育成することを目指す。
> (1) 社会生活に必要な国語について，その特質を理解し適切に使うことができるようにする。
> (2) 社会生活における人との関わりの中で伝え合う力を高め，思考力や想像力を養う。
> (3) 言葉がもつ価値を認識するとともに，言語感覚を豊かにし，我が国の言語文化に関わり，国語を尊重してその能力の向上を図る態度を養う。

　教科の目標では，まず，国語科において育成を目指す資質・能力を**国語で正確に理解し適切に表現する資質・能力**とし，国語科が国語で理解し表現する言語能力を育成する教科であることを示している。

　言語は，言語形式とそれによって表される言語内容とを併せもっている。平成20年告示の学習指導要領においては，「国語を適切に使う能力と国語を使って内容や事柄を適切に表現する能力」，「国語の使い方を正確に理解する能力と国語で表現された内容や事柄を正確に理解する能力」の両方の内容を含んだものとして，「国語を適切に表現し正確に理解する能力」を示していたところである。今回の改訂において示す**国語で正確に理解し適切に表現する資質・能力**とは，国語で表現された内容や事柄を正確に理解する資質・能力，国語を使って内容や事柄を適切に表現する資質・能力であるが，そのために必要となる国語の使い方を正確に理解する資質・能力，国語を適切に使う資質・能力を含んだものである。

　正確に理解する資質・能力と，**適切に表現**する資質・能力とは，連続的かつ同時的に機能するものであるが，表現する内容となる自分の考えなどを形成するためには国語で表現された様々な事物，経験，思い，考え等を理解することが必要であることから，今回の改訂では，「正確に理解」，「適切に表現」という順に示している。

言葉による見方・考え方を働かせるとは，生徒が学習の中で，対象と言葉，言葉と言葉との関係を，言葉の意味，働き，使い方等に着目して捉えたり問い直したりして，言葉への自覚を高めることであると考えられる。様々な事象の内容を自然科学や社会科学等の視点から理解することを直接の学習目的としない国語科においては，言葉を通じた理解や表現及びそこで用いられる言葉そのものを学習対象としている。このため，「言葉による見方・考え方」を働かせることが，国語科において育成を目指す資質・能力をよりよく身に付けることにつながることとなる。

また，言語能力を育成する中心的な役割を担う国語科においては，言語活動を通して資質・能力を育成する。**言語活動を通して**，国語で正確に理解し適切に表現する資質・能力を育成するとしているのは，この考え方を示したものである。

今回の改訂では，他教科等と同様に，国語科において育成を目指す資質・能力を「知識及び技能」，「思考力，判断力，表現力等」，「学びに向かう力，人間性等」の三つの柱で整理し，それぞれに整理された目標を(1)，(2)，(3)に位置付けている。

(1)は，「知識及び技能」に関する目標を示したものである。日常生活から社会生活へと活動の場を広げる中学生が，社会生活において必要な国語の特質について理解し，それを適切に使うことができるようにすることを示している。具体的には，内容の〔知識及び技能〕に示されている言葉の特徴や使い方，話や文章に含まれている情報の扱い方，我が国の言語文化に関する「知識及び技能」のことである。こうした「知識及び技能」を，社会生活における様々な場面で，主体的に活用できる，生きて働く「知識及び技能」として習得することが重要となる。

(2)は，「思考力，判断力，表現力等」に関する目標を示したものである。社会生活における人と人との関わりの中で，思いや考えを伝え合う力を高め，思考力や想像力を養うことを示している。具体的には，内容の〔思考力，判断力，表現力等〕に示されている「A話すこと・聞くこと」，「B書くこと」，「C読むこと」に関する「思考力，判断力，表現力等」のことである。

伝え合う力を高めるとは，人間と人間との関係の中で，互いの立場や考えを尊重し，言語を通して正確に理解したり適切に表現したりする力を高めることである。**思考力や想像力を養う**とは，言語を手掛かりとしながら論理的に思考する力や豊かに想像する力を養うことである。思考力や想像力などは認識力や判断力などと密接に関わりながら，新たな発想や思考を創造する原動力となる。こうした

力を，未知の状況にも対応できる「思考力，判断力，表現力等」として育成することが重要となる。

(3)は，「学びに向かう力，人間性等」に関する目標を示したものである。言葉がもつ価値を認識するとともに，言語感覚を豊かにし，我が国の言語文化に関わり，国語を尊重してその能力の向上を図る態度を養うことを示している。

言葉がもつ価値には，言葉によって自分の考えを形成したり新しい考えを生み出したりすること，言葉から様々なことを感じたり，感じたことを言葉にしたりすることで心を豊かにすること，言葉を通じて人や社会と関わり自他の存在について理解を深めることなどがある。こうしたことを価値として認識することを示している。

言語感覚とは，言語で理解したり表現したりする際の正誤・適否・美醜などについての感覚のことである。話したり聞いたり書いたり読んだりする具体的な言語活動の中で，相手，目的や意図，場面や状況などに応じて，どのような言葉を選んで表現するのが適切であるかを直観的に判断したり，話や文章を理解する場合に，そこで使われている言葉が醸し出す味わいを感覚的に捉えたりすることができることである。

言語感覚については，小学校では**養**うとしているものを，中学校では**豊か**にするとし，より高いものを求めている。言語に対する知的な認識を深めるだけでなく，言語感覚を豊かにすることは，一人一人の生徒の言語活動を充実させ，自分なりのものの見方や考え方を形成することに役立つ。こうした言語感覚の育成には，多様な場面や状況における学習の積み重ねや，継続的な読書などが必要であり，そのためには，国語科の学習を他教科等の学習や学校の教育活動全体と関連させていくカリキュラム・マネジメント上の工夫も大切である。さらに，生徒を取り巻く言語環境を整備することも，言語感覚の育成に極めて重要である。

我が国の言語文化に関わるとは，我が国の歴史の中で創造され，継承されてきた文化的に高い価値をもつ言語そのもの，つまり，文化としての言語，また，それらを実際の生活で使用することによって形成されてきた文化的な言語生活，さらには，古代から現代までの各時代にわたって，表現し，受容されてきた多様な言語芸術や芸能などに関わることである。

国語を尊重してその能力の向上を図る態度を養うことを求めているのは，我が国の歴史の中で育まれてきた国語が，人間としての知的な活動や文化的な活動の中枢をなし，一人一人の自己形成，社会生活の向上，文化の創造と継承などに欠かせないからである。国語に対する自覚や関心を高め，話したり聞いたり書いたり読んだりすることが，生徒一人一人の言語能力を更に向上させていく。その中

で，国語を愛護し，国語を尊重して，国語そのものを一層優れたものに向上させていこうとする意識や態度も育っていくのである。

第2章
国語科の目標及び内容

2 学年の目標

各学年の目標は,教科の目標に示す(1), (2), (3)に対応して,次のように示している。

	第1学年	第2学年	第3学年
知識及び技能	(1) 社会生活に必要な国語の知識や技能を身に付けるとともに,我が国の言語文化に親しんだり理解したりすることができるようにする。	(1) 社会生活に必要な国語の知識や技能を身に付けるとともに,我が国の言語文化に親しんだり理解したりすることができるようにする。	(1) 社会生活に必要な国語の知識や技能を身に付けるとともに,我が国の言語文化に親しんだり理解したりすることができるようにする。
思考力、判断力、表現力等	(2) 筋道立てて考える力や豊かに感じたり想像したりする力を養い,日常生活における人との関わりの中で伝え合う力を高め,自分の思いや考えを確かなものにすることができるようにする。	(2) 論理的に考える力や共感したり想像したりする力を養い,社会生活における人との関わりの中で伝え合う力を高め,自分の思いや考えを広げたり深めたりすることができるようにする。	(2) 論理的に考える力や深く共感したり豊かに想像したりする力を養い,社会生活における人との関わりの中で伝え合う力を高め,自分の思いや考えを広げたり深めたりすることができるようにする。
学びに向かう力、人間性等	(3) 言葉がもつ価値に気付くとともに,進んで読書をし,我が国の言語文化を大切にして,思いや考えを伝え合おうとする態度を養う。	(3) 言葉がもつ価値を認識するとともに,読書を生活に役立て,我が国の言語文化を大切にして,思いや考えを伝え合おうとする態度を養う。	(3) 言葉がもつ価値を認識するとともに,読書を通して自己を向上させ,我が国の言語文化に関わり,思いや考えを伝え合おうとする態度を養う。

(1)は,「知識及び技能」に関する目標,(2)は,「思考力,判断力,表現力等」に関する目標,(3)は,「学びに向かう力,人間性等」に関する目標である。

(1)の「知識及び技能」に関する目標は,全学年同じであり,中学校を通して,社会生活に必要な国語の知識や技能を身に付けること,我が国の言語文化に親しんだり理解したりすることができるようにすることを示している。

(2)の「思考力,判断力,表現力等」に関する目標には,考える力や感じたり想像したりする力を養うこと,社会生活における人との関わりの中で伝え合う力を高め,自分の思いや考えを広げたり深めたりすることなどができるようにすることを系統的に示している。

考える力については，第1学年では，**筋道立てて考える力**，第2学年及び第3学年では，**論理的に考える力**の育成に重点を置いている。**感じたり想像したりする力**については，第1学年では，**豊かに感じたり想像したりする力**，第2学年では，**共感したり想像したりする力**，第3学年では，**深く共感したり豊かに想像したりする力**の育成に重点を置いている。**自分の思いや考え**については，第1学年では，**確かなものにすること**，第2学年及び第3学年では，**広げたり深めたりすること**ができるようにすることに重点を置いている。

(3)の「学びに向かう力，人間性等」に関する目標には，言葉がもつ価値に気付くこと，読書をすること，我が国の言語文化を大切にして思いや考えを伝え合おうとする態度を養うことを系統的に示している。

言葉がもつ価値については，第1学年では，**気付くこと**，第2学年及び第3学年では，**認識する**ことに重点を置いている。**読書**については，第1学年では，**進んで読書をすること**，第2学年では，**読書を生活に役立てること**，第3学年では，**読書を通して自己を向上させる**ことに重点を置いている。**我が国の言語文化**については，第1学年及び第2学年では，**我が国の言語文化を大切にして**，第3学年では，**我が国の言語文化に関わり**，思いや考えを伝え合おうとする態度の育成に重点を置いている。

このような「学びに向かう力，人間性等」は，「知識及び技能」及び「思考力，判断力，表現力等」の育成を支えるものであり，併せて育成を図ることが重要である。

第2節　国語科の内容

1　内容の構成

　国語科の内容は，〔知識及び技能〕及び〔思考力，判断力，表現力等〕から構成している。今回の改訂では，国語科において育成を目指す資質・能力を「知識及び技能」，「思考力，判断力，表現力等」，「学びに向かう力，人間性等」の三つの柱で整理し，そのうち「知識及び技能」の内容を〔知識及び技能〕として，「思考力，判断力，表現力等」の内容を〔思考力，判断力，表現力等〕として示している。なお，「学びに向かう力，人間性等」の内容については，教科及び学年の目標においてまとめて示すこととし，内容において示すことはしていない。

　〔知識及び技能〕の内容は，「(1)言葉の特徴や使い方に関する事項」，「(2)情報の扱い方に関する事項」，「(3)我が国の言語文化に関する事項」から構成している。

　〔思考力，判断力，表現力等〕の内容は，「Ａ話すこと・聞くこと」，「Ｂ書くこと」及び「Ｃ読むこと」からなる3領域の構成を維持しながら，(1)に指導事項を，(2)に言語活動例をそれぞれ示すとともに，(1)の指導事項については，学習過程を一層明確にして示している。したがって，(2)に示している言語活動例を参考に，生徒の発達や学習の状況に応じて設定した言語活動を通して，(1)の指導事項を指導することは，これまでと同様である。

　なお，資質・能力の三つの柱は相互に関連し合い，一体となって働くことが重要である。このため，この内容の構成が，〔知識及び技能〕と〔思考力，判断力，表現力等〕を別々に分けて育成したり，〔知識及び技能〕を習得してから〔思考力，判断力，表現力等〕を身に付けるといった順序性をもって育成したりすることを示すものではないことに留意する必要がある。

2　〔知識及び技能〕の内容

(1) 言葉の特徴や使い方に関する事項

言葉の特徴や使い方に関する事項である。

「言葉の働き」,「話し言葉と書き言葉」,「漢字」,「語彙」,「文や文章」,「言葉遣い」,「表現の技法」に関する内容を整理し,系統的に示している。

○言葉の働き

言語が共通にもつ言葉の働きに関する事項である。

自分が用いている言葉の働きを客観的に捉えることは,国語科で育成を目指す資質・能力の重要な要素である。言葉がもつ働きに改めて気付くことで,生徒は言葉を自覚的に用いることができるようになる。このため,言葉の働きのうち,相手の行動を促す働きに関する指導事項を第2学年に新設した。

なお,外国語科においては,〔思考力,判断力,表現力等〕の(3)「②　言語の働きに関する事項」において,「言語活動を行うに当たり,主として次に示すような言語の使用場面や言語の働きを取り上げるようにする。」として「コミュニケーションを円滑にする」,「気持ちを伝える」,「事実・情報を伝える」,「考えや意図を伝える」,「相手の行動を促す」といった言語の働きの例を示している。このことを踏まえ,指導に当たっては,外国語科における指導との関連を図り,相互に指導の効果を高めることが考えられる。

○話し言葉と書き言葉

話し言葉と書き言葉に関する事項である。

小学校での学習を踏まえ,話し言葉と書き言葉を適切に使い分けられるようにするために,音声と文字それぞれの特徴が,話し言葉と書き言葉それぞれの特徴と関連していることを理解するための内容を示している。

○漢字

漢字の読みと書きに関する事項である。

漢字の読みの指導については,小学校学習指導要領第2章第1節国語の学年別漢字配当表(以下「学年別漢字配当表」という。)に示されている漢字1,026字に加え,中学校修了までに学年別漢字配当表以外の常用漢字の大体を読むことを求めている。

漢字の書きの指導については,学年別漢字配当表の漢字1,026字について,第2学年までに**文や文章の中で使う**こととし,第3学年では,**文や文章の中で使い**

慣れることとしている。

　今回の改訂においては，学年別漢字配当表に都道府県名に用いる漢字20字が加えられたこと，それに伴って32字の配当学年が移行されていることに注意が必要である。

○語彙

　語感を磨き語彙を豊かにすることに関する事項である。

　語句の量を増すことと，語句についての理解を深めることの二つの内容で構成している。

　中央教育審議会答申において，「小学校低学年の学力差の大きな背景に語彙の量と質の違いがある」と指摘されているように，語彙は，全ての教科等における資質・能力の育成や学習の基盤となる言語能力の重要な要素である。このため，語彙を豊かにする指導の改善・充実を図っている。

　語句の量を増すことに関しては，第1学年では，**事象や行為，心情を表す語句の量を増し**，第2学年では，**抽象的な概念を表す語句の量を増し**とするなど，各学年において，指導する語句のまとまりを示している。これらは，あくまでも指導の重点とする語句の目安を示したものであり，これ以外の語句の指導を妨げるものではない。重点として示された語句のまとまりを中心としながら，学習の中で必要となる多様な語句を取り上げることが重要である。また，第3学年では，**理解したり表現したりするために必要な語句の量を増し**とし，義務教育修了段階として，全ての語句を対象に指導することを示している。

　語句についての理解を深めることについては，第1学年では，**語句の辞書的な意味と文脈上の意味との関係に注意すること**，第2学年では，**類義語と対義語，同音異義語や多義的な意味を表す語句などについて理解**すること，第3学年では，**慣用句や四字熟語などについて理解を深めること，和語，漢語，外来語などを使い分けること**を示している。

　こうした語句を話や文章の中で使うことを通して，社会生活の中で使いこなせる語句を増やし，確実に習得していくことが重要である。

　語感を磨き語彙を豊かにするためには，語句の量を増すことと，語句についての理解を深めることの両面が必要である。

○文や文章

　単語，文，話，文章の構成に関する事項である。

　単語や文については，第1学年では，**単語の類別**，第2学年では，**単語の活用，助詞や助動詞などの働き，文の成分の順序や照応など文の構成**について理解

することを示している。

また、話や文章の構成については、小学校での学習を踏まえ、第1学年では、**指示する語句と接続する語句の役割**、第2学年では、**話や文章の構成や展開**、第3学年では、**話や文章の種類とその特徴**について理解を深めることを示している。

なお、これまで「話や文章の形態」としていた内容は、「話や文章の種類」という言葉で示している。

○言葉遣い

言葉遣いに関する事項である。

敬語を含め広く相手や場に応じた言葉遣い全般について学習することを意図している。第2学年では、**敬語の働き**について体系的に理解し使うこと、第3学年では、敬語を含めて、広く**相手や場に応じた言葉遣い**について理解し、適切に使うことを示している。

○表現の技法

表現の技法の種類とその特徴に関する事項である。

小学校での学習を踏まえ、表現の技法についてその名称とともに理解し使うことを示している。

	第1学年	第2学年	第3学年
言葉の働き		ア 言葉には、相手の行動を促す働きがあることに気付くこと。	
話し言葉と書き言葉	ア 音声の働きや仕組みについて、理解を深めること。	イ 話し言葉と書き言葉の特徴について理解すること。	
漢字	イ 小学校学習指導要領第2章第1節国語の学年別漢字配当表（以下「学年別漢字配当表」という。）に示されている漢字に加え、その他の常用漢字のうち300字程度から400字程度までの漢字を読むこと。また、学年別漢字配当表の漢字のうち900字程度の漢字を書き、文や文章の中	ウ 第1学年までに学習した常用漢字に加え、その他の常用漢字のうち350字程度から450字程度までの漢字を読むこと。また、学年別漢字配当表に示されている漢字を書き、文や文章の中で使うこと。	ア 第2学年までに学習した常用漢字に加え、その他の常用漢字の大体を読むこと。また、学年別漢字配当表に示されている漢字について、文や文章の中で使い慣れること。

	で使うこと。		
語彙	ウ 事象や行為, 心情を表す語句の量を増すとともに, 語句の辞書的な意味と文脈上の意味との関係に注意して話や文章の中で使うことを通して, 語感を磨き語彙を豊かにすること。	エ 抽象的な概念を表す語句の量を増すとともに, 類義語と対義語, 同音異義語や多義的な意味を表す語句などについて理解し, 話や文章の中で使うことを通して, 語感を磨き語彙を豊かにすること。	イ 理解したり表現したりするために必要な語句の量を増し, 慣用句や四字熟語などについて理解を深め, 話や文章の中で使うとともに, 和語, 漢語, 外来語などを使い分けることを通して, 語感を磨き語彙を豊かにすること。
文や文章	エ 単語の類別について理解するとともに, 指示する語句と接続する語句の役割について理解を深めること。	オ 単語の活用, 助詞や助動詞などの働き, 文の成分の順序や照応など文の構成について理解するとともに, 話や文章の構成や展開について理解を深めること。	ウ 話や文章の種類とその特徴について理解を深めること。
言葉遣い		カ 敬語の働きについて理解し, 話や文章の中で使うこと。	エ 敬語などの相手や場に応じた言葉遣いを理解し, 適切に使うこと。
表現の技法	オ 比喩, 反復, 倒置, 体言止めなどの表現の技法を理解し使うこと。		

(2) 情報の扱い方に関する事項

話や文章に含まれている情報の扱い方に関する事項である。

急速に情報化が進展する社会において，様々な媒体の中から必要な情報を取り出したり，情報同士の関係を分かりやすく整理したり，発信したい情報を様々な手段で表現したりすることが求められている。一方，中央教育審議会答申において，「教科書の文章を読み解けていないとの調査結果もあるところであり，文章で表された情報を的確に理解し，自分の考えの形成に生かしていけるようにすることは喫緊の課題である。」と指摘されているところである。

話や文章に含まれている情報を取り出して整理したり，その関係を捉えたりすることが，話や文章を正確に理解することにつながり，また，自分のもつ情報を整理して，その関係を分かりやすく明確にすることが，話や文章で適切に表現することにつながるため，このような情報の扱い方に関する「知識及び技能」は国語科において育成すべき重要な資質・能力の一つである。今回の改訂では，これらの資質・能力の育成に向け，「情報の扱い方に関する事項」を新設した。この事項は，アの「情報と情報との関係」，イの「情報の整理」の二つの内容で構成し，系統的に示している。

○情報と情報との関係

情報と情報との様々な関係に関する事項である。

各領域における「思考力，判断力，表現力等」を育成する上では，話や文章に含まれている情報と情報との関係を捉えて理解したり，自分のもつ情報と情報との関係を明確にして話や文章で表現したりすることが重要になる。

このため，平成20年告示の学習指導要領では「A話すこと・聞くこと」，「B書くこと」，「C読むこと」の各領域において示していた内容も含まれている。今回の改訂では，話したり聞いたり書いたり読んだりするために共通して必要となる「知識及び技能」として改めて整理し，基本的なものを取り上げて系統的に示している。

○情報の整理

情報の整理に関する事項である。

情報を取り出したり活用したりする際に行う整理の仕方やそのための具体的な手段について示している。こうした「知識及び技能」を，言語活動の中で使うことができるようにすることが重要である。

	第1学年	第2学年	第3学年
情報と情報との関係	ア　原因と結果，意見と根拠など情報と情報との関係について理解すること。	ア　意見と根拠，具体と抽象など情報と情報との関係について理解すること。	ア　具体と抽象など情報と情報との関係について理解を深めること。
情報の整理	イ　比較や分類，関係付けなどの情報の整理の仕方，引用の仕方や出典の示し方について理解を深め，それらを使うこと。	イ　情報と情報との関係の様々な表し方を理解し使うこと。	イ　情報の信頼性の確かめ方を理解し使うこと。

(3) 我が国の言語文化に関する事項

我が国の言語文化に関する事項である。

我が国の言語文化とは，我が国の歴史の中で創造され，継承されてきた文化的に価値をもつ言語そのもの，つまり文化としての言語，またそれらを実際の生活で使用することによって形成されてきた文化的な言語生活，さらには，古代から現代までの各時代にわたって，表現し，受容されてきた多様な言語芸術や芸能などを幅広く指している。今回の改訂では，これらに関わる「伝統的な言語文化」，「言葉の由来や変化」，「書写」，「読書」に関する内容を「我が国の言語文化に関する事項」として整理した。

○伝統的な言語文化

伝統的な言語文化に親しむことに関する事項である。

小学校での学習を踏まえ，中学校においても引き続き親しむことを重視し，その表現を味わったり，自らの表現に生かしたりすることに重点を置いて内容を構成している。

各学年のアは，音読するなどして我が国の伝統的な言語文化の世界に親しむことを系統的に示している。各学年のイは，第1学年では，**古典には様々な種類の作品があることを知ること**を，第2学年では，**古典に表れたものの見方や考え方を知ること**を，第3学年では，**長く親しまれている言葉や古典の一節を引用するなどして使うこと**を示している。

○言葉の由来や変化

言葉の由来や変化に関する事項である。

時代による言葉の違いや，地域や世代による言葉の違いに関する内容を示している。今回の改訂では，小学校第5学年及び第6学年との接続を意図して，**共通語と方言の果たす役割について理解すること**を第2学年から第1学年に移行している。

○書写

書写に関する事項である。

ここに示す内容を理解し使うことを通して，各教科等の学習活動や日常生活に生かすことのできる書写の能力を育成することが重要となる。特に，我が国の伝統的な文字文化を継承し，これからの社会に役立つ様々な文字文化に関する「知識及び技能」について理解し，文字を効果的に書くことができる力を育成することが大切である。

文字の書き方については，小学校での学習を踏まえ，第1学年では，文字を書く基礎となる**字形，文字の大きさ，配列**などについて理解して楷書で書くこと，**漢字の行書の基礎的な書き方を理解して**書くこと，第2学年では，**漢字の行書とそれに調和した仮名の書き方を理解して**書くことを系統的に示している。文字文化については，文字の書き方に関する学習を基礎として，第2学年では，**楷書又は行書を選ぶ**など，目的や必要に応じた書き方を判断して書くこと，第3学年では，**身の回りの多様な表現を通して文字を文化として認識し，その豊かさに触れ**ながら**効果的に文字を書くこと**を示している。

なお，「第3　指導計画の作成と内容の取扱い」の2(1)ウ(ア)に示している書写の学習指導の配慮事項を踏まえる必要がある。

また，各学年の指導事項については，毛筆と硬筆による文字の書き方についての内容を併せて示している。したがって，毛筆を使用する書写の指導を各学年で行うことは従前と変わらない。その際，「第3　指導計画の作成と内容の取扱い」2(1)ウ「(ウ)　毛筆を使用する書写の指導は各学年で行い，硬筆による書写の能力の基礎を養うよう指導すること。」に配慮する必要がある。

〇読書

読書の意義や効用などに関する事項である。

読書は，国語科で育成を目指す資質・能力をより高める重要な活動の一つである。自ら進んで読書をし，読書を通して人生を豊かにしようとする態度を養うために，国語科の学習が読書活動に結び付くよう発達の段階に応じて系統的に指導することが求められる。

なお，読書とは，本を読むことに加え，新聞，雑誌を読んだり，何かを調べるために関係する資料を読んだりすることを含んでいる。

	第1学年	第2学年	第3学年
伝統的な言語文化	ア　音読に必要な文語のきまりや訓読の仕方を知り，古文や漢文を音読し，古典特有のリズムを通して，古典の世界に親しむこと。 イ　古典には様々な種類の作品があることを知ること。	ア　作品の特徴を生かして朗読するなどして，古典の世界に親しむこと。 イ　現代語訳や語注などを手掛かりに作品を読むことを通して，古典に表れたものの見方や考え方を知ること。	ア　歴史的背景などに注意して古典を読むことを通して，その世界に親しむこと。 イ　長く親しまれている言葉や古典の一節を引用するなどして使うこと。

言葉の由来や変化	ウ 共通語と方言の果たす役割について理解すること。		ウ 時間の経過による言葉の変化や世代による言葉の違いについて理解すること。
書写	エ 書写に関する次の事項を理解し使うこと。 (ア) 字形を整え，文字の大きさ，配列などについて理解して，楷書で書くこと。 (イ) 漢字の行書の基礎的な書き方を理解して，身近な文字を行書で書くこと。	ウ 書写に関する次の事項を理解し使うこと。 (ア) 漢字の行書とそれに調和した仮名の書き方を理解して，読みやすく速く書くこと。 (イ) 目的や必要に応じて，楷書又は行書を選んで書くこと。	エ 書写に関する次の事項を理解し使うこと。 (ア) 身の回りの多様な表現を通して文字文化の豊かさに触れ，効果的に文字を書くこと。
読書	オ 読書が，知識や情報を得たり，自分の考えを広げたりすることに役立つことを理解すること。	エ 本や文章などには，様々な立場や考え方が書かれていることを知り，自分の考えを広げたり深めたりする読書に生かすこと。	オ 自分の生き方や社会との関わり方を支える読書の意義と効用について理解すること。

3 〔思考力，判断力，表現力等〕の内容

A 話すこと・聞くこと
「話すこと・聞くこと」の指導事項

内容の(1)は，学習過程に沿って，次のように構成している。

○話題の設定，情報の収集，内容の検討

○構成の検討，考えの形成（話すこと）

○表現，共有（話すこと）

○構造と内容の把握，精査・解釈，考えの形成，共有（聞くこと）

○話合いの進め方の検討，考えの形成，共有（話し合うこと）

「A話すこと・聞くこと」領域の構成

	学習過程	(1) 指導事項			(2) 言語活動例		
		第1学年	第2学年	第3学年	第1学年	第2学年	第3学年
話すこと	話題の設定	ア	ア	ア	ア イ（話し合う活動）（話したり聞いたりする活動）	ア イ（話し合う活動）（話したり聞いたりする活動）	ア イ（話し合う活動）（話したり聞いたりする活動）
	情報の収集						
	内容の検討						
	構成の検討	イ	イ	イ			
	考えの形成						
	表現	ウ	ウ	ウ			
	共有						
聞くこと	話題の設定	ア（再掲）	ア（再掲）	ア（再掲）			
	情報の収集						
	構造と内容の把握	エ	エ	エ			
	精査・解釈						
	考えの形成						
	共有						
話し合うこと	話題の設定	ア（再掲）	ア（再掲）	ア（再掲）			
	情報の収集						
	内容の検討						
	話合いの進め方の検討	オ	オ	オ			
	考えの形成						
	共有						

上表のとおり，今回の改訂では，学習過程を一層明確にし，各指導事項を位置

付けた。なお，ここに示す学習過程は指導の順序性を示すものではないため，アからオまでの指導事項を必ずしも順番に指導する必要はない。また，「話題の設定，情報の収集，内容の検討」に関する指導事項は，「話すこと」，「聞くこと」，「話し合うこと」に共通する指導事項である。

なお，「A話すこと・聞くこと」の学習は，話し手と聞き手との関わりの下で成立する学習であるため，「話すこと」，「聞くこと」，「話し合うこと」の各指導事項は相互に密接な関連がある。

○話題の設定，情報の収集，内容の検討

目的や場面に応じて話題を決め，話したり聞いたり話し合ったりするための材料を収集・整理し，伝え合う内容を検討することを示している。「話すこと」，「聞くこと」，「話し合うこと」に共通し，また，その他の指導事項と密接に関わるものである。

話題の設定については，第1学年では，小学校との接続を考慮して**日常生活の中から**，第2学年及び第3学年では，**社会生活の中から**集めることを示し，発達の段階に応じて話題を決める範囲を広げている。

情報の収集及び内容の検討については，材料を集める観点を，第2学年では，**異なる立場や考えを想定しながら**，第3学年では，**多様な考えを想定しながら**，伝え合う内容を検討することを示している。

○構成の検討，考えの形成（話すこと）

自分の立場や考えが明確になるように話の構成を考えることを通して，自分の考えを形成することを示している。

自分の立場や考え，根拠が明確になるように，第1学年では，**話の中心的な部分と付加的な部分，事実と意見との関係などに注意して**，第2学年では，**根拠の適切さや論理の展開などに注意して**，第3学年では，**論理の展開などを考えて**，話の構成を考えたり工夫したりすることを示している。なお，構成を考えながら改めて材料を収集・整理するなど，必要に応じて柔軟に学習を展開することが重要である。

○表現，共有（話すこと）

聞き手に分かりやすく伝わるように表現を工夫することを示している。

第1学年では，**相手の反応を踏まえながら**，第2学年では，**資料や機器を用いるなどして**，第3学年では，**場の状況に応じて言葉を選ぶなどして**，自分の考えが分かりやすく伝わるように表現を工夫することを示している。音声表現は，そ

のままでは形に残らないものであるため，表現を工夫することが重要である。

○構造と内容の把握，精査・解釈，考えの形成，共有（聞くこと）

話の展開に注意しながら内容を聞き取り，互いの考えを比較したり，聞き取った内容や表現の仕方を評価したりして，自分の考えを形成することを示している。

話を聞く際の視点としては，第1学年では，**必要に応じて記録したり質問したりして**，第2学年では，**論理の展開などに注意して**，第3学年では，**話の展開を予測しながら**，聞くことを示している。

その上で，第1学年では，聞き取った内容の**共通点や相違点などを踏まえて**，第2学年では，**話し手の考えと比較しながら**，第3学年では，**聞き取った内容や表現の仕方を評価して**，自分の考えをまとめたり広げたり深めたりすることを示している。

聞き取ったことを比較したり評価したりするためには，聞き手自身が話題に対して一定の立場や考えをもっていることが前提となる。そのため，「話題の設定，情報の収集」の段階から，聞き手としてどのような立場に立ち，何を聞こうとするのかを意識することなどが重要である。

○話合いの進め方の検討，考えの形成，共有（話し合うこと）

話合いを効果的に進め，互いの発言を踏まえて，考えをまとめたり広げたり深めたりすることを示している。

話合いは，話すことと聞くこととが交互に行われる言語活動であり，それぞれの生徒が話し手でもあり聞き手でもある。話合いの過程では，「話すこと」と「聞くこと」に関する資質・能力が一体となって働くため，指導に当たっては，「話すこと」に関する指導事項と「聞くこと」に関する指導事項との関連を図ることが重要である。

話合いを効果的に進めることについては，第1学年では，**話題や展開を捉えながら**，第2学年では，**互いの立場や考えを尊重しながら**，第3学年では，**進行の仕方を工夫したり互いの発言を生かしたりしながら**，話し合うことを示している。

また，考えを形成することについては，第1学年では，**互いの発言を結び付けて**，第2学年では，**結論を導くために**，第3学年では，**合意形成に向けて**，考えをまとめたり広げたり深めたりすることを示している。

	第1学年	第2学年	第3学年
話題の設定、情報の収集、内容の検討	ア 目的や場面に応じて、日常生活の中から話題を決め、集めた材料を整理し、伝え合う内容を検討すること。	ア 目的や場面に応じて、社会生活の中から話題を決め、異なる立場や考えを想定しながら集めた材料を整理し、伝え合う内容を検討すること。	ア 目的や場面に応じて、社会生活の中から話題を決め、多様な考えを想定しながら材料を整理し、伝え合う内容を検討すること。
構成の検討、考えの形成（話すこと）	イ 自分の考えや根拠が明確になるように、話の中心的な部分と付加的な部分、事実と意見との関係などに注意して、話の構成を考えること。	イ 自分の立場や考えが明確になるように、根拠の適切さや論理の展開などに注意して、話の構成を工夫すること。	イ 自分の立場や考えを明確にし、相手を説得できるように論理の展開などを考えて、話の構成を工夫すること。
表現、共有（話すこと）	ウ 相手の反応を踏まえながら、自分の考えが分かりやすく伝わるように表現を工夫すること。	ウ 資料や機器を用いるなどして、自分の考えが分かりやすく伝わるように表現を工夫すること。	ウ 場の状況に応じて言葉を選ぶなど、自分の考えが分かりやすく伝わるように表現を工夫すること。
構造と内容の把握、精査・解釈、考えの形成、共有（聞くこと）	エ 必要に応じて記録したり質問したりしながら話の内容を捉え、共通点や相違点などを踏まえて、自分の考えをまとめること。	エ 論理の展開などに注意して聞き、話し手の考えと比較しながら、自分の考えをまとめること。	エ 話の展開を予測しながら聞き、聞き取った内容や表現の仕方を評価して、自分の考えを広げたり深めたりすること。
話合いの進め方の検討、考えの形成、共有（話し合うこと）	オ 話題や展開を捉えながら話し合い、互いの発言を結び付けて考えをまとめること。	オ 互いの立場や考えを尊重しながら話し合い、結論を導くために考えをまとめること。	オ 進行の仕方を工夫したり互いの発言を生かしたりしながら話し合い、合意形成に向けて考えを広げたり深めたりすること。

「話すこと・聞くこと」の言語活動例

内容の(2)には、(1)の指導事項を指導する際の言語活動を例示している。

各学年のアには、話し手がある程度まとまった話をし、それを聞いて、聞き手が質問や意見、助言、評価などを述べる言語活動を例示している。

各学年のイには、目的に沿って、互いの考えを伝え合ったり生かし合ったりする話合いや議論、討論などの言語活動を例示している。

各学年の言語活動例は、次のとおりである。

なお、これらの言語活動は例示であるため、これらの全てを行わなければなら

ないものではなく，これ以外の言語活動を取り上げることも考えられる。

第1学年	第2学年	第3学年
ア　紹介や報告など伝えたいことを話したり，それらを聞いて質問したり意見などを述べたりする活動。 イ　互いの考えを伝えるなどして，少人数で話し合う活動。	ア　説明や提案など伝えたいことを話したり，それらを聞いて質問や助言などをしたりする活動。 イ　それぞれの立場から考えを伝えるなどして，議論や討論をする活動。	ア　提案や主張など自分の考えを話したり，それらを聞いて質問したり評価などを述べたりする活動。 イ　互いの考えを生かしながら議論や討論をする活動。

B 書くこと

「書くこと」の指導事項

内容の(1)は，学習過程に沿って，次のように構成している。
- 題材の設定，情報の収集，内容の検討
- 構成の検討
- 考えの形成，記述
- 推敲
- 共有

「B書くこと」領域の構成

学習過程		(1) 指導事項			(2) 言語活動例		
		第1学年	第2学年	第3学年	第1学年	第2学年	第3学年
書くこと	題材の設定	ア	ア	ア	アイウ（説明的な文章を書く活動）（実用的な文章を書く活動）（文学的な文章を書く活動）	アイウ（説明的な文章を書く活動）（実用的な文章を書く活動）（文学的な文章を書く活動）	アイ（説明的な文章を書く活動）（実用的な文章を書く活動）
	情報の収集						
	内容の検討						
	構成の検討	イ	イ	イ			
	考えの形成	ウ	ウ	ウ			
	記述						
	推敲	エ	エ	エ			
	共有	オ	オ	オ			

上表のとおり，今回の改訂では，学習過程を一層明確にし，各指導事項を位置付けた。なお，ここに示す学習過程は指導の順序性を示すものではないため，アからオまでの指導事項を必ずしも順番に指導する必要はない。

○題材の設定，情報の収集，内容の検討

目的や意図に応じて題材を決め，情報を収集・整理し，伝えたいことを明確にすることを示している。

「題材の設定」については，第1学年では，小学校との接続を考慮して**日常生活の中から**，第2学年及び第3学年では，**社会生活の中から**集めることを示し，発達の段階に応じて題材を決める範囲を広げている。「情報の収集」及び「内容の検討」については，第1学年では，**集めた材料を整理し**，第2学年では，**多様な方法で集めた材料を整理し**，第3学年では，**集めた材料の客観性や信頼性を確認し**，伝えたいことを明確にすることを示している。

○構成の検討

文章の構成を検討することを示している。

第1学年では，**段落の役割など**を意識して，第2学年では，**段落相互の関係など**を明確にし，第3学年では，**論理の展開など**を考えて，文章の構成や展開を考えたり工夫したりすることを示している。

また，第3学年では，構成を考える際に意識することとして，**多様な読み手を説得できるようにすること**を求めている。

○考えの形成，記述

記述の仕方を工夫し，自分の考えが伝わる文章にすることを示している。

第1学年では，根拠という概念があることを理解した上で，**根拠を明確にしながら**，第2学年では，根拠が自分の考えを支える上で適切かどうかを考えながら**説明や具体例を加えたり，表現の効果を考えて描写したりするなど**，第3学年では，**表現の仕方を考えたり資料を適切に引用したりするなど**して記述することを示している。

○推敲

読み手の立場に立ち，自分が書いた文章について捉え直し，分かりやすい文章に整えることを示している。

第1学年では，**表記や語句の用法，叙述の仕方など**を，第2学年では，**表現の効果など**を，第3学年では，**目的や意図に応じた表現になっているかなど**を確かめることを示している。

○共有

読み手からの助言などを踏まえて，自分が書いた文章のよい点や改善点を書き手自身が見いだすことを示している。

よい点や改善点を見いだす視点として，第1学年では，**根拠の明確さなど**を，第2学年では，**表現の工夫とその効果など**を，第3学年では，**論理の展開など**を示している。これらの視点については，「構成の検討」，「考えの形成」，「記述」，「推敲」の各段階を踏まえ，特に，当該学年で重点としている内容を中心に取り上げることを想定している。

	第1学年	第2学年	第3学年
題材の設定、情報の収集、内容の検討	ア 目的や意図に応じて、日常生活の中から題材を決め、集めた材料を整理し、伝えたいことを明確にすること。	ア 目的や意図に応じて、社会生活の中から題材を決め、多様な方法で集めた材料を整理し、伝えたいことを明確にすること。	ア 目的や意図に応じて、社会生活の中から題材を決め、集めた材料の客観性や信頼性を確認し、伝えたいことを明確にすること。
構成の検討	イ 書く内容の中心が明確になるように、段落の役割などを意識して文章の構成や展開を考えること。	イ 伝えたいことが分かりやすく伝わるように、段落相互の関係などを明確にし、文章の構成や展開を工夫すること。	イ 文章の種類を選択し、多様な読み手を説得できるように論理の展開などを考えて、文章の構成を工夫すること。
考えの形成、記述	ウ 根拠を明確にしながら、自分の考えが伝わる文章になるように工夫すること。	ウ 根拠の適切さを考えて説明や具体例を加えたり、表現の効果を考えて描写したりするなど、自分の考えが伝わる文章になるように工夫すること。	ウ 表現の仕方を考えたり資料を適切に引用したりするなど、自分の考えが分かりやすく伝わる文章になるように工夫すること。
推敲	エ 読み手の立場に立って、表記や語句の用法、叙述の仕方などを確かめて、文章を整えること。	エ 読み手の立場に立って、表現の効果などを確かめて、文章を整えること。	エ 目的や意図に応じた表現になっているかなどを確かめて、文章全体を整えること。
共有	オ 根拠の明確さなどについて、読み手からの助言などを踏まえ、自分の文章のよい点や改善点を見いだすこと。	オ 表現の工夫とその効果などについて、読み手からの助言などを踏まえ、自分の文章のよい点や改善点を見いだすこと。	オ 論理の展開などについて、読み手からの助言などを踏まえ、自分の文章のよい点や改善点を見いだすこと。

「書くこと」の言語活動例

内容の(2)には、(1)の指導事項を指導する際の言語活動を例示している。

各学年のアには、主として説明的な文章を書く言語活動を、各学年のイには、主として実用的な文章を書く言語活動を、各学年のウには、主として文学的な文章を書く言語活動を例示している。

各学年の言語活動例は、次のとおりである。

なお、これらの言語活動は例示であるため、これらの全てを行わなければならないものではなく、これ以外の言語活動を取り上げることも考えられる。

第1学年	第2学年	第3学年
ア　本や資料から文章や図表などを引用して説明したり記録したりするなど，事実やそれを基に考えたことを書く活動。	ア　多様な考えができる事柄について意見を述べるなど，自分の考えを書く活動。	ア　関心のある事柄について批評するなど，自分の考えを書く活動。
イ　行事の案内や報告の文章を書くなど，伝えるべきことを整理して書く活動。	イ　社会生活に必要な手紙や電子メールを書くなど，伝えたいことを相手や媒体を考慮して書く活動。	イ　情報を編集して文章にまとめるなど，伝えたいことを整理して書く活動。
ウ　詩を創作したり随筆を書いたりするなど，感じたことや考えたことを書く活動。	ウ　短歌や俳句，物語を創作するなど，感じたことや想像したことを書く活動。	

C 読むこと

「読むこと」の指導事項

内容の(1)は，学習過程に沿って，次のように構成している。

○構造と内容の把握
○精査・解釈
○考えの形成，共有

「C読むこと」領域の構成

学習過程		(1) 指導事項			(2) 言語活動例		
		第1学年	第2学年	第3学年	第1学年	第2学年	第3学年
読むこと	構造と内容の把握（説明的な文章）	ア	ア	ア	アイウ（本などから情報を得て活用する活動）（文学的な文章を読む活動）（説明的な文章を読む活動）	アイウ（本などから情報を得て活用する活動）（文学的な文章を読む活動）（説明的な文章を読む活動）	アイウ（本などから情報を得て活用する活動）（文学的な文章を読む活動）（説明的な文章を読む活動）
	構造と内容の把握（文学的な文章）	イ					
	精査・解釈（内容）	ウ	イ，ウ	イ			
	精査・解釈（形式）	エ	エ	ウ			
	考えの形成，共有	オ	オ	エ			

　上表のとおり，今回の改訂では，学習過程を一層明確にし，各指導事項を位置付けた。なお，ここに示す学習過程は指導の順序性を示すものではないため，アからオまでの指導事項を必ずしも順番に指導する必要はない。

　また，〔知識及び技能〕の「読書」に関する事項との関連を図り，生徒の日常の読書活動に結び付くようにすることが重要である。

○構造と内容の把握

　叙述に基づいて，文章がどのような構造になっているか，どのような内容が書かれているのかを把握することを示している。「構造と内容の把握」とは，叙述を基に，文章の構成や展開を捉えたり，内容を理解したりすることである。

　第1学年では説明的な文章と文学的な文章に分けて示しており，第2学年及び第3学年では両者を合わせて示している。具体的には，第1学年では，**文章の中心的な部分と付加的な部分，事実と意見との関係**など，**場面の展開や登場人物の相互関係，心情の変化**などを，第2学年では，**主張と例示との関係や登場人物の設定の仕方**などを，第3学年では，**論理や物語の展開の仕方**などを捉えること

示している。

その上で，第1学年では，**要旨を把握すること，描写を基に捉えること**を示している。また，捉える際の視点として，第2学年では，**文章全体と部分との関係に注意しながら**，第3学年では，**文章の種類を踏まえて捉えること**を示している。

○**精査・解釈**

構成や叙述などに基づいて，文章の内容や形式について，精査・解釈することを示している。「精査・解釈」とは，文章の内容や形式に着目して読み，目的に応じて意味付けたり考えたりすることである。

第1学年及び第2学年のウ，第2学年及び第3学年のイは，文章の内容に関する精査・解釈について示している。第1学年では，**必要な情報に着目して要約したり，場面と場面，場面と描写などを結び付けたり**して，第2学年では，**複数の情報を整理しながら適切な情報を得たり，登場人物の言動の意味などについて考えたり，文章と図表などを結び付けたり**して，内容を解釈することを示している。これらを踏まえ，第3学年では，**文章を批判的に読みながら，文章に表れているものの見方や考え方について考えること**を示している。

第1学年及び第2学年のエ，第3学年のウは，文章の形式に関する精査・解釈について示している。第1学年では，**文章の構成や展開，表現の効果について**，第2学年では，**文章の構成や論理の展開，表現の効果について**，第3学年では，**文章の構成や論理の展開，表現の仕方について**，考えたり評価したりすることを示している。なお，文章の形式を精査・解釈する際の視点として，第1学年では，**根拠を明確にして考えること**，第2学年では**観点を明確にして文章を比較すること**を示している。

○**考えの形成，共有**

文章を読んで理解したことなどに基づいて，自分の考えを形成することを示している。「考えの形成」とは，文章の構造と内容を捉え，精査・解釈することを通して理解したことに基づいて，自分の既有の知識や様々な経験と結び付けて考えをまとめたり広げたり深めたりしていくことである。

第1学年では，**自分の考えを確かなものにすること**，第2学年及び第3学年では，**考えを広げたり深めたりすること**を示している。

また，小学校では，「共有」の学習過程に個別の指導事項を設け，文章を読んで感じたり考えたりしたことを共有する「思考力，判断力，表現力等」を示している。中学校においては，小学校において身に付けた力を生かし，自分の考えを

他者の考えと比較して共通点や相違点を明らかにしたり，一人一人の捉え方の違いやその理由などについて考えたりすることが重要である。そうした中で，他者の考えのよさを感じたり，自分の考えのよさを認識したりすることが，第3学年の**人間，社会，自然などについて，自分の意見をもつこと**につながる。

		第1学年	第2学年	第3学年
構造と内容の把握	（説明的な文章）	ア 文章の中心的な部分と付加的な部分，事実と意見との関係などについて叙述を基に捉え，要旨を把握すること。	ア 文章全体と部分との関係に注意しながら，主張と例示との関係や登場人物の設定の仕方などを捉えること。	ア 文章の種類を踏まえて，論理や物語の展開の仕方などを捉えること。
	（文学的な文章）	イ 場面の展開や登場人物の相互関係，心情の変化などについて，描写を基に捉えること。		
精査・解釈	（内容）	ウ 目的に応じて必要な情報に着目して要約したり，場面と場面，場面と描写などを結び付けたりして，内容を解釈すること。	イ 目的に応じて複数の情報を整理しながら適切な情報を得たり，登場人物の言動の意味などについて考えたりして，内容を解釈すること。 ウ 文章と図表などを結び付け，その関係を踏まえて内容を解釈すること。	イ 文章を批判的に読みながら，文章に表れているものの見方や考え方について考えること。
	（形式）	エ 文章の構成や展開，表現の効果について，根拠を明確にして考えること。	エ 観点を明確にして文章を比較するなどし，文章の構成や論理の展開，表現の効果について考えること。	ウ 文章の構成や論理の展開，表現の仕方について評価すること。
考えの形成、共有		オ 文章を読んで理解したことに基づいて，自分の考えを確かなものにすること。	オ 文章を読んで理解したことや考えたことを知識や経験と結び付け，自分の考えを広げたり深めたりすること。	エ 文章を読んで考えを広げたり深めたりして，人間，社会，自然などについて，自分の意見をもつこと。

「読むこと」の言語活動例

内容の(2)には，(1)の指導事項を指導する際の言語活動を例示している。

各学年のアには，主として説明的な文章を読んで理解したことや考えたことを表現する言語活動を例示している。

各学年のイには，文学的な文章を読んで考えたことなどを記録したり伝え合っ

たりする言語活動を例示している。

各学年のウには，主として本などから情報を得て活用する言語活動を例示している。

各学年の言語活動例は，次のとおりである。

なお，これらの言語活動は例示であるため，これらの全てを行わなければならないものではなく，これ以外の言語活動を取り上げることも考えられる。

第1学年	第2学年	第3学年
ア　説明や記録などの文章を読み，理解したことや考えたことを報告したり文章にまとめたりする活動。	ア　報告や解説などの文章を読み，理解したことや考えたことを説明したり文章にまとめたりする活動。	ア　論説や報道などの文章を比較するなどして読み，理解したことや考えたことについて討論したり文章にまとめたりする活動。
イ　小説や随筆などを読み，考えたことなどを記録したり伝え合ったりする活動。	イ　詩歌や小説などを読み，引用して解説したり，考えたことなどを伝え合ったりする活動。	イ　詩歌や小説などを読み，批評したり，考えたことなどを伝え合ったりする活動。
ウ　学校図書館などを利用し，多様な情報を得て，考えたことなどを報告したり資料にまとめたりする活動。	ウ　本や新聞，インターネットなどから集めた情報を活用し，出典を明らかにしながら，考えたことなどを説明したり提案したりする活動。	ウ　実用的な文章を読み，実生活への生かし方を考える活動。

第3章 各学年の内容

第1節 第1学年の内容

●1 〔知識及び技能〕

(1) 言葉の特徴や使い方に関する事項

> (1) 言葉の特徴や使い方に関する次の事項を身に付けることができるよう指導する。
>
> ア　音声の働きや仕組みについて，理解を深めること。
>
> イ　小学校学習指導要領第2章第1節国語の学年別漢字配当表（以下「学年別漢字配当表」という。）に示されている漢字に加え，その他の常用漢字のうち300字程度から400字程度までの漢字を読むこと。また，学年別漢字配当表の漢字のうち900字程度の漢字を書き，文や文章の中で使うこと。
>
> ウ　事象や行為，心情を表す語句の量を増すとともに，語句の辞書的な意味と文脈上の意味との関係に注意して話や文章の中で使うことを通して，語感を磨き語彙を豊かにすること。
>
> エ　単語の類別について理解するとともに，指示する語句と接続する語句の役割について理解を深めること。
>
> オ　比喩，反復，倒置，体言止めなどの表現の技法を理解し使うこと。

○話し言葉と書き言葉

小学校第5学年及び第6学年	第1学年	第2学年	第3学年
イ　話し言葉と書き言葉との違いに気付くこと。	ア　音声の働きや仕組みについて，理解を深めること。	イ　話し言葉と書き言葉の特徴について理解すること。	
ウ　文や文章の中で漢字と仮名を適切に使い分けるとともに，送			

り仮名や仮名遣いに注意して正しく書くこと。			

ア　音声の働きや仕組みについて，理解を深めること。

　生徒が話し言葉として使用してきた音声について，その働きや仕組みを整理し，理解を深めることを示している。

　伝達機能を中心とした音声の働き，音節の基本的な構造などへの理解を促すようにすることを求めている。また，アクセント，イントネーション，プロミネンス（文中のある語を強調して発音すること）などの音声的特質が多様な声を作り出し，話したり聞いたりする活動に影響していることを理解し，日常の言語活動を振り返る契機にすることが重要である。

　小学校第1学年及び第2学年の〔知識及び技能〕の(1)「イ　音節と文字との関係，アクセントによる語の意味の違いなどに気付くとともに，姿勢や口形，発声や発音に注意して話すこと。」，第3学年及び第4学年の〔知識及び技能〕の(1)「イ　相手を見て話したり聞いたりするとともに，言葉の抑揚や強弱，間の取り方などに注意して話すこと。」の学習を踏まえ，生徒が話す際に音声がどのような働きをしているかを捉え直すことが求められる。

○漢字

小学校第5学年及び第6学年	第1学年	第2学年	第3学年
エ　第5学年及び第6学年の各学年においては，学年別漢字配当表の当該学年までに配当されている漢字を読むこと。また，当該学年の前の学年までに配当されている漢字を書き，文や文章の中で使うとともに，当該学年に配当されている漢字を漸次書き，文や文章の中で使うこと。	イ　小学校学習指導要領第2章第1節国語の学年別漢字配当表（以下「学年別漢字配当表」という。）に示されている漢字に加え，その他の常用漢字のうち300字程度から400字程度までの漢字を読むこと。また，学年別漢字配当表の漢字のうち900字程度の漢字を書き，文や文章の中で使うこと。	ウ　第1学年までに学習した常用漢字に加え，その他の常用漢字のうち350字程度から450字程度までの漢字を読むこと。また，学年別漢字配当表に示されている漢字を書き，文や文章の中で使うこと。	ア　第2学年までに学習した常用漢字に加え，その他の常用漢字の大体を読むこと。また，学年別漢字配当表に示されている漢字について，文や文章の中で使い慣れること。

イ　小学校学習指導要領第2章第1節国語の学年別漢字配当表（以下「学年別漢字配当表」という。）に示されている漢字に加え，その他の常用漢字のうち

300字程度から400字程度までの漢字を読むこと。また，学年別漢字配当表の漢字のうち900字程度の漢字を書き，文や文章の中で使うこと。

　漢字の読みについては，小学校で学習した1,026字に加えてその他の常用漢字1,110字のうち300字程度から400字程度までの漢字の読みを指導する。漢字一字一字の音訓を理解し，語句として，話や文章の中において文脈に即して意味や用法を理解しながら読むことが求められる。そのため，教科書を読むことや読書を通して，漢字の読みの習熟と応用を図ることが大切である。また，字形と音訓，意味と用法，語の成り立ち，熟語の構成などについて必要に応じて指導し，例えば，漢字の構成要素である「へん」や「つくり」などに注目して，読みを類推することができるようにすることも考えられる。さらに，〔思考力，判断力，表現力等〕の「B書くこと」，「C読むこと」の指導においてだけではなく，「A話すこと・聞くこと」の指導においても，例えば，同音の語句の意味に誤って理解されそうなときには，漢字を例示することでこれを避けるといったような活動を取り入れるなど，機会があるごとに漢字を意識するようにすることが考えられる。

　漢字の書きについては，学年別漢字配当表に示している漢字のうち，900字程度の漢字について文や文章の中で使えるように指導する。この場合，どの字種の漢字を指導するかについては明示していない。したがって，生徒の発達や学習の状況に応じて，日常生活や各教科等の学習の中で多く使われる漢字などに配慮して指導すべき字種を決めることが考えられる。指導に当たっては，字体，字形，音訓，意味や用法などの知識を習得し，文脈に即して漢字を書くように常に注意するようにすること，文章の中ばかりではなく，「A話すこと・聞くこと」の学習の中や，他教科等の学習や日常の会話の中でも漢字の書きについて意識するようにすることが大切である。また，実際に書く活動を通して，漢字を正しく用いる態度と習慣とを養うことも大切である。そのためには，必要に応じて辞書を引くことを習慣付けることが有効である。

　また，書写との関連を図ることが重要である。その際，字体，点画，筆順等に注意し，楷書で正しく整った文字を書くようにすることなどが求められる。

○語彙

小学校第5学年及び第6学年	第1学年	第2学年	第3学年
オ　思考に関わる語句の量を増し，話や文章の中で使うとともに，語句と語句との	ウ　事象や行為，心情を表す語句の量を増すとともに，語句の辞書的な意味と文	エ　抽象的な概念を表す語句の量を増すとともに，類義語と対義語，同音異義語や多	イ　理解したり表現したりするために必要な語句の量を増し，慣用句や四字熟語

関係，語句の構成や変化について理解し，語彙を豊かにすること。また，語感や言葉の使い方に対する感覚を意識して，語や語句を使うこと。	脈上の意味との関係に注意して話や文章の中で使うことを通して，語感を磨き語彙を豊かにすること。	義的な意味を表す語句などについて理解し，話や文章の中で使うことを通して，語感を磨き語彙を豊かにすること。	などについて理解を深め，話や文章の中で使うとともに，和語，漢語，外来語などを使い分けることを通して，語感を磨き語彙を豊かにすること。

ウ 事象や行為，心情を表す語句の量を増すとともに，語句の辞書的な意味と文脈上の意味との関係に注意して話や文章の中で使うことを通して，語感を磨き語彙を豊かにすること。

　事象や行為，心情を表す語句の量を増すことについては，小学校第3学年及び第4学年の〔知識及び技能〕の(1)オの「様子や行動，気持ちや性格を表す語句」の学習を踏まえ，動詞や形容詞，形容動詞，名詞，副詞など様々な語句について取り上げ，語句の量を増すことを求めている。その際，話や文章の中でどのように使用されているか，自分が理解したり表現したりするときにどのように用いればよいかについて考えることが重要である。

　語句の辞書的な意味と文脈上の意味との関係に注意して話や文章の中で使うとは，語句の辞書的な意味を踏まえ，文脈における意味を具体的かつ個別的に捉え，その語句が文章の中で果たしている役割を考えることである。そのためには，本などを読んで新しく出合った言葉を取り上げ，辞書にある様々な意味から文脈上の意味を考える習慣を付けることなどが考えられる。例えば，語句の意味について調べたことを記録したり，その語句を使った短文を作ったりすることなどを通して，話や文章の中で使うことが有効である。

　語感を磨き語彙を豊かにするとは，自分の語彙を量と質の両面から充実させることである。具体的には，意味を理解している語句の数を増やすだけでなく，話や文章の中で使いこなせる語句を増やすとともに，語句の意味や使い方に対する認識を深め，語感を磨き，語彙の質を高めることである。なお，**語感**には，言葉の正しさや美しさだけではなく，その言葉が使われる際に適切であるかどうかを感じ取る感覚も含まれている。

○文や文章

小学校第5学年及び第6学年	第1学年	第2学年	第3学年
カ　文の中での語句の係り方や語順，文と文との	エ　単語の類別について理解するとともに，指示	オ　単語の活用，助詞や助動詞などの働き，文の	ウ　話や文章の種類とその特徴について理解を深

接続の関係，話や文章の構成や展開，話や文章の種類とその特徴について理解すること。	する語句と接続する語句の役割について理解を深めること。	成分の順序や照応など文の構成について理解するとともに，話や文章の構成や展開について理解を深めること。	めること。

エ　単語の類別について理解するとともに，指示する語句と接続する語句の役割について理解を深めること。

単語の類別について理解するとは，単語がその性質から自立語と付属語とに大別されること，更に幾つかの品詞に分類されることなどについて理解することである。それぞれの単語のもつ文法的な役割とともに，それぞれの品詞が文のどのような成分になるかなどを理解することを求めている。

指示する語句や接続する語句は，話や文章を構成する上で大切な役割を果たす。**指示する語句と接続する語句の役割について理解を深めること**については，小学校第3学年及び第4学年で扱っていることを踏まえ，それぞれの役割についての理解を深めることが求められる。

指示する語句とは，物事を指し示す働きをもつ語句のことをいう。具体的には，いわゆる「こ・そ・あ・ど言葉」と言われるものに加え，「以上（は）」，「前者（は）」，「右（の）」なども含まれる。

接続する語句とは，前後の語句や文などをつなぐ働きをもつ語句のことをいう。具体的には，いわゆる「つなぎ言葉」と言われるものや，「まして」，「一方」，「他方」，「そのため」などが含まれる。つなぎ言葉は，つなぎ方によって，順接，逆接，並立，累加，対比，選択，転換などの働きで分類されることがある。

指導に当たっては，例えば，〔思考力，判断力，表現力等〕の「A 話すこと・聞くこと」の「構成の検討」，「B 書くこと」の「構成の検討」や「推敲」，「C 読むこと」の「構造と内容の把握」の学習過程における指導などとの関連を図り，指示する語句や接続する語句が，話や文章の中でどのような役割を果たしているのかを考えることにより，指導の効果を高めることが考えられる。

○表現の技法

小学校第5学年及び第6学年	第1学年	第2学年	第3学年
ク　比喩や反復などの表現の工夫に気付くこと。	オ　比喩，反復，倒置，体言止めなどの表現の技法を理解し使うこと。		

オ　比喩，反復，倒置，体言止めなどの表現の技法を理解し使うこと。

　比喩とは，あるものを別のものでたとえて表現すること，**反復**とは，同一又は類似した表現を繰り返すこと，**倒置**とは，語順を逆にすること，**体言止め**とは，文末を体言で終えることである。小学校での学習を踏まえ，中学校では，それぞれの表現の技法が「比喩」や「反復」などの名称で呼ばれていることと結び付けて，その意味や用法とともに理解し，話や文章の中で使うことを求めている。また，直喩や隠喩，擬人法など，比喩の種類について整理することも考えられる。なお，**表現の技法**としては，これらのほか，省略や対句などが挙げられる。

(2) 情報の扱い方に関する事項

> (2) 話や文章に含まれている情報の扱い方に関する次の事項を身に付けることができるよう指導する。
> 　ア　原因と結果，意見と根拠など情報と情報との関係について理解すること。
> 　イ　比較や分類，関係付けなどの情報の整理の仕方，引用の仕方や出典の示し方について理解を深め，それらを使うこと。

〇情報と情報との関係

小学校第5学年及び第6学年	第1学年	第2学年	第3学年
ア　原因と結果など情報と情報との関係について理解すること。	ア　原因と結果，意見と根拠など情報と情報との関係について理解すること。	ア　意見と根拠，具体と抽象など情報と情報との関係について理解すること。	ア　具体と抽象など情報と情報との関係について理解を深めること。

ア　原因と結果，意見と根拠など情報と情報との関係について理解すること。

　小学校第5学年及び第6学年のアを受けて，原因と結果の関係に加え，意見と根拠の関係について理解することを示している。

　相手の考えを理解したり自分の思いや考えを表現したりするためには，話や文章の中に含まれている情報と情報とがどのように結び付いているかを捉えたり，整理したりすることが必要となる。

　原因とは，ある物事や状態を引き起こすもとになるものを指し，**結果**とは，ある原因によってもたらされた事柄や状態を指す。また，**根拠**とは，考えや言動の拠り所となるもののことを指す。

　物事を筋道立てて理解したり表現したりするためには，原因と結果の関係を把握することが重要になる。また，他者の意見を理解したり，自分の意見を述べたりする際には，意見を支える根拠を明らかにすることが重要になる。

　指導に当たっては，例えば，〔思考力，判断力，表現力等〕の「A話すこと・聞くこと」の(1)「イ　自分の考えや根拠が明確になるように，話の中心的な部分と付加的な部分，事実と意見との関係などに注意して，話の構成を考えること。」，「B書くこと」の(1)「イ　書く内容の中心が明確になるように，段落の役割などを意識して文章の構成や展開を考えること。」，「ウ　根拠を明確にしながら，自分の考えが伝わる文章になるように工夫すること。」，「C読むこと」の(1)「ア　文章の中心的な部分と付加的な部分，事実と意見との関係などについて叙述を基

に捉え，要旨を把握すること。」などとの関連を図ることが考えられる。

○情報の整理

小学校第5学年及び第6学年	第1学年	第2学年	第3学年
イ　情報と情報との関係付けの仕方，図などによる語句と語句との関係の表し方を理解し使うこと。	イ　比較や分類，関係付けなどの情報の整理の仕方，引用の仕方や出典の示し方について理解を深め，それらを使うこと。	イ　情報と情報との関係の様々な表し方を理解し使うこと。	イ　情報の信頼性の確かめ方を理解し使うこと。

イ　比較や分類，関係付けなどの情報の整理の仕方，引用の仕方や出典の示し方について理解を深め，それらを使うこと。

　小学校第3学年及び第4学年の〔知識及び技能〕の(2)イの「比較や分類の仕方」を理解し使うこと，第5学年及び第6学年の〔知識及び技能〕の(2)イの「情報と情報との関係付けの仕方」を理解し使うことを受けて，情報の整理の仕方について理解を深め使うことを示している。

　比較とは，複数の情報を比べること，**分類**とは，複数の情報を共通点や類似点に基づいて類別することである。また，**関係付け**とは，比較や分類以外の情報の整理の仕方を指し，例えば，複雑な事柄などを分解して捉えたり，多様な内容や別々の要素などをまとめたり，類似する点を基にして他のことを類推したり，一定のきまりを基に順序立てて系統化したりすることなどが挙げられる。

　指導に当たっては，例えば，〔思考力，判断力，表現力等〕の「A話すこと・聞くこと」の(1)アやイ，「B書くこと」の(1)アやイなどの材料を集めて整理したり，構成を検討したりすることに関する指導事項，「A話すこと・聞くこと」の(1)エ，「C読むこと」の(1)アやウなどの構造と内容を把握し精査・解釈することに関する指導事項などとの関連を図ることが考えられる。

　引用の仕方や出典の示し方については，小学校第3学年及び第4学年の〔知識及び技能〕の(2)イの「引用の仕方や出典の示し方」を理解し使うことを受けて，それらへの理解を深め使うことを示している。具体的には，引用の際には，かぎ（「　」）でくくること，出典を明示すること，引用部分が適切な量であることなどについて理解を深めることを求めている。

　引用とは，本や文章の一節や文，語句などをそのまま抜き出すことである。**出典**とは，引用元の書物や典拠などのことである。

　引用する際には，文章に限らず，図表やグラフ，絵や写真などについても同様に扱うことに留意する必要がある。出典については，その媒体に応じて，書名，

著者名,発行年や掲載日,出版社,ウェブサイトの名称やアドレスなどを示すことにより,著作権に留意するとともに,情報の受け手が出典を知ることができるよう配慮することが必要である。

　指導に当たっては,例えば,〔思考力,判断力,表現力等〕の「B書くこと」の(1)「ウ　根拠を明確にしながら,自分の考えが伝わる文章になるように工夫すること。」などとの関連を図ることが考えられる。

(3) 我が国の言語文化に関する事項

> (3) 我が国の言語文化に関する次の事項を身に付けることができるよう指導する。
> 　ア　音読に必要な文語のきまりや訓読の仕方を知り，古文や漢文を音読し，古典特有のリズムを通して，古典の世界に親しむこと。
> 　イ　古典には様々な種類の作品があることを知ること。
> 　ウ　共通語と方言の果たす役割について理解すること。
> 　エ　書写に関する次の事項を理解し使うこと。
> 　　(ア)　字形を整え，文字の大きさ，配列などについて理解して，楷書で書くこと。
> 　　(イ)　漢字の行書の基礎的な書き方を理解して，身近な文字を行書で書くこと。
> 　オ　読書が，知識や情報を得たり，自分の考えを広げたりすることに役立つことを理解すること。

○伝統的な言語文化

小学校第5学年及び第6学年	第1学年	第2学年	第3学年
ア　親しみやすい古文や漢文，近代以降の文語調の文章を音読するなどして，言葉の響きやリズムに親しむこと。	ア　音読に必要な文語のきまりや訓読の仕方を知り，古文や漢文を音読し，古典特有のリズムを通して，古典の世界に親しむこと。	ア　作品の特徴を生かして朗読するなどして，古典の世界に親しむこと。	ア　歴史的背景などに注意して古典を読むことを通して，その世界に親しむこと。
イ　古典について解説した文章を読んだり作品の内容の大体を知ったりすることを通して，昔の人のものの見方や感じ方を知ること。	イ　古典には様々な種類の作品があることを知ること。	イ　現代語訳や語注などを手掛かりに作品を読むことを通して，古典に表れたものの見方や考え方を知ること。	イ　長く親しまれている言葉や古典の一節を引用するなどして使うこと。

ア　音読に必要な文語のきまりや訓読の仕方を知り，古文や漢文を音読し，古典特有のリズムを通して，古典の世界に親しむこと。

　小学校における読み聞かせや音読，暗唱などによる伝統的な言語文化に関する

学習を踏まえ，古文や漢文を音読し，古典の世界に親しむことを示している。

文語のきまりとは，歴史的仮名遣いなど現代の口語とは異なる古文特有のきまりをいい，**訓読の仕方**とは，返り点や送り仮名など漢文の訓読に必要な基礎的な事項をいう。**音読に必要な文語のきまりや訓読の仕方**とは，基本的には，教材を音読する際に，教材に即して文語のきまりや訓読の仕方を学習することを示している。

古典の世界に親しむためには，古典の文章を繰り返し音読して，その独特のリズムに気付かせることが重要である。音読することによって，独特のリズムに生徒自らが気付くことを重視し，五音，七音のリズムの特徴などについて理解することを通して古典の世界に親しむようにすることが求められる。

イ　古典には様々な種類の作品があることを知ること。

小学校から親しんできた様々な古典の作品は，一般的に幾つかの種類に分類される。**様々な種類**としては，和歌，俳諧，物語，随筆，漢詩，漢文などを挙げることができる。また，能，狂言，歌舞伎，古典落語などの古典芸能も含まれる。これらと，小学校から親しんできた様々な古典の作品とを結び付けることで，古典の世界についての新たな興味・関心を喚起し，古典に親しませることが大切である。

○言葉の由来や変化

小学校第5学年及び第6学年	第1学年	第2学年	第3学年
ウ　語句の由来などに関心をもつとともに，時間の経過による言葉の変化や世代による言葉の違いに気付き，共通語と方言との違いを理解すること。また，仮名及び漢字の由来，特質などについて理解すること。	ウ　共通語と方言の果たす役割について理解すること。		ウ　時間の経過による言葉の変化や世代による言葉の違いについて理解すること。

ウ　共通語と方言の果たす役割について理解すること。

小学校第5学年及び第6学年の〔知識及び技能〕の(3)ウの「共通語と方言との違いを理解すること。」を受けて，共通語と方言のそれぞれが果たす役割について理解することを示している。

共通語は地域を越えて通じる言葉であり，**方言**はある地域に限って使用される言葉である。共通語を適切に使うことで，異なる地域の人々が互いの伝えたいことを理解することができる。一方，方言は，生まれ育った地域の風土や文化とともに歴史的，社会的な伝統に根ざした言葉であり，その価値を見直し，保存・継承に取り組んでいる地域もある。

　例えば，東日本大震災による被災地域においても，方言を使うことで被災者の心が癒やされるなどした事例が報告されるとともに，方言の保存・継承の取組そのものが地域コミュニティーの再生に寄与するなど，地域の復興に方言の力を活用する取組も進められている。

　こうした方言が担っている役割を，その表現の豊かさなど地域による言葉の多様性の面から十分理解し，方言を尊重する気持ちをもちながら，共通語と方言とを時と場合などに応じて適切に使い分けられるようにすることが大切である。

○書写

小学校第5学年及び第6学年	第1学年	第2学年	第3学年
エ　書写に関する次の事項を理解し使うこと。 (ア) 用紙全体との関係に注意して，文字の大きさや配列などを決めるとともに，書く速さを意識して書くこと。 (イ) 毛筆を使用して，穂先の動きと点画のつながりを意識して書くこと。 (ウ) 目的に応じて使用する筆記具を選び，その特徴を生かして書くこと。	エ　書写に関する次の事項を理解し使うこと。 (ア) 字形を整え，文字の大きさ，配列などについて理解して，楷書で書くこと。 (イ) 漢字の行書の基礎的な書き方を理解して，身近な文字を行書で書くこと。	ウ　書写に関する次の事項を理解し使うこと。 (ア) 漢字の行書とそれに調和した仮名の書き方を理解して，読みやすく速く書くこと。 (イ) 目的や必要に応じて，楷書又は行書を選んで書くこと。	エ　書写に関する次の事項を理解し使うこと。 (ア) 身の回りの多様な表現を通して文字文化の豊かさに触れ，効果的に文字を書くこと。

エ　書写に関する次の事項を理解し使うこと。

　小学校の各学年における書写に関する事項を受けて，書写に関する(ア)，(イ)の事項を理解し使うことを示している。

(ア) 字形を整え，文字の大きさ，配列などについて理解して，楷書で書くこと。

様々な場面に応じて楷書で書くことを示している。

字形を整え，文字の大きさ，配列などについて理解するとは，書こうとする文字の字形を整えること，紙面全体に対してそれぞれの文字の大きさや書くべき位置を考えて調和的に割り当てること，文字と文字との間の空け方や行の中心の取り方，行と行の間の空け方などについての具体的な方法や効果を理解することであり，実際に文字を書く場面で使えるようにすることが重要である。

小学校で段階的に学習してきた字の形や大きさ，配列などに関する指導事項を踏まえ，〔思考力，判断力，表現力等〕の指導との関連を図り，国語科をはじめとする各教科等の学習や生活における活用場面を見通して，学習活動や教材を工夫することなども大切である。また，筆記具についても，硬筆や毛筆などを適切に選択したり組み合わせたりすることが求められる。

(イ) 漢字の行書の基礎的な書き方を理解して，身近な文字を行書で書くこと。

行書は，中学校で初めて指導する内容である。小学校における書く速さや点画のつながりについての学習を踏まえ，中学校では，社会生活における言語活動に必要な書写の能力を養うため，速く書くことが求められる。そこで，第１学年では，楷書よりも速く書くことのできる行書の基礎的な書き方を指導する。

漢字の行書の基礎的な書き方とは，直線的な点画で構成されている漢字を，点や画の形が丸みを帯びる場合があること，点や画の方向及び止め・はね・払いの形が変わる場合があること，点や画が連続したり省略されたりする場合があること，筆順が変わる場合があることなどといった行書の特徴を伝統的な文字文化とも関連させながら理解して書くことを意味している。**身近な文字を行書で書く**とは，そうした行書の基礎的な書き方を理解し，学習や生活の中で使用頻度の高い語句などについて書くことである。

字形の整え方，運筆の際の筆圧のかけ方，筆脈を意識した点画のつながりなどを身に付けさせるために，毛筆の活用に配慮する必要がある。また，生徒自らが行書の特徴に気付き，どのようにすればこれらの特徴を生かした書き方ができるのかを考え，身近な文字を書く活動に積極的に役立てるような，主体的な学習がなされるように配慮することも重要である。

○読書

小学校第5学年及び第6学年	第１学年	第２学年	第３学年
オ　日常的に読書に親しみ，読書	オ　読書が，知識や情報を得たり，	エ　本や文章などには，様々な立	オ　自分の生き方や社会との関わ

が,自分の考えを広げることに役立つことに気付くこと。	自分の考えを広げたりすることに役立つことを理解すること。	場や考え方が書かれていることを知り,自分の考えを広げたり深めたりする読書に生かすこと。	り方を支える読書の意義と効用について理解すること。

オ　読書が,知識や情報を得たり,自分の考えを広げたりすることに役立つことを理解すること。

　読書は,人生をより豊かなものにするだけでなく,特に,生徒にとっては,言葉を学び,感性を磨き,表現力を高め,創造力を豊かにするなど,国語科で育成を目指す資質・能力をより高める重要な活動の一つである。

　読書をすることによって,知識や情報を得たり,新しいものの見方や考え方を知ったり,自分の考えが広がったりすることを実感できるようにすることが大切である。そのためには,例えば,学校図書館や地域の図書館などを活用するなどして,様々な種類の本や資料などを手に取り,読書の範囲を広げるようにすることも大切である。

● 2 〔思考力,判断力,表現力等〕

A 話すこと・聞くこと

> (1) 話すこと・聞くことに関する次の事項を身に付けることができるよう指導する。
>
>   ア 目的や場面に応じて,日常生活の中から話題を決め,集めた材料を整理し,伝え合う内容を検討すること。
>   イ 自分の考えや根拠が明確になるように,話の中心的な部分と付加的な部分,事実と意見との関係などに注意して,話の構成を考えること。
>   ウ 相手の反応を踏まえながら,自分の考えが分かりやすく伝わるように表現を工夫すること。
>   エ 必要に応じて記録したり質問したりしながら話の内容を捉え,共通点や相違点などを踏まえて,自分の考えをまとめること。
>   オ 話題や展開を捉えながら話し合い,互いの発言を結び付けて考えをまとめること。
>
> (2) (1)に示す事項については,例えば,次のような言語活動を通して指導するものとする。
>
>   ア 紹介や報告など伝えたいことを話したり,それらを聞いて質問したり意見などを述べたりする活動。
>   イ 互いの考えを伝えるなどして,少人数で話し合う活動。

○話題の設定,情報の収集,内容の検討

小学校第5学年及び第6学年	第1学年	第2学年	第3学年
ア 目的や意図に応じて,日常生活の中から話題を決め,集めた材料を分類したり関係付けたりして,伝え合う内容を検討すること。	ア 目的や場面に応じて,日常生活の中から話題を決め,集めた材料を整理し,伝え合う内容を検討すること。	ア 目的や場面に応じて,社会生活の中から話題を決め,異なる立場や考えを想定しながら集めた材料を整理し,伝え合う内容を検討すること。	ア 目的や場面に応じて,社会生活の中から話題を決め,多様な考えを想定しながら材料を整理し,伝え合う内容を検討すること。

ア 目的や場面に応じて,日常生活の中から話題を決め,集めた材料を整理し,伝え合う内容を検討すること。

全学年を通して,目的や場面に応じて,伝え合う内容を検討することを示して

いる。第1学年では，小学校との接続を考慮し，話題を設定する範囲を**日常生活の中から**としている。

目的や場面に応じるとは，何のために，誰を対象に，どのような状況で話したり聞いたり話し合ったりするのかを具体的に考え，設定した話題や検討した内容が，それらに合っているかどうかを判断することである。

話題を決めるとは，何について話したり聞いたり話し合ったりするのかという事柄や対象を決めることである。話題としては，学校や家庭，地域など，身の回りの生活における出来事や自分が経験したことなどが考えられる。生徒の興味・関心，伝える必要性などを踏まえることが重要である。

集めた材料を整理するとは，集めた材料を観点に沿って比較，分類，関係付けなどをすることである。第1学年においては，自分自身が直接体験したことだけでなく，人との交流を通して集めた身近な人々の体験や知識などを，伝え合うための材料とすることも想定している。集めた材料が，話したり聞いたり話し合ったりする目的に合っているかを確認しながら，伝え合う内容を検討することが重要である。

○構成の検討，考えの形成（話すこと）

小学校第5学年及び第6学年	第1学年	第2学年	第3学年
イ　話の内容が明確になるように，事実と感想，意見とを区別するなど，話の構成を考えること。	イ　自分の考えや根拠が明確になるように，話の中心的な部分と付加的な部分，事実と意見との関係などに注意して，話の構成を考えること。	イ　自分の立場や考えが明確になるように，根拠の適切さや論理の展開などに注意して，話の構成を工夫すること。	イ　自分の立場や考えを明確にし，相手を説得できるように論理の展開などを考えて，話の構成を工夫すること。

イ　自分の考えや根拠が明確になるように，話の中心的な部分と付加的な部分，事実と意見との関係などに注意して，話の構成を考えること。

小学校第5学年及び第6学年のイを受けて，話の構成を考えることについて示している。第1学年では，自分の考えや根拠が明確になるように，話の中心的な部分と付加的な部分，事実と意見との関係などに注意することに重点を置いている。

自分の考えや根拠が明確になるようにするためには，どのように話を組み立てればよいかを考えることが重要である。

話の中心的な部分と付加的な部分との関係に注意するとは，聞き手に伝えたい話の中心的な部分と，それを支える付加的な部分とに注意することである。**話の**

中心的な部分としては，話題について自分が特に伝えたいことや伝えるべきことなど，話の**付加的な部分**としては，話の中心的な部分を分かりやすく伝えるための説明や具体例の提示などが考えられる。

事実と意見との関係に注意するとは，自分の意見と，その根拠となる事実との関係を明確にすることである。

聞き手に伝えたい内容を分かりやすく伝えるために，集めた材料や具体的な事実，自分の感じたことや考えたことなどをどのように配列するかを考えたり，接続する語句や文末表現などに注意したりするなどして，自分の考えやその根拠が明確になるように話を構成することが重要である。指導に当たっては，例えば，〔知識及び技能〕の(1)エの「指示する語句と接続する語句の役割について理解を深めること。」などとの関連を図ることが考えられる。

○表現，共有（話すこと）

小学校第5学年及び第6学年	第1学年	第2学年	第3学年
ウ　資料を活用するなどして，自分の考えが伝わるように表現を工夫すること。	ウ　相手の反応を踏まえながら，自分の考えが分かりやすく伝わるように表現を工夫すること。	ウ　資料や機器を用いるなどして，自分の考えが分かりやすく伝わるように表現を工夫すること。	ウ　場の状況に応じて言葉を選ぶなど，自分の考えが分かりやすく伝わるように表現を工夫すること。

ウ　相手の反応を踏まえながら，自分の考えが分かりやすく伝わるように表現を工夫すること。

全学年を通して，自分の考えが分かりやすく伝わるように表現を工夫することを示している。第1学年では，相手の反応を踏まえながら表現を工夫することに重点を置いている。

相手の反応を踏まえるとは，うなずきや表情などの聞き手の反応から，話の受け止め方や理解の状況を捉えることである。小学校第3学年及び第4学年における〔知識及び技能〕の(1)「イ　相手を見て話したり聞いたりするとともに，言葉の抑揚や強弱，間の取り方などに注意して話すこと。」の学習を踏まえ，中学校では相手の反応に注意することを求めている。

自分の考えが分かりやすく伝わるように表現を工夫するには，聞き手の興味・関心，情報量などを考慮しながら，聞き手に応じた語句を選択したり，話す速度や音量，言葉の調子や間の取り方，言葉遣いなどに注意したりするなどして，相手に分かりやすく伝わるように表現を工夫することが重要である。指導に当たっては，例えば，〔知識及び技能〕の(1)「ア　音声の働きや仕組みについて，理解

を深めること。」、「オ　比喩、反復、倒置、体言止めなどの表現の技法を理解し使うこと。」などとの関連を図ることが考えられる。

○構造と内容の把握，精査・解釈，考えの形成，共有（聞くこと）

小学校第5学年及び第6学年	第1学年	第2学年	第3学年
エ　話し手の目的や自分が聞こうとする意図に応じて、話の内容を捉え、話し手の考えと比較しながら、自分の考えをまとめること。	エ　必要に応じて記録したり質問したりしながら話の内容を捉え、共通点や相違点などを踏まえて、自分の考えをまとめること。	エ　論理の展開などに注意して聞き、話し手の考えと比較しながら、自分の考えをまとめること。	エ　話の展開を予測しながら聞き、聞き取った内容や表現の仕方を評価して、自分の考えを広げたり深めたりすること。

エ　必要に応じて記録したり質問したりしながら話の内容を捉え，共通点や相違点などを踏まえて，自分の考えをまとめること。

　小学校第3学年及び第4学年のエの「必要なことを記録したり質問したりしながら聞き」、第5学年及び第6学年のエを受けて、記録したり質問したりしながら話を聞き、自分の考えをまとめることを示している。第1学年では、自分の考えをまとめる際に、共通点や相違点を踏まえることを求めている。

　必要に応じて記録したり質問したりしながら話の内容を捉えるとは、何のためにどのような状況で話を聞いているのかを意識した上で、話の内容を正確に理解するために、必要に応じて重要な情報を書き留めたり、分からないことや知りたいこと、確かめたいことなどを話し手に尋ねたりすることである。

　必要な内容を記録する際には、重要であると判断した情報をキーワードとして書き留めたり、気付いたことを書き加えたりするなど、効果的な記録の取り方ができるようにすることが重要である。書き留めたものを読み返して、話の内容を振り返ることも重要である。また、話し手に質問する際には、その場の状況に応じて話の途中で質問したり、話が終わった時点で質問したりするなど、質問の適切な機会を捉えるとともに、話し手が伝えたいことを確かめたり、足りない情報を聞き出したりするなど、知りたい情報に合わせて効果的に質問することが重要である。

　聞くことの指導においては、聞きながら考えたり、聞いたことを基に考えたりすることが重要である。聞き取ったことと自分の考えとを比較し、その共通点や相違点を踏まえて、自分の考えをまとめることが求められる。

○話合いの進め方の検討，考えの形成，共有（話し合うこと）

小学校第5学年及び第6学年	第1学年	第2学年	第3学年
オ　互いの立場や意図を明確にしながら計画的に話し合い，考えを広げたりまとめたりすること。	オ　話題や展開を捉えながら話し合い，互いの発言を結び付けて考えをまとめること。	オ　互いの立場や考えを尊重しながら話し合い，結論を導くために考えをまとめること。	オ　進行の仕方を工夫したり互いの発言を生かしたりしながら話し合い，合意形成に向けて考えを広げたり深めたりすること。

オ　話題や展開を捉えながら話し合い，互いの発言を結び付けて考えをまとめること。

　小学校第5学年及び第6学年のオを受けて，目的に沿って話し合い，考えをまとめることについて示している。第1学年では，話題や展開を捉え，互いの発言を結び付けて話し合うことを求めている。

　話題や展開を捉えながら話し合うためには，何についてどのような目的で話し合っているかといった，目指している到達点を常に意識する必要がある。多くの発言によって考えを広げていく段階や，出された発言の内容を整理しながら考えをまとめる段階など，話合いにおけるいずれの段階においても，話題を意識しながらその経過を捉えて話したり聞いたりすることが求められる。また，このような展開を司会が促すことも考えられる。これらは，話合いに参加する際の基本であるため，第1学年において改めて理解することが重要である。

　互いの発言を結び付けて考えをまとめるとは，話合いの展開に応じて，自分の発言と他者の発言とを結び付けたり，他者同士の発言を結び付けたりして，自分の考えや集団としての考えをまとめることである。このように互いの考えを結び付けて，建設的に話し合い，考えをまとめることが重要である。

○言語活動例

第1学年	第2学年	第3学年
ア　紹介や報告など伝えたいことを話したり，それらを聞いて質問したり意見などを述べたりする活動。 イ　互いの考えを伝えるなどして，少人数で話し合う活動。	ア　説明や提案など伝えたいことを話したり，それらを聞いて質問や助言などをしたりする活動。 イ　それぞれの立場から考えを伝えるなどして，議論や討論をする活動。	ア　提案や主張など自分の考えを話したり，それらを聞いて質問したり評価などを述べたりする活動。 イ　互いの考えを生かしながら議論や討論をする活動。

ア　紹介や報告など伝えたいことを話したり，それらを聞いて質問したり意見などを述べたりする活動。

話し手が伝えたいことを話したり，聞き手が質問したり意見などを述べたりする言語活動を例示している。
　紹介とは，聞き手が知らないことや知りたいと思っていることを伝えることであり，**報告**とは，様々な事実や出来事を伝えることである。
　また，聞き手が話の内容を理解したり自分の考えをまとめたりするために質問をすることや，意見を述べることなど，聞き手の活動についても例示している。

イ　互いの考えを伝えるなどして，少人数で話し合う活動。

　感じたことや考えたことを伝えるなどして話し合う言語活動を例示している。少人数で話し合う活動の形態としては，対話やグループでの協議など，多様な形態が考えられる。生徒同士の話合いのほか，指導のねらいに応じて，教師と生徒との対話も考えられる。

　少人数での話合いは，多人数の場合に比べて，一人一人の参加者が発言する機会が多くなるとともに，話し手と聞き手との距離が近く，聞き手の反応を捉えながら話しやすいという特徴をもつ。また，話合いの目的や進め方などを共有しやすいなどの利点がある。

　入学後の環境の変化や新しい人間関係の中で，話合いを円滑に進めるために，少人数で話し合うことの特徴や利点を生かすことが大切である。

　話し合う言語活動は，他教科等においても取り入れられることが多いため，それらの言語活動との連携が求められる。

B 書くこと

> (1) 書くことに関する次の事項を身に付けることができるよう指導する。
>   ア 目的や意図に応じて，日常生活の中から題材を決め，集めた材料を整理し，伝えたいことを明確にすること。
>   イ 書く内容の中心が明確になるように，段落の役割などを意識して文章の構成や展開を考えること。
>   ウ 根拠を明確にしながら，自分の考えが伝わる文章になるように工夫すること。
>   エ 読み手の立場に立って，表記や語句の用法，叙述の仕方などを確かめて，文章を整えること。
>   オ 根拠の明確さなどについて，読み手からの助言などを踏まえ，自分の文章のよい点や改善点を見いだすこと。
> (2) (1)に示す事項については，例えば，次のような言語活動を通して指導するものとする。
>   ア 本や資料から文章や図表などを引用して説明したり記録したりするなど，事実やそれを基に考えたことを書く活動。
>   イ 行事の案内や報告の文章を書くなど，伝えるべきことを整理して書く活動。
>   ウ 詩を創作したり随筆を書いたりするなど，感じたことや考えたことを書く活動。

○題材の設定，情報の収集，内容の検討

小学校第5学年及び第6学年	第1学年	第2学年	第3学年
ア 目的や意図に応じて，感じたことや考えたことなどから書くことを選び，集めた材料を分類したり関係付けたりして，伝えたいことを明確にすること。	ア 目的や意図に応じて，日常生活の中から題材を決め，集めた材料を整理し，伝えたいことを明確にすること。	ア 目的や意図に応じて，社会生活の中から題材を決め，多様な方法で集めた材料を整理し，伝えたいことを明確にすること。	ア 目的や意図に応じて，社会生活の中から題材を決め，集めた材料の客観性や信頼性を確認し，伝えたいことを明確にすること。

ア 目的や意図に応じて，日常生活の中から題材を決め，集めた材料を整理し，伝えたいことを明確にすること。

　全学年を通して，目的や意図に応じて，伝えたいことを明確にすることを示し

ている。第1学年では，小学校との接続を考慮し，題材を求める範囲を**日常生活の中から**としている。

　目的や意図に応じるとは，何のために，誰に対して，どのような意図をもって書くのかなどを具体的に考え，題材や伝えたいことなどがそれらに合っているかを判断することである。特に，文章を書く目的を明確にすることが，学習を進めていく上で重要である。

　題材を決めるとは，何について書こうとするのかという，書く事柄や対象を決めることである。題材としては，生徒の興味・関心を喚起する題材，生徒のものの見方や考え方を広げる題材などを選ぶことが考えられる。例えば，日常生活で直接体験したこと，他教科等で学習したこと，友人や家族から聞いたことなどである。

　集めた材料を整理するとは，集めた材料を，観点に沿って比較，分類，関係付けなどをすることである。具体的には，書く目的や意図に応じて，材料を比較しながら取捨選択したり，ある観点から分類したり，情報と情報との間に事柄の順序，原因と結果，意見と根拠などの関係を見いだして整えたりすることである。集めた材料を整理することで，生徒は，題材について問題点を見いだしたり，自分の考えをもったりして，伝えたいことを明確にすることができる。また，材料を整理することは，文章の構成を考える上でも重要である。

　なお，材料を集める際には，本，新聞，雑誌，テレビやインターネットなどの活用が考えられる。

○構成の検討

小学校第5学年及び第6学年	第1学年	第2学年	第3学年
イ　筋道の通った文章となるように，文章全体の構成や展開を考えること。	イ　書く内容の中心が明確になるように，段落の役割などを意識して文章の構成や展開を考えること。	イ　伝えたいことが分かりやすく伝わるように，段落相互の関係などを明確にし，文章の構成や展開を工夫すること。	イ　文章の種類を選択し，多様な読み手を説得できるように論理の展開などを考えて，文章の構成を工夫すること。

イ　書く内容の中心が明確になるように，段落の役割などを意識して文章の構成や展開を考えること。

　小学校第3学年及び第4学年のイの「書く内容の中心を明確に」すること，第5学年及び第6学年のイを受けて，書く内容の中心が明確になるように，文章の構成や展開を考えることを示している。第1学年では，段落の役割などを意識することに重点を置いている。

書く内容の中心が明確になるようにするには，内容の中心としたい事柄が際立つように構成や展開を考える必要がある。このことによって，それに付随する事柄も整理される。

段落の役割などを意識するとは，内容のまとまりである段落に文章全体の中でどのような役割をもたせるかということなどについて考えることである。問題や課題などについて述べる段落，集めた材料などについて分析する段落，それらを基にして自分の考えや意見を述べる段落など，段落の役割を具体的に考えることが求められる。これらの段落の役割を踏まえ，書く内容の中心となる段落を文章全体のどこに位置付けることが適切であるか，その前後の段落にどのような内容を書くかなど，構成や展開を考えながら書くことが重要である。

また，段落の役割を明確にするためには，「さらに」，「例えば」，「ところが」，「一方」などの接続する語句を適切に用いたり，見出しを設けたりすることなどが考えられる。指導に当たっては，例えば，〔知識及び技能〕の(1)エの「指示する語句と接続する語句の役割について理解を深めること。」などとの関連を図ることが考えられる。

○考えの形成，記述

小学校第5学年及び第6学年	第1学年	第2学年	第3学年
ウ　目的や意図に応じて簡単に書いたり詳しく書いたりするとともに，事実と感想，意見とを区別して書いたりするなど，自分の考えが伝わるように書き表し方を工夫すること。 エ　引用したり，図表やグラフなどを用いたりして，自分の考えが伝わるように書き表し方を工夫すること。	ウ　根拠を明確にしながら，自分の考えが伝わる文章になるように工夫すること。	ウ　根拠の適切さを考えて説明や具体例を加えたり，表現の効果を考えて描写したりするなど，自分の考えが伝わる文章になるように工夫すること。	ウ　表現の仕方を考えたり資料を適切に引用したりするなど，自分の考えが分かりやすく伝わる文章になるように工夫すること。

ウ　根拠を明確にしながら，自分の考えが伝わる文章になるように工夫すること。

全学年を通して，自分の考えが伝わる文章になるように工夫することを示している。第1学年では，特に，根拠を明確にすることを求めている。

根拠を明確にするためには，まず，自分の考えが確かな事実や事柄に基づいたものであるかを確かめることが必要である。その上で，自分の思いや考えを繰り返すだけではなく，根拠を文章の中に記述する必要があることを理解して書くことが重要である。その際，例えば，根拠となる複数の事例や専門的な立場からの知見を引用することなどが考えられる。

○推敲

小学校第5学年及び第6学年	第1学年	第2学年	第3学年
オ　文章全体の構成や書き表し方などに着目して，文や文章を整えること。	エ　読み手の立場に立って，表記や語句の用法，叙述の仕方などを確かめて，文章を整えること。	エ　読み手の立場に立って，表現の効果などを確かめて，文章を整えること。	エ　目的や意図に応じた表現になっているかなどを確かめて，文章全体を整えること。

エ　読み手の立場に立って，表記や語句の用法，叙述の仕方などを確かめて，文章を整えること。

　第1学年及び第2学年ともに，読み手の立場に立って文章を整えることについて示している。第1学年では，特に，表記や語句の用法，叙述の仕方などについて確かめることを求めている。

　自分の書いた文章を見直すことによって，伝えようとする事実や事柄，意見などが十分に書き表されているかどうかを検討することが推敲である。その際，書き手としてだけでなく，読み手の立場に立って，伝えようとすることが伝わるかどうかを確かめながら文章を読み返すことが大切である。

　表記や語句の用法を確かめるとは，文字や表記が正しいか，漢字と仮名の使い分け，語句の選び方や使い方が適切かなどをみることである。また，**叙述の仕方などを確かめる**とは，文や段落の長さ，文や段落の役割，段落の順序，語順などが適切であるかなどをみることである。

　指導に当たっては，例えば，〔知識及び技能〕の(1)エの「指示する語句と接続する語句の役割について理解を深めること。」や「オ　比喩，反復，倒置，体言止めなどの表現の技法を理解し使うこと。」などとの関連を図ることが考えられる。

○共有

小学校第5学年及び第6学年	第1学年	第2学年	第3学年
カ　文章全体の構成や展開が明確	オ　根拠の明確さなどについて，	オ　表現の工夫とその効果などに	オ　論理の展開などについて，読

になっているかなど，文章に対する感想や意見を伝え合い，自分の文章のよいところを見付けること。	読み手からの助言などを踏まえ，自分の文章のよい点や改善点を見いだすこと。	ついて，読み手からの助言などを踏まえ，自分の文章のよい点や改善点を見いだすこと。	み手からの助言などを踏まえ，自分の文章のよい点や改善点を見いだすこと。

オ　根拠の明確さなどについて，読み手からの助言などを踏まえ，自分の文章のよい点や改善点を見いだすこと。

　全学年を通して，読み手からの助言などを踏まえ，自分の文章のよい点や改善点を見いだすことを示している。第1学年では，特に，根拠の明確さなどの観点からよい点や改善点を見いだすことを求めている。

　書くことは個人での作業が中心となるため，読み手からの助言などを踏まえて，自分の文章が他者にどう読まれるかを自覚し，次の書くことへ生かす具体的な視点を得ることが重要である。このため，小学校においては，「よいところを見付けること」を示しているが，中学校ではよい点に加え，改善点についても考えることを求めている。

　具体的には，生徒同士で互いの文章を読み合ったり，読み手として想定していた人に読んでもらったりして助言などをもらい，自分の意見と根拠の関係を明確にするためには，根拠をどこにどのように示すとよいかなどについて検討する。**助言など**には，助言のほかに，例えば，感想，意見，質問などが考えられる。助言などを踏まえ，自分が書いた文章のよい点や改善点を見いだすことができるようにすることが重要である。なお，その際，読み手は，書き手の目的と意図を理解した上で，単なる印象ではなく，具体的な記述を取り上げて助言などをすることが求められる。

○言語活動例

第1学年	第2学年	第3学年
ア　本や資料から文章や図表などを引用して説明したり記録したりするなど，事実やそれを基に考えたことを書く活動。	ア　多様な考えができる事柄について意見を述べるなど，自分の考えを書く活動。	ア　関心のある事柄について批評するなど，自分の考えを書く活動。
イ　行事の案内や報告の文章を書くなど，伝えるべきことを整理して書く活動。	イ　社会生活に必要な手紙や電子メールを書くなど，伝えたいことを相手や媒体を考慮して書く活動。	イ　情報を編集して文章にまとめるなど，伝えたいことを整理して書く活動。

ウ 詩を創作したり随筆を書いたりするなど，感じたことや考えたことを書く活動。	ウ 短歌や俳句，物語を創作するなど，感じたことや想像したことを書く活動。	

ア 本や資料から文章や図表などを引用して説明したり記録したりするなど，事実やそれを基に考えたことを書く活動。

事実やそれを基に考えたことを書く言語活動を例示している。

具体的には，ある事柄について，それに関連する文章や図表などを引用して説明する文章や，残しておきたい事実や事柄などについて，図表などを引用して正確に記録した文章などを書くことなどが考えられる。このようにして書かれた文章については，例えば，レポートやリーフレットなど，日常生活で目にする形式にまとめることも考えられる。

なお，引用の際には，引用箇所をかぎ（「　」）でくくること，出典を明示すること，引用部分を適切な量とすることなどについて確認することが必要である。

イ　行事の案内や報告の文章を書くなど，伝えるべきことを整理して書く活動。

実用的な文章を書くなど，伝えるべきことを整理して書く言語活動を例示している。

行事の案内としては，ポスターやリーフレット，案内状，手紙などが，**報告の文章**としては，新聞や報告書などが考えられる。

中学生は，学校からのお知らせや地域の催し物の案内など，様々な形式の実用的な文章に触れている。これらの文章は，相手や目的に応じて伝えるべき事柄を取捨選択したり再構成したりして簡潔に分かりやすく書くものである。例えば，行事を案内する文章には，行事名，日時，場所，内容などのほか，参加してほしいといったお願いなど，必要な情報を漏れなく書く必要がある。

他教科等の学習や学校の教育活動全体との関連を図り，実際に書いて伝えたり，反応を受け取ったりすることができるよう工夫することが効果的である。

ウ　詩を創作したり随筆を書いたりするなど，感じたことや考えたことを書く活動。

感じたことや考えたことを書く言語活動を例示している。

生徒は，これまでの学習を通して，様々な種類の文学的な文章を読み，多様な表現に触れてきている。そのことを踏まえて，感じたことや考えたことを読み手に伝わるように言葉や表現を吟味しながら詩を創作したり，随筆を書いたりすることなどが考えられる。

詩を創作する際には，凝縮した表現であること，散文とは違った改行形式や連による構成になっていることなどの基本的な特徴を踏まえて，感じたことや考えたことを書くこととなる。

　随筆とは，身近に起こったこと，見たことや聞いたこと，経験したことなどを描写しながら，感想や自分にとっての意味などをまとめた文章である。

　詩や随筆については，「Ｃ読むこと」で学習した作品などを参考にすることも考えられる。

C 読むこと

(1) 読むことに関する次の事項を身に付けることができるよう指導する。
　ア　文章の中心的な部分と付加的な部分，事実と意見との関係などについて叙述を基に捉え，要旨を把握すること。
　イ　場面の展開や登場人物の相互関係，心情の変化などについて，描写を基に捉えること。
　ウ　目的に応じて必要な情報に着目して要約したり，場面と場面，場面と描写などを結び付けたりして，内容を解釈すること。
　エ　文章の構成や展開，表現の効果について，根拠を明確にして考えること。
　オ　文章を読んで理解したことに基づいて，自分の考えを確かなものにすること。

(2) (1)に示す事項については，例えば，次のような言語活動を通して指導するものとする。
　ア　説明や記録などの文章を読み，理解したことや考えたことを報告したり文章にまとめたりする活動。
　イ　小説や随筆などを読み，考えたことなどを記録したり伝え合ったりする活動。
　ウ　学校図書館などを利用し，多様な情報を得て，考えたことなどを報告したり資料にまとめたりする活動。

○構造と内容の把握

小学校第5学年及び第6学年	第1学年	第2学年	第3学年
ア　事実と感想，意見などとの関係を叙述を基に押さえ，文章全体の構成を捉えて要旨を把握すること。	ア　文章の中心的な部分と付加的な部分，事実と意見との関係などについて叙述を基に捉え，要旨を把握すること。	ア　文章全体と部分との関係に注意しながら，主張と例示との関係や登場人物の設定の仕方などを捉えること。	ア　文章の種類を踏まえて，論理や物語の展開の仕方などを捉えること。
イ　登場人物の相互関係や心情などについて，描写を基に捉えること。	イ　場面の展開や登場人物の相互関係，心情の変化などについて，描写を基に捉えること。		

ア　文章の中心的な部分と付加的な部分，事実と意見との関係などについて叙述を基に捉え，要旨を把握すること。

　主として説明的な文章に関する指導事項である。小学校第5学年及び第6学年のアを受けて，文章の構造を捉えて要旨を把握することを示している。第1学年では，文章の中心的な部分と付加的な部分や，事実と意見との関係などを正確に捉えること，文章全体において中心となる内容を明らかにし，要旨を捉えることを求めている。

　説明的な文章は，例えば，文章の中心となる部分とそれを支える例示や引用などの付加的な部分とが組み合わされていたり，事実を述べた部分と意見を述べた部分とで構成されていたりする。**文章の中心的な部分と付加的な部分，事実と意見との関係などについて叙述を基に捉え**るとは，このような説明的な文章の特徴を踏まえて読み，その理解が恣意的なものとならないよう，叙述を基にその構造を適切に捉えることである。具体的には，段落ごとに内容を捉えたり，段落相互の関係を押さえたりしながら，更に大きな意味のまとまりごとに，文章全体における役割を捉えることが重要である。また，書かれている事実が書き手の意見とどのような関係にあるのかなどを捉えることが，文章の内容を正確に理解することにつながる。

　要旨とは，文章で取り上げている内容の中心となる事柄や書き手の考えの中心となる事柄である。文章の構造を踏まえて，キーワードやキーセンテンスなどに留意して情報を整理し，正確に要旨を捉えられるようにすることが重要である。

　指導に当たっては，例えば，〔知識及び技能〕の(1)エの「指示する語句と接続する語句の役割について理解を深めること。」などとの関連を図ることが考えられる。

イ　場面の展開や登場人物の相互関係，心情の変化などについて，描写を基に捉えること。

　文学的な文章に関する指導事項である。小学校第5学年及び第6学年のイを受けて，第1学年では，描写を基に，場面の展開や登場人物の相互関係を捉えたり，心情がどのように変化しているのかなどを把握したりすることを求めている。

　文学的な文章を読むためには，言葉を手掛かりにしながら文脈をたどり，観点を定めて読むことが必要であり，そのことによって深い理解や感動が得られる。文章の中の時間的，空間的な場面の展開，登場人物の相互関係や心情の変化，行動や情景の描写などに注意しながら読み進めることが大切である。

　描写とは，物事の様子や場面，登場人物の行動や心情などを，読み手が言葉を

通して具体的に想像できるように描いたもののことである。登場人物の心情は，直接的に描写されている場合もあるが，人物相互の関係に基づいた行動や会話，情景などを通して暗示的に表現されている場合もある。小学校第5学年及び第6学年での学習を踏まえ，第1学年では，細部の描写にも着目しながら物事の様子や場面，行動や心情などの変化を丁寧に捉えていくことが求められる。

指導に当たっては，例えば，〔知識及び技能〕の(1)「ウ　事象や行為，心情を表す語句の量を増すとともに，語句の辞書的な意味と文脈上の意味との関係に注意して話や文章の中で使うことを通して，語感を磨き語彙を豊かにすること。」などとの関連を図ることが考えられる。

○**精査・解釈**

小学校第5学年及び第6学年	第1学年	第2学年	第3学年
ウ　目的に応じて，文章と図表などを結び付けるなどして必要な情報を見付けたり，論の進め方について考えたりすること。 エ　人物像や物語などの全体像を具体的に想像したり，表現の効果を考えたりすること。	ウ　目的に応じて必要な情報に着目して要約したり，場面と場面，場面と描写などを結び付けたりして，内容を解釈すること。 エ　文章の構成や展開，表現の効果について，根拠を明確にして考えること。	イ　目的に応じて複数の情報を整理しながら適切な情報を得たり，登場人物の言動の意味などについて考えたりして，内容を解釈すること。 ウ　文章と図表などを結び付け，その関係を踏まえて内容を解釈すること。 エ　観点を明確にして文章を比較するなどし，文章の構成や論理の展開，表現の効果について考えること。	イ　文章を批判的に読みながら，文章に表れているものの見方や考え方について考えること。 ウ　文章の構成や論理の展開，表現の仕方について評価すること。

ウ　目的に応じて必要な情報に着目して要約したり，場面と場面，場面と描写などを結び付けたりして，内容を解釈すること。

小学校第5学年及び第6学年のウの「目的に応じて，文章と図表などを結び付けるなどして必要な情報を見付け」ること，エの「人物像や物語などの全体像を具体的に想像」することを受けて，目的に応じて要約したり，場面と場面，場面と描写などを結び付けたりして内容を解釈することを示している。

主として説明的な文章において，**目的に応じて必要な情報に着目して要約し，内容を解釈すること**を求めている。**要約**とは，文章の全体又は部分を短くまとめることである。概略を理解するために文章全体の内容を短くまとめたり，情

報を他者に伝えるために必要な部分を取り出してまとめたりするなど，その目的や必要に応じて内容や分量，方法が異なる。小学校第3学年及び第4学年の「ウ　目的を意識して，中心となる語や文を見付けて要約すること。」を踏まえ，目的を明確にした上で要約に取り組むようにするとともに，要約したものが目的に沿っているかどうかを考え，必要な情報を正確に捉えて要約できるようにすることが重要である。

　文学的な文章において，**場面と場面，場面と描写**などを結び付けて内容を解釈することを求めている。文学的な文章を読み味わう際には，個々の場面や描写から直接分かることを把握するだけでなく，複数の場面を相互に結び付けたり，各場面と登場人物の心情や行動，情景等の描写とを結び付けたりすることによって，場面や描写に新たな意味付けを行うことが重要である。また，どの描写と描写とを結び付けて考えるかによって解釈も多様になることが考えられる。小学校第3学年及び第4学年の「エ　登場人物の気持ちの変化や性格，情景について，場面の移り変わりと結び付けて具体的に想像すること。」，小学校第5学年及び第6学年のエの「人物像や物語などの全体像を具体的に想像」することを受けて，自分の解釈の根拠を考えたり，他の読み手の解釈と比較したりすることが，文章を深く理解したり作品がもつ魅力に迫ったりすることにつながる。

エ　文章の構成や展開，表現の効果について，根拠を明確にして考えること。

　小学校第5学年及び第6学年のウの「論の進め方について考え」ること，エの「表現の効果を考え」ることを受けている。

　文章の構成や展開について考えるためには，文章の組立てや作品の場面を捉えてその構成を理解するだけでなく，考えの進め方や登場人物の心情の変化に沿って文章の流れを捉えその展開を把握することが求められる。文章全体や部分における構成や展開を把握した上で，なぜそのような構成や展開になっているのか，そのことがどのような効果につながるのかなど，自分なりの意味付けをすることが重要である。

　表現の効果については，表現が，文章の内容を伝えたり印象付けたりする上で，どのように働いているかを考えることが重要である。例えば，簡潔な述べ方と詳細な述べ方，断定的な述べ方と婉曲な述べ方，敬体と常体，和文調の文体と漢文調の文体，描写の仕方や比喩をはじめとした表現の技法などに着目することが考えられる。

　これらについて考える際には，**根拠を明確に**することを重視する必要がある。具体的には，例えば，文章の構成や展開，表現の効果について自分の考えを書いたり発表したりする際に，自分の考えを支える根拠となる段落や部分などを挙げ

ることが考えられる。

指導に当たっては，例えば，〔知識及び技能〕の(1)「オ　比喩，反復，倒置，体言止めなどの表現の技法を理解し使うこと。」などとの関連を図ることが考えられる。

○考えの形成，共有

小学校第5学年及び第6学年	第1学年	第2学年	第3学年
オ　文章を読んで理解したことに基づいて，自分の考えをまとめること。 カ　文章を読んでまとめた意見や感想を共有し，自分の考えを広げること。	オ　文章を読んで理解したことに基づいて，自分の考えを確かなものにすること。	オ　文章を読んで理解したことや考えたことを知識や経験と結び付け，自分の考えを広げたり深めたりすること。	エ　文章を読んで考えを広げたり深めたりして，人間，社会，自然などについて，自分の意見をもつこと。

オ　文章を読んで理解したことに基づいて，自分の考えを確かなものにすること。

小学校第5学年及び第6学年のオ及びカを受けて，文章を読んで自分の考えを確かなものにすることを示している。

文章を読んで理解したことに基づくとは，文章の内容や構造を捉え，精査・解釈しながら考えたり理解したりすることを基にするということである。

文章とは，本や新聞，インターネットなどに掲載された多様な文章を指す。**自分の考えを確かなものにする**ためには，「構造と内容の把握」や「精査・解釈」の学習過程を通して理解したことを他者に説明したり，他者の考えやその根拠などを知ったりすることが重要である。その上で，改めて自分が文章をどのように捉えて精査・解釈したのかを振り返ることで自分の考えを確かなものにすることが考えられる。

指導に当たっては，例えば，〔知識及び技能〕の(3)「オ　読書が，知識や情報を得たり，自分の考えを広げたりすることに役立つことを理解すること。」などとの関連を図り，日常の読書活動と結び付くようにすることが考えられる。

○言語活動例

第1学年	第2学年	第3学年
ア　説明や記録などの文章を読み，理解したことや考えたことを報告	ア　報告や解説などの文章を読み，理解したことや考えたことを説明	ア　論説や報道などの文章を比較するなどして読み，理解したことや

したり文章にまとめたりする活動。 イ 小説や随筆などを読み，考えたことなどを記録したり伝え合ったりする活動。 ウ 学校図書館などを利用し，多様な情報を得て，考えたことなどを報告したり資料にまとめたりする活動。	したり文章にまとめたりする活動。 イ 詩歌や小説などを読み，引用して解説したり，考えたことなどを伝え合ったりする活動。 ウ 本や新聞，インターネットなどから集めた情報を活用し，出典を明らかにしながら，考えたことなどを説明したり提案したりする活動。	考えたことについて討論したり文章にまとめたりする活動。 イ 詩歌や小説などを読み，批評したり，考えたことなどを伝え合ったりする活動。 ウ 実用的な文章を読み，実生活への生かし方を考える活動。

ア 説明や記録などの文章を読み，理解したことや考えたことを報告したり文章にまとめたりする活動。

　説明的な文章を読み，理解したことや考えたことを報告したり文章にまとめたりする言語活動を例示している。

　取り上げる文章としては，様々な事実や事柄について説明した文章や記録した文章など，社会的な事象や自然科学的な事象等，広い範囲から内容を取り上げたものを用いることが考えられる。

　理解したことや考えたことを報告したり文章にまとめたりする際には，例えば，文章を読んで得た知識や考えを，学級等で報告したりノートやレポート等にまとめたりすることが考えられる。

イ 小説や随筆などを読み，考えたことなどを記録したり伝え合ったりする活動。

　文学的な文章を読んで考えたことなどを，記録したり伝え合ったりする言語活動を例示している。

　取り上げる文章としては，小説や随筆などが考えられる。

　小説では登場人物の心情などが，**随筆**では人間や自然などについての書き手の考えなどが，様々な描写を用いて豊かに表現されている。

　考えたことなどを記録する際には，例えば，考えたことだけでなく，その根拠となる箇所，興味をもった言葉とその理由など，後に残すべき事実や事柄について書くことが考えられる。

　考えたことなどを伝え合う際には，例えば，文章を読んで疑問に思ったことや印象に残ったこと，工夫された表現の効果などについてスピーチをしたり，文章にまとめたりすることが考えられる。

ウ　学校図書館などを利用し，多様な情報を得て，考えたことなどを報告したり資料にまとめたりする活動。

　多様な情報を得て，それらを基に考えたことなどを報告したり資料にまとめたりする言語活動を例示している。情報の入手先としては，学校図書館や地域の図書館などが考えられる。

　学校図書館や地域の図書館には，図書資料に加え，新聞や雑誌など様々な媒体の資料がある。図書資料にも，辞書や百科事典など物事の概略を捉えるために役立つ資料，専門書など詳細な情報を得るために役立つ資料というように，特性の異なる様々な資料がある。

　多様な情報を得て，考えるとは，複数の資料から情報を取捨選択し，それらを基に自分の考えをもつことである。そのため，多様な情報を得ることが必要となるテーマを設定することを想定している。

　まとめた資料については，印刷したり掲示したり，それを使って報告したりすることが考えられる。

　なお，学校図書館や地域の図書館などの利用に当たっては，小学校において，本などの種類や配置，探し方についての指導が行われていることを踏まえて利用方法等を確認することが必要である。

第2節　第2学年の内容

● 1 〔知識及び技能〕

(1) 言葉の特徴や使い方に関する事項

> (1) 言葉の特徴や使い方に関する次の事項を身に付けることができるよう指導する。
> 　ア　言葉には，相手の行動を促す働きがあることに気付くこと。
> 　イ　話し言葉と書き言葉の特徴について理解すること。
> 　ウ　第1学年までに学習した常用漢字に加え，その他の常用漢字のうち350字程度から450字程度までの漢字を読むこと。また，学年別漢字配当表に示されている漢字を書き，文や文章の中で使うこと。
> 　エ　抽象的な概念を表す語句の量を増すとともに，類義語と対義語，同音異義語や多義的な意味を表す語句などについて理解し，話や文章の中で使うことを通して，語感を磨き語彙を豊かにすること。
> 　オ　単語の活用，助詞や助動詞などの働き，文の成分の順序や照応など文の構成について理解するとともに，話や文章の構成や展開について理解を深めること。
> 　カ　敬語の働きについて理解し，話や文章の中で使うこと。

○言葉の働き

小学校第5学年及び第6学年	第1学年	第2学年	第3学年
ア　言葉には，相手とのつながりをつくる働きがあることに気付くこと。		ア　言葉には，相手の行動を促す働きがあることに気付くこと。	

ア　言葉には，相手の行動を促す働きがあることに気付くこと。

　小学校第1学年及び第2学年のアの「事物の内容を表す働きや，経験したことを伝える働き」，第3学年及び第4学年のアの「考えたことや思ったことを表す働き」，第5学年及び第6学年のアの「相手とのつながりをつくる働き」を受けて，「言葉の働き」のうち，相手の行動を促す働きについて気付くことを示している。

相手の行動を促す働きとは，聞き手（言葉の受け手）に働き掛け，行動するように促す働きのことである。「読め」，「読もう」などの命令や呼び掛けの表現，「本を読んでいただけませんか」といった敬語など，様々な表現で表される。日頃使用している言葉を見つめ直すことが，言語能力の向上につながることを実感することが重要である。指導に当たっては，例えば，〔知識及び技能〕の(1)「カ　敬語の働きについて理解し，話や文章の中で使うこと。」や，〔思考力，判断力，表現力等〕の「B書くこと」の(2)「イ　社会生活に必要な手紙や電子メールを書くなど，伝えたいことを相手や媒体を考慮して書く活動。」などとの関連を図ることが考えられる。

○話し言葉と書き言葉

小学校第5学年及び第6学年	第1学年	第2学年	第3学年
イ　話し言葉と書き言葉との違いに気付くこと。	ア　音声の働きや仕組みについて，理解を深めること。	イ　話し言葉と書き言葉の特徴について理解すること。	
ウ　文や文章の中で漢字と仮名を適切に使い分けるとともに，送り仮名や仮名遣いに注意して正しく書くこと。			

イ　話し言葉と書き言葉の特徴について理解すること。

　小学校第5学年及び第6学年のイ及び第1学年のアを受けて，音声言語としての話し言葉と文字言語としての書き言葉の特徴について理解することを示している。

　話し言葉は，相手（聞き手）の反応やその場の状況などの影響を強く受けながら理解されたり表現されたりするものである。また，音声として，即時的に消えていくことも話し言葉の特徴である。**書き言葉**は，話し言葉のように相手（読み手）の反応を得ながら表現を変えることはできないが，書き手が十分に考え推敲を重ねて文章を作成したり，読み手が必要なときに読み返したりすることができるなどの特徴がある。このようなことに留意して，話し言葉と書き言葉とを適切に使えるようにすることが重要である。

○漢字

小学校第5学年及び第6学年	第1学年	第2学年	第3学年
エ 第5学年及び第6学年の各学年においては，学年別漢字配当表の当該学年までに配当されている漢字を読むこと。また，当該学年の前の学年までに配当されている漢字を書き，文や文章の中で使うとともに，当該学年に配当されている漢字を漸次書き，文や文章の中で使うこと。	イ 小学校学習指導要領第2章第1節国語の学年別漢字配当表（以下「学年別漢字配当表」という。）に示されている漢字に加え，その他の常用漢字のうち300字程度から400字程度までの漢字を読むこと。また，学年別漢字配当表の漢字のうち900字程度の漢字を書き，文や文章の中で使うこと。	ウ 第1学年までに学習した常用漢字に加え，その他の常用漢字のうち350字程度から450字程度までの漢字を読むこと。また，学年別漢字配当表に示されている漢字を書き，文や文章の中で使うこと。	ア 第2学年までに学習した常用漢字に加え，その他の常用漢字の大体を読むこと。また，学年別漢字配当表に示されている漢字について，文や文章の中で使い慣れること。

ウ 第1学年までに学習した常用漢字に加え，その他の常用漢字のうち350字程度から450字程度までの漢字を読むこと。また，学年別漢字配当表に示されている漢字を書き，文や文章の中で使うこと。

漢字の読みについては，第1学年までに学習した常用漢字に加え，更に350字程度から450字程度までの漢字を読むこととしている。

漢字の書きについては，第1学年で学習した900字程度の漢字を含め，学年別漢字配当表に示している1,026字の漢字を文や文章の中で使うことを求めている。

○語彙

小学校第5学年及び第6学年	第1学年	第2学年	第3学年
オ 思考に関わる語句の量を増し，話や文章の中で使うとともに，語句と語句との関係，語句の構成や変化について理解し，語彙を豊かにすること。また，語感や言葉の使い方に対する感覚を意識して，語や語句を使うこと。	ウ 事象や行為，心情を表す語句の量を増すとともに，語句の辞書的な意味と文脈上の意味との関係に注意して話や文章の中で使うことを通して，語感を磨き語彙を豊かにすること。	エ 抽象的な概念を表す語句の量を増すとともに，類義語と対義語，同音異義語や多義的な意味を表す語句などについて理解し，話や文章の中で使うことを通して，語感を磨き語彙を豊かにすること。	イ 理解したり表現したりするために必要な語句の量を増し，慣用句や四字熟語などについて理解を深め，話や文章の中で使うとともに，和語，漢語，外来語などを使い分けることを通して，語感を磨き語彙を豊かにすること。

エ　抽象的な概念を表す語句の量を増すとともに，類義語と対義語，同音異義語や多義的な意味を表す語句などについて理解し，話や文章の中で使うことを通して，語感を磨き語彙を豊かにすること。

　抽象的な概念を表す語句とは，第1学年で学習した「事象や行為」を表す語句よりも，一般的で抽象性の高い語句である。ここでは，小学校第5学年及び第6学年のオの「思考に関わる語句」の学習も踏まえ，抽象的な概念を表す語句の量を増すことを求めている。その際，話や文章の中でどのように使用されているか，自分が理解したり表現したりするときにどのように用いればよいかについて考えることが重要である。

　類義語とは，別の語でありながら，その表す意味が似ていたり，ほとんど同一であったりする語をいう。語が異なれば，その意味や用法には違いがある。その違いが微妙であればあるほど，それに気付くためには磨かれた語感が必要である。

　対義語とは，意味の上で互いに反対の関係にある語をいう。

　同音異義語とは，音が同一であって意味の異なる語であり，漢語に多い。書き言葉ではそれぞれの識別も難しくはないが，話し言葉の場合は意味内容の伝達に混乱が生じやすいので，常に注意する必要がある。

　多義的な意味を表す語句とは，一つの語句が多くの意味をもつものを指し，文脈に沿って，その語句の意味を吟味することが重要である。

　第2学年においては，特に，これらの語句に注目し，話や文章の中で使うことが求められる。類義語や対義語などについては，小学校第5学年及び第6学年のオの「語句と語句との関係」においても扱われている。そのことを踏まえ，学習してきた語句について，それぞれの意味を類義関係や対義関係から改めて理解することも大切である。その他，ある語が他の語と含み含まれる関係にある語として上位語・下位語があるが，これは具体的な内容を抽象的な概念でまとめる際などに用いられるものである。

　語感を磨き語彙を豊かにするためには，こうした語句を話や文章の中で使うことを通して，語句の量を増すとともに，語句についての理解を深めることが重要である。

○文や文章

小学校第5学年及び第6学年	第1学年	第2学年	第3学年
カ　文の中での語句の係り方や語順，文と文との	エ　単語の類別について理解するとともに，指示	オ　単語の活用，助詞や助動詞などの働き，文の	ウ　話や文章の種類とその特徴について理解を深

接続の関係，話や文章の構成や展開，話や文章の種類とその特徴について理解すること。	する語句と接続する語句の役割について理解を深めること。	成分の順序や照応など文の構成について理解するとともに，話や文章の構成や展開について理解を深めること。	めること。

オ 単語の活用，助詞や助動詞などの働き，文の成分の順序や照応など文の構成について理解するとともに，話や文章の構成や展開について理解を深めること。

　単語の活用を理解することについては，小学校第3学年及び第4学年のウの「送り仮名の付け方」，第1学年のエの「単語の類別」に関する学習を踏まえることが必要である。単語の類別と関連付けながら，自立語で活用があり単独で述語になる単語，自立語で活用がなく主語になる単語，自立語で活用がなく主語にならない単語，付属語で活用がある単語，付属語で活用がない単語などについて理解することが求められる。

　助詞や助動詞などの働きについて理解するとは，文における付属語の働きなどについて理解することである。**助詞**は，単語と単語との関係を示したり，意味を添えたりする働きをもつ品詞である。**助動詞**は，意味を付け加え叙述を助けたり，判断を示したりする品詞である。このような助詞や助動詞を使うことによって，互いの伝え合いたい微妙なニュアンスを，相手によりよく伝えることができることに気付かせることが重要である。また，「について」，「に関して」などの助詞と同じ働きをもつ語句や，「かもしれない」，「に違いない」などの助動詞と同じ働きをもつ語句について，文脈の中でどのような働きをしているかに注意して，話や文章の中で使うことができるようにすることが重要である。

　文の成分の順序とは，文を組み立てている主語，述語，修飾語，接続語，独立語などの並ぶ順序，つまり語順のことをいう。**照応**には，主語と述語との照応や修飾語と被修飾語との照応などがある。つまり，**文の成分の順序や照応など文の構成について理解する**とは，語順や語の照応によって表現がどのように変わってくるかを，様々な文型について考え，理解することであり，これを通して文の成分の順序や照応などの文の構成について着目させることが重要である。また，日本語と外国語とを比較し，それぞれを相対的に捉えることによって，日本語の文の構成についての気付きを促すことも考えられる。

　話や文章の構成や展開とは，「序論－本論－結論」や「頭括型」，「尾括型」，「双括型」などを指す。頭括型は，統括する内容を冒頭部に位置付ける形式，尾括型は終結部に位置付ける形式，双括型は冒頭部・終結部の双方に位置付ける形

式を指す。小学校での学習を踏まえ，〔思考力，判断力，表現力等〕の「A 話すこと・聞くこと」，「B 書くこと」，「C 読むこと」の指導事項などとの関連を図り，相手や目的に応じて話や文章の構成や展開を考えられるようにすることが重要である。

○言葉遣い

小学校第5学年及び第6学年	第1学年	第2学年	第3学年
キ　日常よく使われる敬語を理解し使い慣れること。		カ　敬語の働きについて理解し，話や文章の中で使うこと。	エ　敬語などの相手や場に応じた言葉遣いを理解し，適切に使うこと。

カ　敬語の働きについて理解し，話や文章の中で使うこと。

　小学校第5学年及び第6学年のキを受けて，敬語とその働きについて理解し使うことを示している。中学校においては，敬語に関する個々の体験的な知識を整理して体系付けるとともに，人間関係の形成や維持における敬語のもつ働きを理解する必要がある。

　具体的には，基本となる尊敬語，謙譲語，丁寧語について理解することが求められる。なお，文化審議会答申「敬語の指針」（平成19年）に示されている尊敬語，謙譲語Ⅰ，謙譲語Ⅱ（丁重語），丁寧語，美化語の5種類については，生徒の発達や学習の状況に応じて取り上げることも考えられる。相手や場面に応じて適切に使い分けることができるようにすることが重要である。

　指導に当たっては，例えば，〔思考力，判断力，表現力等〕の「B 書くこと」の(2)「イ　社会生活に必要な手紙や電子メールを書くなど，伝えたいことを相手や媒体を考慮して書く活動。」などとの関連を図り，指導の効果を高めることが考えられる。

(2) 情報の扱い方に関する事項

> (2) 話や文章に含まれている情報の扱い方に関する次の事項を身に付けることができるよう指導する。
> 　ア　意見と根拠，具体と抽象など情報と情報との関係について理解すること。
> 　イ　情報と情報との関係の様々な表し方を理解し使うこと。

○情報と情報との関係

小学校第5学年及び第6学年	第1学年	第2学年	第3学年
ア　原因と結果など情報と情報との関係について理解すること。	ア　原因と結果，意見と根拠など情報と情報との関係について理解すること。	ア　意見と根拠，具体と抽象など情報と情報との関係について理解すること。	ア　具体と抽象など情報と情報との関係について理解を深めること。

ア　意見と根拠，具体と抽象など情報と情報との関係について理解すること。

　第1学年のアを受けて，意見と根拠の関係に加え，具体と抽象の関係について理解することを示している。

　第1学年の学習を踏まえて，意見と根拠との関係を理解するとともに，判断や考えを示す**意見**を裏付けるためのより適切な**根拠**の在り方を理解することが求められる。

　具体とは，物事などを明確な形や内容で示したものであり，**抽象**とは，いくつかの事物や表象に共通する要素を抜き出して示したものである。例えば，具体は例示の際など，抽象は共通する要素を抽出してまとめる際など，状況や必要に応じて使い分けられていることを理解することが重要である。**抽象**については，〔知識及び技能〕の(1)エに「抽象的な概念を表す語句の量を増す」ことを示している。**具体と抽象**という概念を理解するため，この指導事項との関連を図ることも考えられる。

　また，指導に当たっては，例えば，〔思考力，判断力，表現力等〕の「A話すこと・聞くこと」の(1)「イ　自分の立場や考えが明確になるように，根拠の適切さや論理の展開などに注意して，話の構成を工夫すること。」，「B書くこと」の(1)「ウ　根拠の適切さを考えて説明や具体例を加えたり，表現の効果を考えて描写したりするなど，自分の考えが伝わる文章になるように工夫すること。」，「C読むこと」の(1)「ア　文章全体と部分との関係に注意しながら，主張と例示との関係や登場人物の設定の仕方などを捉えること。」，「オ　文章を読んで理解した

ことや考えたことを知識や経験と結び付け，自分の考えを広げたり深めたりすること。」などとの関連を図ることが考えられる。

○情報の整理

小学校第5学年及び第6学年	第1学年	第2学年	第3学年
イ　情報と情報との関係付けの仕方，図などによる語句と語句との関係の表し方を理解し使うこと。	イ　比較や分類，関係付けなどの情報の整理の仕方，引用の仕方や出典の示し方について理解を深め，それらを使うこと。	イ　情報と情報との関係の様々な表し方を理解し使うこと。	イ　情報の信頼性の確かめ方を理解し使うこと。

イ　情報と情報との関係の様々な表し方を理解し使うこと。

　第1学年のイを受けて，情報を整理するために，情報と情報との関係の様々な表し方を理解し使うことを示している。

　関係の様々な表し方とは，聞いたり読んだりして得た情報や自分のもっている情報を，図や絵，記号などを用いて整理することである。例えば，線や矢印で結び付けること，丸や四角などの枠で囲んでグループに分けること，階層を分けて示すことなどが考えられる。

　情報と情報との様々な関係を図式化するなどして整理することにより，複雑な関係を把握したり自分の思考を明確にしたりすることを求めている。

　指導に当たっては，例えば，〔思考力，判断力，表現力等〕の「A話すこと・聞くこと」の(1)「ア　目的や場面に応じて，社会生活の中から話題を決め，異なる立場や考えを想定しながら集めた材料を整理し，伝え合う内容を検討すること。」，「B書くこと」の(1)「ア　目的や意図に応じて，社会生活の中から題材を決め，多様な方法で集めた材料を整理し，伝えたいことを明確にすること。」，「C読むこと」の(1)「イ　目的に応じて複数の情報を整理しながら適切な情報を得たり，登場人物の言動の意味などについて考えたりして，内容を解釈すること。」，「ウ　文章と図表などを結び付け，その関係を踏まえて内容を解釈すること。」などとの関連を図ることが考えられる。

(3) 我が国の言語文化に関する事項

> (3) 我が国の言語文化に関する次の事項を身に付けることができるよう指導する。
> 　ア　作品の特徴を生かして朗読するなどして，古典の世界に親しむこと。
> 　イ　現代語訳や語注などを手掛かりに作品を読むことを通して，古典に表れたものの見方や考え方を知ること。
> 　ウ　書写に関する次の事項を理解し使うこと。
> 　　(ア)　漢字の行書とそれに調和した仮名の書き方を理解して，読みやすく速く書くこと。
> 　　(イ)　目的や必要に応じて，楷書又は行書を選んで書くこと。
> 　エ　本や文章などには，様々な立場や考え方が書かれていることを知り，自分の考えを広げたり深めたりする読書に生かすこと。

○伝統的な言語文化

小学校第5学年及び第6学年	第1学年	第2学年	第3学年
ア　親しみやすい古文や漢文，近代以降の文語調の文章を音読するなどして，言葉の響きやリズムに親しむこと。	ア　音読に必要な文語のきまりや訓読の仕方を知り，古文や漢文を音読し，古典特有のリズムを通して，古典の世界に親しむこと。	ア　作品の特徴を生かして朗読するなどして，古典の世界に親しむこと。	ア　歴史的背景などに注意して古典を読むことを通して，その世界に親しむこと。
イ　古典について解説した文章を読んだり作品の内容の大体を知ったりすることを通して，昔の人のものの見方や感じ方を知ること。	イ　古典には様々な種類の作品があることを知ること。	イ　現代語訳や語注などを手掛かりに作品を読むことを通して，古典に表れたものの見方や考え方を知ること。	イ　長く親しまれている言葉や古典の一節を引用するなどして使うこと。

ア　作品の特徴を生かして朗読するなどして，古典の世界に親しむこと。

　第1学年のアの「音読に必要な文語のきまりや訓読の仕方」の学習を踏まえ，作品がもつ特徴的なリズムや表現などを生かして朗読することを求めている。朗読の仕方を工夫したり他者の朗読を聞いたりすることで，作品について新たな発見をしたり古典の世界への興味・関心を高めたりすることがある。このような発

見や興味・関心を適切に取り上げ，生徒が古典の世界に親しめるようにすることが重要である。

作品の特徴を生かして朗読することなどを通して，生徒と古典の世界との距離を縮め，古典の世界に親しむようにすることが大切である。

イ　現代語訳や語注などを手掛かりに作品を読むことを通して，古典に表れたものの見方や考え方を知ること。

古典に表れたものの見方や考え方を知るためには，古典の易しい現代語訳や語注，古典について解説した文章などが手掛かりとなる。これらを生かして作品を読むことによって，そこに描かれている情景や登場人物の心情などが想像できるよう留意することが必要である。また，関連する本や文章などを紹介したり，音声や映像メディアを活用したりするなど指導上の様々な工夫が考えられる。なお，現代語訳や語注などを手掛かりに作品を読む際には，小学校から継続的に取り組んでいる音読や暗唱などを効果的に取り入れることも考えられる。

古典に表れたものの見方や考え方の中には，長い年月を経てもなお現代と共通するものもあれば，現代とは大きく異なるものもある。そのことに気付き，新たな発見をしたり興味・関心を高めたりしていくことが古典に親しむためには重要である。また，**古典に表れたものの見方や考え方**は，作品の登場人物や作者の思いと密接に関連しており，登場人物の言動や作者の思いを考えることを通して，作品を貫くものの見方や考え方を知ることもある。

指導に当たっては，教材とする文章の特徴を生かした工夫をすることが重要である。その際，「第3　指導計画の作成と内容の取扱い」の3の「(5) 古典に関する教材については，古典の原文に加え，古典の現代語訳，古典について解説した文章などを取り上げること。」に留意することが必要である。

○書写

小学校第5学年及び第6学年	第1学年	第2学年	第3学年
エ　書写に関する次の事項を理解し使うこと。 (ア) 用紙全体との関係に注意して，文字の大きさや配列などを決めるとともに，書く速さを意識して書くこと。	エ　書写に関する次の事項を理解し使うこと。 (ア) 字形を整え，文字の大きさ，配列などについて理解して，楷書で書くこと。 (イ) 漢字の行書の基礎的な書	ウ　書写に関する次の事項を理解し使うこと。 (ア) 漢字の行書とそれに調和した仮名の書き方を理解して，読みやすく速く書くこと。 (イ) 目的や必要	エ　書写に関する次の事項を理解し使うこと。 (ア) 身の回りの多様な表現を通して文字文化の豊かさに触れ，効果的に文字を書くこと。

(イ) 毛筆を使用して，穂先の動きと点画のつながりを意識して書くこと。 (ウ) 目的に応じて使用する筆記具を選び，その特徴を生かして書くこと。	き方を理解して，身近な文字を行書で書くこと。	に応じて，楷書又は行書を選んで書くこと。

ウ 書写に関する次の事項を理解し使うこと。

　小学校の各学年における書写に関する事項及び中学校第1学年のエを受けて，書写に関する(ア)，(イ)の事項を理解し使うことを示している。

(ア) 漢字の行書とそれに調和した仮名の書き方を理解して，読みやすく速く書くこと。

　漢字の行書とそれに調和した仮名の書き方を理解すること，その上で，行書の文字に書き慣れ，読みやすく速く書くことを示している。

　漢字の行書とそれに調和した仮名の書き方を理解するとは，点画の丸み，点画の方向や形の変化，点画の連続，点画の省略などといった行書の特徴に調和する仮名の書き方を理解することである。特に，平仮名は，そうした行書の特徴に調和させやすい特徴をもつが，小学校から身に付けてきた楷書に調和する平仮名の書き方を踏まえ，一層筆脈を意識して書くことが必要である。

　読みやすく速く書くこととは，漢字の行書とそれらに調和した仮名の書き方に慣れさせ，文や文章を効率よく速く書くことであり，国語科をはじめとする各教科等の学習や社会生活における言語活動に必要な書写の能力である。また，**読みやすく**するとは，読み手への伝達を意識することである。このためには，書式などを意識し，第1学年で学習した字形，文字の大きさ，配列などに配慮することも必要である。

　指導に当たっては，文字文化の視点とも関連させながら，例えば，行書に関して気が付いたことや分かったことなどについて考えたり，まとめたりする活動を取り入れることが考えられる。また，毛筆の弾力性や柔軟性という特質を生かして，行書特有の筆脈の連続や運筆のリズムを理解するようにするなど，指導を工夫することが有効である。

(イ) 目的や必要に応じて，楷書又は行書を選んで書くこと。

目的や必要に応じて書体を選んで書くことを示している。

目的や必要に応じるとは，国語科をはじめとする各教科等の学習や社会生活における文字を書く目的や必要に応じて，その書体や筆記具を選択しつつ効果的な文字の書き方を工夫することである。メモやノート，届け出の書類，願書，会議録，ポスターや掲示物，はがきや封書といった様々な書式に合わせて，適切な字形や書体，筆記具で書くことを求めている。その際，読み手や伝える相手を意識して書くことにも配慮する必要がある。

楷書又は行書を選んで書くこととは，学習や生活における様々な場面において，楷書で書いた方がよい場合と行書で書いた方がよい場合とがあることを踏まえ，習得した書体に関する知識及び技能を目的や必要に応じて主体的に選択し，書くことである。

目的や必要に応じて書くことを文字文化として享受し，自らも社会生活において実践するに当たっては，小学校第5学年及び第6学年のエ(ｳ)の指導事項との接続も重視する必要がある。読み手や伝える相手を意識し，文字による表現や伝達の効果などを高めるために，文字の書き方はもとより，毛筆や硬筆などの筆記具などの選択について工夫することも大切である。

○読書

小学校第5学年及び第6学年	第1学年	第2学年	第3学年
オ　日常的に読書に親しみ，読書が，自分の考えを広げることに役立つことに気付くこと。	オ　読書が，知識や情報を得たり，自分の考えを広げたりすることに役立つことを理解すること。	エ　本や文章などには，様々な立場や考え方が書かれていることを知り，自分の考えを広げたり深めたりする読書に生かすこと。	オ　自分の生き方や社会との関わり方を支える読書の意義と効用について理解すること。

エ　本や文章などには，様々な立場や考え方が書かれていることを知り，自分の考えを広げたり深めたりする読書に生かすこと。

第1学年のオを受けて，読書を通じて，本や文章などが様々な立場や考えから書かれていることを理解し，自分の考えを広げたり深めたりする読書に生かすことを示している。

本や文章などは，書き手がそれぞれの立場や考え方から，自分の思いや考えなどを書き表したものである。そのような本や文章などの多様な在り方を理解して，読む対象を選択する際の観点としたり，読み進める際の参考としたりすることが重要である。そのことが，本や文章を読んで自分の考えを広げたり深めたりすることにつながる。

●2 〔思考力,判断力,表現力等〕

A 話すこと・聞くこと

> (1) 話すこと・聞くことに関する次の事項を身に付けることができるよう指導する。
> 　ア　目的や場面に応じて,社会生活の中から話題を決め,異なる立場や考えを想定しながら集めた材料を整理し,伝え合う内容を検討すること。
> 　イ　自分の立場や考えが明確になるように,根拠の適切さや論理の展開などに注意して,話の構成を工夫すること。
> 　ウ　資料や機器を用いるなどして,自分の考えが分かりやすく伝わるように表現を工夫すること。
> 　エ　論理の展開などに注意して聞き,話し手の考えと比較しながら,自分の考えをまとめること。
> 　オ　互いの立場や考えを尊重しながら話し合い,結論を導くために考えをまとめること。
> (2) (1)に示す事項については,例えば,次のような言語活動を通して指導するものとする。
> 　ア　説明や提案など伝えたいことを話したり,それらを聞いて質問や助言などをしたりする活動。
> 　イ　それぞれの立場から考えを伝えるなどして,議論や討論をする活動。

○話題の設定,情報の収集,内容の検討

小学校第5学年及び第6学年	第1学年	第2学年	第3学年
ア　目的や意図に応じて,日常生活の中から話題を決め,集めた材料を分類したり関係付けたりして,伝え合う内容を検討すること。	ア　目的や場面に応じて,日常生活の中から話題を決め,集めた材料を整理し,伝え合う内容を検討すること。	ア　目的や場面に応じて,社会生活の中から話題を決め,異なる立場や考えを想定しながら集めた材料を整理し,伝え合う内容を検討すること。	ア　目的や場面に応じて,社会生活の中から話題を決め,多様な考えを想定しながら材料を整理し,伝え合う内容を検討すること。

ア　目的や場面に応じて,社会生活の中から話題を決め,異なる立場や考えを想定しながら集めた材料を整理し,伝え合う内容を検討すること。

　全学年を通して,目的や場面に応じて,伝え合う内容を検討することを示して

いる。第2学年では，話題や情報の収集の範囲を社会生活へと広げて示し，異なる立場や考えを想定することに重点を置いている。

社会生活の中から話題を決めるとは，地域社会の中で見聞きしたことや，テレビや新聞などの様々な媒体を通じて伝えられることなどの中から話題を決めることである。そのためには，社会生活の中の出来事や事象に関心をもつことが重要である。

異なる立場や考えを想定するとは，自分とは異なる立場や考えの聞き手がいることを踏まえ，聞き手から反論されたり意見を求められたりすることを具体的に予想することである。社会生活の中の出来事や事象は，様々な価値観や文化を背景にしており，自分の考えを伝える際には，異なる立場や考えをもつ聞き手の存在を意識することが重要である。

異なる立場や考えの聞き手に自分の考えを伝えるためには，根拠となる情報を幅広く収集することが重要である。学校図書館を有効に活用するとともに，本や新聞，インターネットなどの様々な媒体を，それぞれの特性を踏まえて活用することが考えられる。

○構成の検討，考えの形成（話すこと）

小学校第5学年及び第6学年	第1学年	第2学年	第3学年
イ　話の内容が明確になるように，事実と感想，意見とを区別するなど，話の構成を考えること。	イ　自分の考えや根拠が明確になるように，話の中心的な部分と付加的な部分，事実と意見との関係などに注意して，話の構成を考えること。	イ　自分の立場や考えが明確になるように，根拠の適切さや論理の展開などに注意して，話の構成を工夫すること。	イ　自分の立場や考えを明確にし，相手を説得できるように論理の展開などを考えて，話の構成を工夫すること。

イ　自分の立場や考えが明確になるように，根拠の適切さや論理の展開などに注意して，話の構成を工夫すること。

第1学年のイを受けて，話の構成を工夫することを示している。第2学年では，自分の立場や考えが明確になるように，根拠の適切さや論理の展開などに注意することに重点を置いている。

根拠の適切さに注意するとは，話の中で用いようとしている根拠が，自分の立場や考えを支えるものとしてふさわしいかどうかを考えることであり，その整合性を吟味することが重要である。**論理の展開**とは，筋道の通った話の進め方のことである。根拠の適切さに加えて，話す事柄の順序などについて，聞き手を意識しながら考えることが，**話の構成を工夫する**ことにつながる。自分の立場や考え

を明確にするためには，話を構成する部分について確かめるだけではなく，話の全体を俯瞰(ふかん)して，聞き手を意識した論理の展開を工夫することが重要である。

○表現，共有（話すこと）

小学校第5学年及び第6学年	第1学年	第2学年	第3学年
ウ　資料を活用するなどして，自分の考えが伝わるように表現を工夫すること。	ウ　相手の反応を踏まえながら，自分の考えが分かりやすく伝わるように表現を工夫すること。	ウ　資料や機器を用いるなどして，自分の考えが分かりやすく伝わるように表現を工夫すること。	ウ　場の状況に応じて言葉を選ぶなど，自分の考えが分かりやすく伝わるように表現を工夫すること。

ウ　資料や機器を用いるなどして，自分の考えが分かりやすく伝わるように表現を工夫すること。

　全学年を通して，自分の考えが分かりやすく伝わるように表現を工夫することを示している。第2学年では，資料や機器を用いるなどして表現を工夫することに重点を置いている。

　資料や機器を用いるとは，話の内容に関する本，図表，グラフ，写真などを含む資料，コンピュータのプレゼンテーションソフトなどのICT機器を必要に応じて使うことである。資料や機器を用いるのは，話の要点や根拠を明らかにしたり，説明を補足したり，中心となる事柄を強調したりするなど，聞き手に分かりやすく伝えるためである。目的や状況，相手に応じて，様々な資料や機器を用いながら話すことにより，話し手の考えが正確に伝わり聞き手の理解をより深めることになる。

　話し言葉の特徴や，視覚に訴えることの効果などを踏まえ，どのような資料や機器をどのように用いればよいのか，伝えたい内容を適切に伝えるために有効かなどについて考え，必要な資料や機器を検討することが重要である。指導に当たっては，例えば，〔知識及び技能〕の(1)「イ　話し言葉と書き言葉の特徴について理解すること。」などとの関連を図ることが考えられる。

○構造と内容の把握，精査・解釈，考えの形成，共有（聞くこと）

小学校第5学年及び第6学年	第1学年	第2学年	第3学年
エ　話し手の目的や自分が聞こうとする意図に応じて，話の内容を捉え，話し手	エ　必要に応じて記録したり質問したりしながら話の内容を捉え，共通点や相違点	エ　論理の展開などに注意して聞き，話し手の考えと比較しながら，自分の考え	エ　話の展開を予測しながら聞き，聞き取った内容や表現の仕方を評価して，自分

の考えと比較しながら，自分の考えをまとめること。	などを踏まえて，自分の考えをまとめること。	をまとめること。	の考えを広げたり深めたりすること。

エ　論理の展開などに注意して聞き，話し手の考えと比較しながら，自分の考えをまとめること。

　第1学年のエと同様に，自分の考えをまとめることを示している。第2学年では，論理の展開などに注意して，話し手の考えと比較しながら聞くことを求めている。

　論理の展開とは，筋道の通った話の進め方のことである。それぞれの情報同士の結び付きに注意しながら聞くことを通して，話の要点を捉えたり，意見に対する根拠の適切さを判断したりして，話全体がどのようにまとめられようとしているのかを考えることが重要である。

　話し手の考えと比較するとは，話し手の考えと自分の考えとを比較し，賛成又は反対，納得できる又は納得できないなどの判断をすることである。同じ考えであっても異なる根拠を用いていたり，異なる考えであっても同じ根拠を用いていたりしていることなどに気付きながら，自分の考えをまとめることが重要である。

○話合いの進め方の検討，考えの形成，共有（話し合うこと）

小学校第5学年及び第6学年	第1学年	第2学年	第3学年
オ　互いの立場や意図を明確にしながら計画的に話し合い，考えを広げたりまとめたりすること。	オ　話題や展開を捉えながら話し合い，互いの発言を結び付けて考えをまとめること。	オ　互いの立場や考えを尊重しながら話し合い，結論を導くために考えをまとめること。	オ　進行の仕方を工夫したり互いの発言を生かしたりしながら話し合い，合意形成に向けて考えを広げたり深めたりすること。

オ　互いの立場や考えを尊重しながら話し合い，結論を導くために考えをまとめること。

　第1学年のオを受けて，目的に沿って話し合い，考えをまとめることについて示している。第2学年では，互いの立場や考えを尊重して，結論を導くために話し合うことを求めている。

　互いの立場や考えを尊重しながら話し合うためには，話合いに参加している者が，それぞれの置かれた立場や意見が出された背景について理解しながら話したり聞いたりすることが重要である。発言の内容とともに，どのような立場や背景

を基に発言されているのかを考えることは，互いの発言を検討したり，話合いを円滑に進行したりしていく上でも重要である。

　結論を導くために考えをまとめるとは，異なる立場や考えを前提にしつつも，一定の結論に向かって考えをまとめることである。一方的に自分の考えを主張するのではなく，互いの考えを捉える中で見いだした共通点や相違点，新たな提案などを踏まえて話し合うことが重要である。また，話合いの状況を捉えて，話合いが進展するような発言をすることも大切である。

〇言語活動例

第1学年	第2学年	第3学年
ア　紹介や報告など伝えたいことを話したり，それらを聞いて質問したり意見などを述べたりする活動。 イ　互いの考えを伝えるなどして，少人数で話し合う活動。	ア　説明や提案など伝えたいことを話したり，それらを聞いて質問や助言などをしたりする活動。 イ　それぞれの立場から考えを伝えるなどして，議論や討論をする活動。	ア　提案や主張など自分の考えを話したり，それらを聞いて質問したり評価などを述べたりする活動。 イ　互いの考えを生かしながら議論や討論をする活動。

ア　説明や提案など伝えたいことを話したり，それらを聞いて質問や助言などをしたりする活動。

　話し手が伝えたいことを話したり，聞き手が質問したり助言などをしたりする言語活動を例示している。

　説明とは，ある事柄について，その内容や理由，意義などを，相手に分かるようにして述べることであり，**提案**とは，聞き手に何らかの行動を促すために自分の考えを示し，意見を求めることである。

　また，それらを聞いて，聞き手が分からない点や疑問に思った点について質問したり，話し手の表現の工夫について助言などをしたりする活動を例示している。

イ　それぞれの立場から考えを伝えるなどして，議論や討論をする活動。

　自分の立場を踏まえて考えを伝えるなどして話し合う言語活動を例示している。

　議論とは，それぞれの立場から考えを述べ合いながらも，一定の結論を導くために論じ合うことである。また，**討論**とは，それぞれの立場からの考えを述べ，互いの考えの違いなどを基にして論じ合うことである。

　いずれの場合も，自分とは異なる物事の捉え方や考え方があることを前提として話し合うことを求めている。

B 書くこと

> (1) 書くことに関する次の事項を身に付けることができるよう指導する。
> 　ア　目的や意図に応じて，社会生活の中から題材を決め，多様な方法で集めた材料を整理し，伝えたいことを明確にすること。
> 　イ　伝えたいことが分かりやすく伝わるように，段落相互の関係などを明確にし，文章の構成や展開を工夫すること。
> 　ウ　根拠の適切さを考えて説明や具体例を加えたり，表現の効果を考えて描写したりするなど，自分の考えが伝わる文章になるように工夫すること。
> 　エ　読み手の立場に立って，表現の効果などを確かめて，文章を整えること。
> 　オ　表現の工夫とその効果などについて，読み手からの助言などを踏まえ，自分の文章のよい点や改善点を見いだすこと。
>
> (2) (1)に示す事項については，例えば，次のような言語活動を通して指導するものとする。
> 　ア　多様な考えができる事柄について意見を述べるなど，自分の考えを書く活動。
> 　イ　社会生活に必要な手紙や電子メールを書くなど，伝えたいことを相手や媒体を考慮して書く活動。
> 　ウ　短歌や俳句，物語を創作するなど，感じたことや想像したことを書く活動。

○題材の設定，情報の収集，内容の検討

小学校第5学年及び第6学年	第1学年	第2学年	第3学年
ア　目的や意図に応じて，感じたことや考えたことなどから書くことを選び，集めた材料を分類したり関係付けたりして，伝えたいことを明確にすること。	ア　目的や意図に応じて，日常生活の中から題材を決め，集めた材料を整理し，伝えたいことを明確にすること。	ア　目的や意図に応じて，社会生活の中から題材を決め，多様な方法で集めた材料を整理し，伝えたいことを明確にすること。	ア　目的や意図に応じて，社会生活の中から題材を決め，集めた材料の客観性や信頼性を確認し，伝えたいことを明確にすること。

ア　目的や意図に応じて，社会生活の中から題材を決め，多様な方法で集めた材料を整理し，伝えたいことを明確にすること。

全学年を通して,目的や意図に応じて,伝えたいことを明確にすることを示している。第2学年では,題材を求める範囲を,地域社会の中で見聞きしたことや,テレビや新聞などの様々な媒体を通じて伝えられることなど社会生活全般へと広げている。

　材料を集める**多様な方法**としては,第1学年において示した方法に加え,学校図書館や地域の図書館,公共施設などを利用して幅広く情報を収集したり,インタビューやアンケートで当事者の声を集めたりすることなどが考えられる。多様な方法で材料を集める中で,想定していなかった情報に出合うなどした場合には,それまでの考えを改めたり別の角度から検討したりすることが重要である。

　集めた材料を整理する際には,**目的や意図に応じた観点を設け,比較,分類,関係付け**などをしながら考えをまとめ,伝えたいことを明確にしていくことが重要である。

〇構成の検討

小学校第5学年及び第6学年	第1学年	第2学年	第3学年
イ　筋道の通った文章となるように,文章全体の構成や展開を考えること。	イ　書く内容の中心が明確になるように,段落の役割などを意識して文章の構成や展開を考えること。	イ　伝えたいことが分かりやすく伝わるように,段落相互の関係などを明確にし,文章の構成や展開を工夫すること。	イ　文章の種類を選択し,多様な読み手を説得できるように論理の展開などを考えて,文章の構成を工夫すること。

イ　伝えたいことが分かりやすく伝わるように,段落相互の関係などを明確にし,文章の構成や展開を工夫すること。

　第1学年のイを受けて,伝えたいことが分かりやすく伝わるように,文章の構成や展開を工夫することを示している。第2学年では,段落相互の関係などを明確にすることに重点を置いている。

　段落相互の関係には,累加,並立,対比,転換といった関係,具体と抽象,結論と根拠,概説と詳説といった関係などがある。

　文章の構成や展開には,例えば,「序論－本論－結論」や「頭括型」,「尾括型」,「双括型」などがある。このような基本的な文章の構成や展開,段落相互の関係などに即して,どのように段落を設けるか,設けた段落をどのような順序で展開するかなどについて考えることが重要である。

　なお,物語を書く場合には,伝えたい事柄がどのように推移し展開したのかが明確になるように,場面や登場人物などの設定や事件の発端,山場,結末などの文章の構成を考えて書くことが重要である。

指導に当たっては，例えば，〔知識及び技能〕の(1)オの「話や文章の構成や展開について理解を深めること。」などとの関連を図ることが考えられる。

○考えの形成，記述

小学校第5学年及び第6学年	第1学年	第2学年	第3学年
ウ　目的や意図に応じて簡単に書いたり詳しく書いたりするとともに，事実と感想，意見とを区別して書いたりするなど，自分の考えが伝わるように書き表し方を工夫すること。 エ　引用したり，図表やグラフなどを用いたりして，自分の考えが伝わるように書き表し方を工夫すること。	ウ　根拠を明確にしながら，自分の考えが伝わる文章になるように工夫すること。	ウ　根拠の適切さを考えて説明や具体例を加えたり，表現の効果を考えて描写したりするなど，自分の考えが伝わる文章になるように工夫すること。	ウ　表現の仕方を考えたり資料を適切に引用したりするなど，自分の考えが分かりやすく伝わる文章になるように工夫すること。

ウ　根拠の適切さを考えて説明や具体例を加えたり，表現の効果を考えて描写したりするなど，自分の考えが伝わる文章になるように工夫すること。

　全学年を通して，自分の考えが伝わる文章になるように工夫することを示している。第2学年では，特に，根拠の適切さを考えて説明や具体例を加えたり，表現の効果を考えて描写したりすることなどを求めている。

　根拠の適切さを考えるとは，書こうとする根拠が自分の考えを支えるものであるかどうかを検討することであり，その根拠が確かな事実や事柄に基づいたものであること，自分の考えが事実や事柄に対する適当な解釈から導き出されていることなどが，適切さを考える観点となる。

　説明や具体例を加えるとは，説得力を増すために，考えや意見の根拠となることを具体的に記述することである。**描写**とは，物事の様子や場面，行動や心情などを，読み手が言葉を通して具体的に想像できるよう描くことであり，情景描写，人物描写などがある。**表現の効果を考えて描写**するとは，その語句や表現が，文章の内容を伝えたり印象付けたりする上で，どのように働いているかを考えながら，より効果的な語句や表現を選んで描写することである。

　こうした工夫を積み重ねて，自分の考えがよりよく伝わるようにすることが重要である。

指導に当たっては，例えば，〔知識及び技能〕の(1)オの「文の成分の順序や照応など文の構成について理解する」ことなどとの関連を図ることが考えられる。

○推敲

小学校第5学年及び第6学年	第1学年	第2学年	第3学年
オ　文章全体の構成や書き表し方などに着目して，文や文章を整えること。	エ　読み手の立場に立って，表記や語句の用法，叙述の仕方などを確かめて，文章を整えること。	エ　読み手の立場に立って，表現の効果などを確かめて，文章を整えること。	エ　目的や意図に応じた表現になっているかなどを確かめて，文章全体を整えること。

エ　読み手の立場に立って，表現の効果などを確かめて，文章を整えること。

　第1学年及び第2学年ともに，読み手の立場に立って文章を整えることについて示している。第2学年では，特に，表現の効果などについて確かめることを求めている。

　表現の効果などを確かめるとは，自分の考えを伝えたり印象付けたりする上で，書いた文章の表現がどのように働いているかなどを確かめることである。特に，説明や具体例，描写などに着目して，これらの表現が，自分の考えを明確に伝えるために機能しているか，どのような効果を生んでいるかなどについて読み手の立場から検討し，その上で誤解のない表現やより効果的な表現にしていくことが重要である。

○共有

小学校第5学年及び第6学年	第1学年	第2学年	第3学年
カ　文章全体の構成や展開が明確になっているかなど，文章に対する感想や意見を伝え合い，自分の文章のよいところを見付けること。	オ　根拠の明確さなどについて，読み手からの助言などを踏まえ，自分の文章のよい点や改善点を見いだすこと。	オ　表現の工夫とその効果などについて，読み手からの助言などを踏まえ，自分の文章のよい点や改善点を見いだすこと。	オ　論理の展開などについて，読み手からの助言などを踏まえ，自分の文章のよい点や改善点を見いだすこと。

オ　表現の工夫とその効果などについて，読み手からの助言などを踏まえ，自分の文章のよい点や改善点を見いだすこと。

　全学年を通して，読み手からの助言などを踏まえ，自分の文章のよい点や改善点を見いだすことを示している。第2学年では，特に，表現の工夫とその効果などの観点からよい点や改善点を見いだすことを求めている。

具体的には，書き手が目的と意図に応じてどのような表現の工夫をし，それはどのような効果があったかなどについて検討することが考えられる。また，どのように改善するとよいかなど，次の自分の書く活動へ生かす具体的な視点を得ることも重要である。

表現の工夫としては，説明や具体例，事物の描写の仕方，表現の技法，文末表現や敬語などの語句の用法などに着目することが考えられるが，着目した表現について，どのような理由で効果的なのか，どのように書けばより効果があるのかなどを具体的に考えることが重要である。

〇言語活動例

第1学年	第2学年	第3学年
ア　本や資料から文章や図表などを引用して説明したり記録したりするなど，事実やそれを基に考えたことを書く活動。	ア　多様な考えができる事柄について意見を述べるなど，自分の考えを書く活動。	ア　関心のある事柄について批評するなど，自分の考えを書く活動。
イ　行事の案内や報告の文章を書くなど，伝えるべきことを整理して書く活動。	イ　社会生活に必要な手紙や電子メールを書くなど，伝えたいことを相手や媒体を考慮して書く活動。	イ　情報を編集して文章にまとめるなど，伝えたいことを整理して書く活動。
ウ　詩を創作したり随筆を書いたりするなど，感じたことや考えたことを書く活動。	ウ　短歌や俳句，物語を創作するなど，感じたことや想像したことを書く活動。	

ア　多様な考えができる事柄について意見を述べるなど，自分の考えを書く活動。

多様な考えができる事柄について自分の意見をもち，自分の考えを書く言語活動を例示している。

多様な考えができる事柄とは，立場によって意見が分かれる問題や，一つの結論に収れんされず，様々な結論を導くことができる話題などのことである。そうした事柄について，自分の意見や提案を述べる文章を書くことなどが考えられる。

イ　社会生活に必要な手紙や電子メールを書くなど，伝えたいことを相手や媒体を考慮して書く活動。

社会生活で求められる，伝えたいことを相手や媒体を考慮して書く言語活動を例示している。

例えば，お世話になっている相手に案内や連絡，報告をしたりお礼を伝えたりする文章を書くこと，情報を収集する際に，依頼や質問の手紙や電子メールを送ることなどが考えられる。

　また，インターネットや携帯電話，スマートフォンによる連絡や交流の特徴である匿名性や即時性，文章量の制限などが，子供たちの人間関係に影響している場合もある。**相手や媒体を考慮して書く**とは，こうした状況等を踏まえ，自分の発信した情報がどう受け止められるかを想像したり，相手の状況や媒体の特性などを考慮したりして書くことである。

　手紙の形式については小学校で学習しているが，中学校でも改めて学習することになる。はがきや便箋などに手紙を書く際は，書写の指導との関連を図ることも考えられる。

ウ　短歌や俳句，物語を創作するなど，感じたことや想像したことを書く活動。

　感じたことや想像したことを書く言語活動を例示している。

　短歌や俳句，物語を創作する際には，題材をどう捉えるか，どのような言葉を使って描写するかなどに，書き手のものの見方や感性が表れるものである。特に，短歌や俳句の創作では，限られた音数の中でどのように描写するかを考え，様々な言葉や表現を工夫することが必要となる。

　また，物語を創作する際には，登場人物や場面，状況等を設定し，発端から結末までの展開を考えて書くことのほかに，それまでに読んだことのある物語の構成や展開を参考に書くこと，与えられた設定の中で展開を膨らませて書くこと，自分の経験を基に書くことなどが考えられる。

　短歌や俳句，物語については，「Ｃ読むこと」で学習した作品などを参考にすることも考えられる。また，俳句を創作する際には，歳時記などの活用が考えられる。

C 読むこと

(1) 読むことに関する次の事項を身に付けることができるよう指導する。

　ア　文章全体と部分との関係に注意しながら，主張と例示との関係や登場人物の設定の仕方などを捉えること。

　イ　目的に応じて複数の情報を整理しながら適切な情報を得たり，登場人物の言動の意味などについて考えたりして，内容を解釈すること。

　ウ　文章と図表などを結び付け，その関係を踏まえて内容を解釈すること。

　エ　観点を明確にして文章を比較するなどし，文章の構成や論理の展開，表現の効果について考えること。

　オ　文章を読んで理解したことや考えたことを知識や経験と結び付け，自分の考えを広げたり深めたりすること。

(2) (1)に示す事項については，例えば，次のような言語活動を通して指導するものとする。

　ア　報告や解説などの文章を読み，理解したことや考えたことを説明したり文章にまとめたりする活動。

　イ　詩歌や小説などを読み，引用して解説したり，考えたことなどを伝え合ったりする活動。

　ウ　本や新聞，インターネットなどから集めた情報を活用し，出典を明らかにしながら，考えたことなどを説明したり提案したりする活動。

○構造と内容の把握

小学校第5学年及び第6学年	第1学年	第2学年	第3学年
ア　事実と感想，意見などとの関係を叙述を基に押さえ，文章全体の構成を捉えて要旨を把握すること。 イ　登場人物の相互関係や心情などについて，描写を基に捉えること。	ア　文章の中心的な部分と付加的な部分，事実と意見との関係などについて叙述を基に捉え，要旨を把握すること。 イ　場面の展開や登場人物の相互関係，心情の変化などについて，描写を基に捉えること。	ア　文章全体と部分との関係に注意しながら，主張と例示との関係や登場人物の設定の仕方などを捉えること。	ア　文章の種類を踏まえて，論理や物語の展開の仕方などを捉えること。

ア　文章全体と部分との関係に注意しながら，主張と例示との関係や登場人物の設定の仕方などを捉えること。

　説明的な文章と文学的な文章の両方に関する指導事項である。第1学年のア及びイを受けて，主張と例示との関係や登場人物の設定の仕方などを捉えることを示している。

　文章全体と部分との関係に注意するとは，各段落や場面が文章全体の中で果たす役割について捉えることであり，それが書き手の考えを伝える上でどのような説得力や効果をもたらしているかなどを考えながら読むことを求めている。

　主張と例示との関係を捉えることについては，主として説明的な文章において，文章中に示されている具体例と，書き手の主張との関係を考えながら内容を把握することを求めている。

　また，文学的な文章において，**登場人物の設定の仕方**を捉えることを求めている。**登場人物の設定の仕方**とは，登場人物の人物像や相互関係などがどのように設定されているかということである。場面の時間的，空間的な設定，語り手の有無など，これらを正確に捉えることが，文章の内容をより深く理解することにつながる。

○精査・解釈

小学校第5学年及び第6学年	第1学年	第2学年	第3学年
ウ　目的に応じて，文章と図表などを結び付けるなどして必要な情報を見付けたり，論の進め方について考えたりすること。	ウ　目的に応じて必要な情報に着目して要約したり，場面と場面，場面と描写などを結び付けたりして，内容を解釈すること。	イ　目的に応じて複数の情報を整理しながら適切な情報を得たり，登場人物の言動の意味などについて考えたりして，内容を解釈すること。	イ　文章を批判的に読みながら，文章に表れているものの見方や考え方について考えること。
エ　人物像や物語などの全体像を具体的に想像したり，表現の効果を考えたりすること。		ウ　文章と図表などを結び付け，その関係を踏まえて内容を解釈すること。	
	エ　文章の構成や展開，表現の効果について，根拠を明確にして考えること。	エ　観点を明確にして文章を比較するなどし，文章の構成や論理の展開，表現の効果について考えること。	ウ　文章の構成や論理の展開，表現の仕方について評価すること。

イ　目的に応じて複数の情報を整理しながら適切な情報を得たり，登場人物の言動の意味などについて考えたりして，内容を解釈すること。

第1学年のウを受けて，目的に応じて適切な情報を得たり，登場人物の言動の意味などについて考えたりして，内容を解釈することを示している。

　主として説明的な文章において，**目的に応じて複数の情報を整理しながら適切な情報を得**て，内容を解釈することを求めている。**整理**するとは，集めた情報を観点に沿って比較，分類，関係付けなどをすることである。**適切な情報を得る**ためには，情報の適否を見極めながら自分の目的に応じて整理することが大切である。文章の中で必要だと思った部分に印を付けたり，必要な部分を書き抜いたりしながら読み進めることなどが考えられる。その際，例えば，一冊の本を最後まで読む，必要な箇所を読む，多くの本に目を通すなどの様々な読み方を取り入れることが考えられる。

　本や新聞，インターネットなどの媒体の特性を踏まえ，いつ誰が発信した情報であるか，どのような立場や目的で書かれたものかなどを確認した上で，適切な情報を得るようにすることも重要である。その際，例えば，〔知識及び技能〕の(3)「エ　本や文章などには，様々な立場や考え方が書かれていることを知り，自分の考えを広げたり深めたりする読書に生かすこと。」などとの関連を図り，指導の効果を高めることが考えられる。

　また，文学的な文章において，**登場人物の言動の意味などについて考えて，内容を解釈する**ことを求めている。**登場人物の言動の意味などについて考える**とは，登場人物の言葉や行動が，話の展開などにどのように関わっているかを考えることである。

ウ　文章と図表などを結び付け，その関係を踏まえて内容を解釈すること。

　読む対象には，同じ形式で書かれた一続きの文章のほか，異なる形式で書かれた文章が組み合わされているものがある。また，概念図や模式図，地図，表，グラフなどの様々な種類の図表を伴う文章がある。文章とそれらの図表などとの関連には，断片的な情報が互いに内容を補完し合っている場合，文章が図表の解説になっている場合などがある。**内容を解釈する**ためには，それぞれどの部分とどの部分とが関連しているのかを確認するなどして，書き手の伝えたい内容をより正確に読み取ること，その結果どのような効果が生まれているのかを考えることが重要である。

エ　観点を明確にして文章を比較するなどし，文章の構成や論理の展開，表現の効果について考えること。

　第1学年のエを受けて，文章の構成や論理の展開，表現の効果について考えることを示している。観点を明確にして複数の文章を比較しながら読むことなどが

求められる。

論理の展開とは，結論や主張を導くための筋道の通った考えの進め方のことである。文章全体や部分における構成や論理の展開を把握した上で，なぜそのような構成にしたのか，論理の展開に飛躍がないかなどについて，自分なりの考えをもつことができるようにすることが重要である。

表現の効果については，表現が，文章の内容を伝えたり印象付けたりする上で，どのように働いているかを考えることが重要である。例えば，簡潔な述べ方と詳細な述べ方，断定的な述べ方と婉曲(えん)な述べ方，敬体と常体，和文調の文体と漢文調の文体，描写の仕方や比喩をはじめとした表現の技法などに着目することが考えられる。

文章の構成や論理の展開，表現の効果について考えるためには，一つの文章を読むだけでなく，複数の文章を比較しながら読むことが効果的である。比較する際には，注目する部分を絞り込んだ上で，それらの特徴が文章全体の特徴にどのように関わっているのかを考えることが重要である。

○考えの形成，共有

小学校第5学年及び第6学年	第1学年	第2学年	第3学年
オ　文章を読んで理解したことに基づいて，自分の考えをまとめること。 カ　文章を読んでまとめた意見や感想を共有し，自分の考えを広げること。	オ　文章を読んで理解したことに基づいて，自分の考えを確かなものにすること。	オ　文章を読んで理解したことや考えたことを知識や経験と結び付け，自分の考えを広げたり深めたりすること。	エ　文章を読んで考えを広げたり深めたりして，人間，社会，自然などについて，自分の意見をもつこと。

オ　文章を読んで理解したことや考えたことを知識や経験と結び付け，自分の考えを広げたり深めたりすること。

文章を読んで理解したことや考えたことを知識や経験と結び付ける際には，関連する知識や経験を想起して列挙するのみでなく，それらと結び付けることによって，理解したことや考えたことを一層具体的で明確なものにしていくことが重要である。読み手がもつ知識や経験は一人一人異なることから，どのような知識や経験と結び付けるかによって，同じ文章を読んでも考えは多様なものとなることが考えられる。その上で，他者の考えやその根拠，考えの道筋などを知り，共感したり疑問をもったり自分の考えと対比したりすることが，物事に対する新たな視点をもつことにつながり，**自分の考えを広げたり深めたりすること**になる。

その際，例えば，〔知識及び技能〕の(3)「エ　本や文章などには，様々な立場や考え方が書かれていることを知り，自分の考えを広げたり深めたりする読書に生かすこと。」などとの関連を図り，日常の読書活動と結び付けることが考えられる。

○言語活動例

第1学年	第2学年	第3学年
ア　説明や記録などの文章を読み，理解したことや考えたことを報告したり文章にまとめたりする活動。	ア　報告や解説などの文章を読み，理解したことや考えたことを説明したり文章にまとめたりする活動。	ア　論説や報道などの文章を比較するなどして読み，理解したことや考えたことについて討論したり文章にまとめたりする活動。
イ　小説や随筆などを読み，考えたことなどを記録したり伝え合ったりする活動。	イ　詩歌や小説などを読み，引用して解説したり，考えたことなどを伝え合ったりする活動。	イ　詩歌や小説などを読み，批評したり，考えたことなどを伝え合ったりする活動。
ウ　学校図書館などを利用し，多様な情報を得て，考えたことなどを報告したり資料にまとめたりする活動。	ウ　本や新聞，インターネットなどから集めた情報を活用し，出典を明らかにしながら，考えたことなどを説明したり提案したりする活動。	ウ　実用的な文章を読み，実生活への生かし方を考える活動。

ア　報告や解説などの文章を読み，理解したことや考えたことを説明したり文章にまとめたりする活動。

　説明的な文章を読み，理解したことや考えたことを説明したり文章にまとめたりする言語活動を例示している。

　取り上げる文章としては，広く社会生活に関する情報，調査などを報告した文章や，文学や芸術など様々な事柄についてその内容や特徴などを専門的な立場から解説した文章が考えられる。

　理解したことや考えたことを説明したり文章にまとめたりする際には，例えば，文章を読んで得た知識や考えを，互いに説明し合ったりノートやレポート等にまとめたりすることが考えられる。

イ　詩歌や小説などを読み，引用して解説したり，考えたことなどを伝え合ったりする活動。

　文学的な文章を読んで，その内容や考えたことについて，文章の一部を引用して解説したり，考えたことなどを伝え合ったりする言語活動を例示している。

　取り上げる文章としては，詩，俳句，短歌，小説などが考えられる。

引用して解説するとは，例えば，文章を読んで理解した書き手の考えや登場人物の設定の仕方について，その根拠となる部分を本文から引用して説明することである。

考えたことなどを伝え合う際には，例えば，登場人物の言動から考えたことを説明したり，表現の効果について考えたことを文章にまとめたりすることが考えられる。

なお，引用の際には，引用箇所をかぎ（「　」）でくくること，出典を明示すること，引用部分を適切な量とすることなどについて確認することが必要である。

ウ　本や新聞，インターネットなどから集めた情報を活用し，出典を明らかにしながら，考えたことなどを説明したり提案したりする活動。

情報を収集し，それを読んで考えたことなどを説明したり提案したりする言語活動を例示している。

情報を収集する手段としては，本や新聞，雑誌，インターネットなどの様々な媒体が考えられる。これらの媒体には，情報の即時性，信頼性，多様性などの点においてそれぞれ特徴があり，それらに応じて長所，短所がある。また，目次や索引を見る，見出しに着目する，キーワードで検索するなど，自分に必要な情報を効率よく見付けるための方法も，各媒体に応じたものがある。

情報を活用し，**考えたことなどを説明したり提案したりする**とは，媒体の特性を踏まえて情報を収集し，自分の考えを理解してもらうための根拠や具体例などとして用いて説明したり提案したりすることである。

第3節　第3学年の内容

● 1 〔知識及び技能〕

(1) 言葉の特徴や使い方に関する事項

> (1) 言葉の特徴や使い方に関する次の事項を身に付けることができるよう指導する。
> 　ア　第2学年までに学習した常用漢字に加え，その他の常用漢字の大体を読むこと。また，学年別漢字配当表に示されている漢字について，文や文章の中で使い慣れること。
> 　イ　理解したり表現したりするために必要な語句の量を増し，慣用句や四字熟語などについて理解を深め，話や文章の中で使うとともに，和語，漢語，外来語などを使い分けることを通して，語感を磨き語彙を豊かにすること。
> 　ウ　話や文章の種類とその特徴について理解を深めること。
> 　エ　敬語などの相手や場に応じた言葉遣いを理解し，適切に使うこと。

○漢字

小学校第5学年及び第6学年	第1学年	第2学年	第3学年
エ　第5学年及び第6学年の各学年においては，学年別漢字配当表の当該学年までに配当されている漢字を読むこと。また，当該学年の前の学年までに配当されている漢字を書き，文や文章の中で使うとともに，当該学年に配当されている漢字を漸次書き，文や文章の中で使うこと。	イ　小学校学習指導要領第2章第1節国語の学年別漢字配当表（以下「学年別漢字配当表」という。）に示されている漢字に加え，その他の常用漢字のうち300字程度から400字程度までの漢字を読むこと。また，学年別漢字配当表の漢字のうち900字程度の漢字を書き，文や文章の中で使うこと。	ウ　第1学年までに学習した常用漢字に加え，その他の常用漢字のうち350字程度から450字程度までの漢字を読むこと。また，学年別漢字配当表に示されている漢字を書き，文や文章の中で使うこと。	ア　第2学年までに学習した常用漢字に加え，その他の常用漢字の大体を読むこと。また，学年別漢字配当表に示されている漢字について，文や文章の中で使い慣れること。

ア 第２学年までに学習した常用漢字に加え，その他の常用漢字の大体を読むこと。また，学年別漢字配当表に示されている漢字について，文や文章の中で使い慣れること。

漢字の読みについては，第２学年までに学習した常用漢字に加え，更に残りの常用漢字の大体を読むこととしている。

漢字の書きについては，第２学年までに学習した学年別漢字配当表に示している1,026字の漢字を，文や文章の中で使い慣れることを求めている。学年別漢字配当表に示している1,026字の漢字は，他教科等の学習や社会生活において使用することの多い漢字であり，第３学年が修了するまでに，多様な語句の形で使ったり，様々な文脈の中で使ったりすることができるようにすることが必要である。

○語彙

小学校第5学年及び第6学年	第１学年	第２学年	第３学年
オ 思考に関わる語句の量を増し，話や文章の中で使うとともに，語句と語句との関係，語句の構成や変化について理解し，語彙を豊かにすること。また，語感や言葉の使い方に対する感覚を意識して，語や語句を使うこと。	ウ 事象や行為，心情を表す語句の量を増すとともに，語句の辞書的な意味と文脈上の意味との関係に注意して話や文章の中で使うことを通して，語感を磨き語彙を豊かにすること。	エ 抽象的な概念を表す語句の量を増すとともに，類義語と対義語，同音異義語や多義的な意味を表す語句などについて理解し，話や文章の中で使うことを通して，語感を磨き語彙を豊かにすること。	イ 理解したり表現したりするために必要な語句の量を増し，慣用句や四字熟語などについて理解を深め，話や文章の中で使うとともに，和語，漢語，外来語などを使い分けることを通して，語感を磨き語彙を豊かにすること。

イ 理解したり表現したりするために必要な語句の量を増し，慣用句や四字熟語などについて理解を深め，話や文章の中で使うとともに，和語，漢語，外来語などを使い分けることを通して，語感を磨き語彙を豊かにすること。

理解したり表現したりするために必要な語句の量を増すとは，これまでの小・中学校の学習を踏まえ，義務教育修了段階である第３学年において，理解や表現に必要な様々な語句の量を増すことを求めている。今まで身に付けてきた多様な語句を振り返りつつ，話や文章の中でどのように使用されているか，自分が理解したり表現したりするときにどのように用いればよいかについて考えることが重要である。

慣用句は，二つ以上の語が結び付いて元の意味とは違った特定の意味を表すも

のであり，小学校第3学年及び第4学年において，〔知識及び技能〕の(3)「イ　長い間使われてきたことわざや慣用句，故事成語などの意味を知り，使うこと。」を示している。この慣用句に関する知識を一層広げ，話や文章の中で使うことを通して身に付けることを求めている。

　四字熟語のような熟語の学習は，その組立てや語源などを探るなどして，言葉への興味・関心を高めるのにも役立つ。

　和語，漢語，外来語の中の**和語**とは古くから日本で使われてきた語を，**漢語**とは漢字の音を使った語を，**外来語**とは中国語以外の外国語から日本語に入ってきた語を指す。話や文章で表現する際に，機を捉えて和語，漢語，外来語の使い分けを考えるなどして，微妙な言葉の違いについて知り，語感を磨くことが重要である。

　義務教育修了段階である第3学年においては，これまで学習してきた多様な語句を意識的に使用し，語感を磨き語彙を豊かにすることが重要である。

○文や文章

小学校第5学年及び第6学年	第1学年	第2学年	第3学年
カ　文の中での語句の係り方や語順，文と文との接続の関係，話や文章の構成や展開，話や文章の種類とその特徴について理解すること。	エ　単語の類別について理解するとともに，指示する語句と接続する語句の役割について理解を深めること。	オ　単語の活用，助詞や助動詞などの働き，文の成分の順序や照応など文の構成について理解するとともに，話や文章の構成や展開について理解を深めること。	ウ　話や文章の種類とその特徴について理解を深めること。

ウ　話や文章の種類とその特徴について理解を深めること。

　話や文章の種類としては，例えば，意見，感想，記録，報告，説明，解説，提案，物語などが挙げられる。

　小学校段階から学習してきた様々な話や文章の種類について，義務教育修了段階である第3学年で整理し，理解を深めるようにすることを求めている。

　指導に当たっては，例えば，〔思考力，判断力，表現力等〕の「B書くこと」の(1)「イ　文章の種類を選択し，多様な読み手を説得できるように論理の展開などを考えて，文章の構成を工夫すること。」，「C読むこと」の(1)「ア　文章の種類を踏まえて，論理や物語の展開の仕方などを捉えること。」などとの関連を図り，指導の効果を高めることが考えられる。

○言葉遣い

小学校第5学年及び第6学年	第1学年	第2学年	第3学年
キ　日常よく使われる敬語を理解し使い慣れること。		カ　敬語の働きについて理解し，話や文章の中で使うこと。	エ　敬語などの相手や場に応じた言葉遣いを理解し，適切に使うこと。

エ　敬語などの相手や場に応じた言葉遣いを理解し，適切に使うこと。

　敬語などの相手や場に応じた言葉遣いには，例えば，公的な場面で改まった言葉遣いをすることのほか，会話をしたり手紙を書いたりする際に相手に応じた語句を選んで用いることなどが含まれる。義務教育修了段階である第3学年では，**相手や場に応じた言葉遣い**という観点から日常の言語活動を振り返り，これらの役割について理解することが重要である。その際，敬語は，国語の歴史の中で一貫して重要な役割を担い続けていること，相手や周囲の人と自分との人間関係，社会関係についての気持ちを表現する役割があることについて配慮することも大切である。その上で，社会生活において適切に使えるようにすることが求められる。

(2) 情報の扱い方に関する事項

> （2）話や文章に含まれている情報の扱い方に関する次の事項を身に付けることができるよう指導する。
> 　ア　具体と抽象など情報と情報との関係について理解を深めること。
> 　イ　情報の信頼性の確かめ方を理解し使うこと。

○情報と情報との関係

小学校第5学年及び第6学年	第1学年	第2学年	第3学年
ア　原因と結果など情報と情報との関係について理解すること。	ア　原因と結果，意見と根拠など情報と情報との関係について理解すること。	ア　意見と根拠，具体と抽象など情報と情報との関係について理解すること。	ア　具体と抽象など情報と情報との関係について理解を深めること。

ア　具体と抽象など情報と情報との関係について理解を深めること。

　第2学年のアを受けて，具体と抽象の関係について理解を深めることを示している。

　具体と抽象の関係について理解を深めるとは，具体と抽象という概念を理解するとともに，具体的な事例を抽象化してまとめたり，抽象的な概念について具体的な事例で説明したりすることができるようにすることである。

　指導に当たっては，例えば，〔思考力，判断力，表現力等〕の「A話すこと・聞くこと」の(1)「イ　自分の立場や考えを明確にし，相手を説得できるように論理の展開などを考えて，話の構成を工夫すること。」，「B書くこと」の(1)「イ　文章の種類を選択し，多様な読み手を説得できるように論理の展開などを考えて，文章の構成を工夫すること。」，「ウ　表現の仕方を考えたり資料を適切に引用したりするなど，自分の考えが分かりやすく伝わる文章になるように工夫すること。」，「C読むこと」の(1)「エ　文章を読んで考えを広げたり深めたりして，人間，社会，自然などについて，自分の意見をもつこと。」などとの関連を図ることが考えられる。

○情報の整理

小学校第5学年及び第6学年	第1学年	第2学年	第3学年
イ　情報と情報との関係付けの仕方，図などによ	イ　比較や分類，関係付けなどの情報の整理の仕	イ　情報と情報との関係の様々な表し方を理解し	イ　情報の信頼性の確かめ方を理解し使うこと。

る語句と語句との関係の表し方を理解し使うこと。	方，引用の仕方や出典の示し方について理解を深め，それらを使うこと。	使うこと。	

イ　情報の信頼性の確かめ方を理解し使うこと。

　第1学年及び第2学年のイを受けて，様々な情報について，その信頼性を確かめる方法について理解し使うことを示している。

　情報化が進展し様々な情報が氾濫している現代社会においては，情報の信頼性を十分吟味する必要がある。情報を受信する際にも発信する際にも，その情報の事実関係や裏付ける根拠，一次情報の発信元や発信時期など，情報の信頼性について確かめることが重要である。こうした**情報の信頼性の確かめ方**としては，例えば，第1学年で学習した「出典の示し方」から確認する方法が挙げられる。本であれば奥付に書かれた書名，著者名，発行年，出版社等を確認すること，インターネットであれば，同じ事柄に対する複数の情報源から収集した様々な情報を照らし合わせながら確認することなどが考えられる。また，一つの情報だけで確認するのではなく，複数の情報に当たることも重要である。

　指導に当たっては，例えば，〔思考力，判断力，表現力等〕の「A 話すこと・聞くこと」の(1)「ア　目的や場面に応じて，社会生活の中から話題を決め，多様な考えを想定しながら材料を整理し，伝え合う内容を検討すること。」，「B 書くこと」の(1)「ア　目的や意図に応じて，社会生活の中から題材を決め，集めた材料の客観性や信頼性を確認し，伝えたいことを明確にすること。」，「ウ　表現の仕方を考えたり資料を適切に引用したりするなど，自分の考えが分かりやすく伝わる文章になるように工夫すること。」，「C 読むこと」の(1)「イ　文章を批判的に読みながら，文章に表れているものの見方や考え方について考えること。」などとの関連を図ることが考えられる。

(3) 我が国の言語文化に関する事項

> (3) 我が国の言語文化に関する次の事項を身に付けることができるよう指導する。
>   ア　歴史的背景などに注意して古典を読むことを通して、その世界に親しむこと。
>   イ　長く親しまれている言葉や古典の一節を引用するなどして使うこと。
>   ウ　時間の経過による言葉の変化や世代による言葉の違いについて理解すること。
>   エ　書写に関する次の事項を理解し使うこと。
>   (ア)　身の回りの多様な表現を通して文字文化の豊かさに触れ、効果的に文字を書くこと。
>   オ　自分の生き方や社会との関わり方を支える読書の意義と効用について理解すること。

○伝統的な言語文化

小学校第5学年及び第6学年	第1学年	第2学年	第3学年
ア　親しみやすい古文や漢文、近代以降の文語調の文章を音読するなどして、言葉の響きやリズムに親しむこと。	ア　音読に必要な文語のきまりや訓読の仕方を知り、古文や漢文を音読し、古典特有のリズムを通して、古典の世界に親しむこと。	ア　作品の特徴を生かして朗読するなどして、古典の世界に親しむこと。	ア　歴史的背景などに注意して古典を読むことを通して、その世界に親しむこと。
イ　古典について解説した文章を読んだり作品の内容の大体を知ったりすることを通して、昔の人のものの見方や感じ方を知ること。	イ　古典には様々な種類の作品があることを知ること。	イ　現代語訳や語注などを手掛かりに作品を読むことを通して、古典に表れたものの見方や考え方を知ること。	イ　長く親しまれている言葉や古典の一節を引用するなどして使うこと。

ア　歴史的背景などに注意して古典を読むことを通して、その世界に親しむこと。

古典作品には、その背景となる歴史的な状況が存在する。それを踏まえた上で古典を読むことで、作品の世界をより深く、広く理解することが可能になる。また、舞台となっている時代の様子や作者が置かれていた状況などを知ることで、

作品の世界をより実感的,具体的に捉えることもできる。

　歴史的背景については,作品の理解に役立つ事柄を精選して取り上げるようにすることが必要である。例えば,作品を解説した文章や映像メディアなどを活用することなどが考えられる。なお,作品の歴史的背景などを扱うのは,教材として取り上げた古典の世界への興味・関心を高めたり,内容の理解を助けたりするためであることに留意する必要がある。

イ　長く親しまれている言葉や古典の一節を引用するなどして使うこと。

　長く親しまれている言葉とは,ことわざや慣用句,故事成語を含め,世に広く知られている文学的な文章や韻文等にある言葉や一節のことである。小学校第1学年及び第2学年の「イ　長く親しまれている言葉遊びを通して,言葉の豊かさに気付くこと。」,第3学年及び第4学年の「イ　長い間使われてきたことわざや慣用句,故事成語などの意味を知り,使うこと。」を受けて,このような言葉の意味を理解することで生徒が一層言葉に興味をもち積極的に使うことができるようにすることが大切である。

　引用するなどして使うこととしては,例えば,その言葉や一節を基に感想文や作品を紹介する文章を書くこと,スピーチをすること,手紙を書くこと,座右の銘を書くことなどが考えられる。このような活動を通して,長く親しまれている言葉や古典の一節を話や文章に取り入れていくことが重要である。そのことが,我が国の言語文化であることわざや慣用句,古典などに一層親しむ態度を育てるとともに,我が国の伝統や文化についての関心を深め,これを継承・発展させようとする態度の育成にもつながる。

○言葉の由来や変化

小学校第5学年及び第6学年	第1学年	第2学年	第3学年
ウ　語句の由来などに関心をもつとともに,時間の経過による言葉の変化や世代による言葉の違いに気付き,共通語と方言との違いを理解すること。また,仮名及び漢字の由来,特質などについて理解すること。	ウ　共通語と方言の果たす役割について理解すること。		ウ　時間の経過による言葉の変化や世代による言葉の違いについて理解すること。

ウ　時間の経過による言葉の変化や世代による言葉の違いについて理解すること。

　小学校第5学年及び第6学年のウの「時間の経過による言葉の変化や世代による言葉の違いに気付」くことを受けて，時間の経過や世代による言葉の変化や違いについて理解することを示している。

　言葉は，時間の経過により語形や語意などが変化していくという側面をもっている。この変化の側面は，古典だけでなく，最近の言葉においても認めることができる。ここでは，言葉のもつこのような性質に気付かせることで，日頃，自分たちが使っている言葉に対する興味・関心を喚起するとともに，理解や認識を深めて通時的な言葉の変化に対する意識をもたせるようにすることが重要である。

　また，言葉は使用する世代によっても，語形や語意が異なったり使用する語彙などに差異があったりする場合がある。例えば，若者又は年配者など，特定の年代に限って使われる言葉が存在したり，一人の人間でも，年代が変わることによって使用する言葉が通時的に変化したりする場合もある。また，最初は限られた範囲で使用されていた言葉が，広く一般に用いられるようになる例も見られる。このような点に着目することを通して，言葉というものが生活と密接に関連していることを実感することが重要である。

　指導に当たっては，例えば，〔知識及び技能〕の(1)「イ　理解したり表現したりするために必要な語句の量を増し，慣用句や四字熟語などについて理解を深め，話や文章の中で使うとともに，和語，漢語，外来語などを使い分けることを通して，語感を磨き語彙を豊かにすること。」，(3)「ア　歴史的背景などに注意して古典を読むことを通して，その世界に親しむこと。」などとの関連を図ることが考えられる。

○書写

小学校第5学年及び第6学年	第1学年	第2学年	第3学年
エ　書写に関する次の事項を理解し使うこと。 (ア) 用紙全体との関係に注意して，文字の大きさや配列などを決めるとともに，書く速さを意識して書くこと。 (イ) 毛筆を使用して，穂先の	エ　書写に関する次の事項を理解し使うこと。 (ア) 字形を整え，文字の大きさ，配列などについて理解して，楷書で書くこと。 (イ) 漢字の行書の基礎的な書き方を理解して，身近な文	ウ　書写に関する次の事項を理解し使うこと。 (ア) 漢字の行書とそれに調和した仮名の書き方を理解して，読みやすく速く書くこと。 (イ) 目的や必要に応じて，楷書又は行書を	エ　書写に関する次の事項を理解し使うこと。 (ア) 身の回りの多様な表現を通して文字文化の豊かさに触れ，効果的に文字を書くこと。

動きと点画のつながりを意識して書くこと。 (ｳ) 目的に応じて使用する筆記具を選び，その特徴を生かして書くこと。	字を行書で書くこと。	選んで書くこと。	

エ　書写に関する次の事項を理解し使うこと。

　小学校の各学年における書写に関する事項及び中学校第1学年のエ，第2学年のウを受けて，書写に関する(ｱ)の事項を理解し使うことを示している。

(ｱ) 身の回りの多様な表現を通して文字文化の豊かさに触れ，効果的に文字を書くこと。

　自分の身の回りにある多様な表現を通して文字文化の豊かさに触れ，その理解を基に表現の効果を考えながら文字を書くことを示している。

　文字文化とは，上代から近現代まで継承され，現代において実社会・実生活の中で使われている文字の文化であり，我が国の伝統や文化の中で育まれてきたものである。文字文化には，文字の成り立ちや歴史的背景といった文字そのものの文化と，社会や文化における文字の役割や意義，表現と効果，用具・用材と書き方との関係といった文字を書くことについての文化の両面がある。**身の回りの多様な表現**とは，身の回りの生活の中にある言葉に関する多様な表現のことである。文字の表現について言えば，手書き文字をはじめ，活字やイラスト文字，デザイン文字などの社会生活で使用されている多様な書体や字形の文字全般のことである。そうした**身の回りの多様な表現を通して文字文化の豊かさに触れ**させることで，文字を手書きすることの意義に気付かせ，併せて，文字文化に関する認識を改めて形成させるとともに，主体的な文字の使い手になるきっかけをもたせることを求めている。また，多様な文字やその表現の在り方に関心をもたせることで，文字の芸術性に関心を向ける素地を養い，高等学校芸術科書道への接続も見通している。

　効果的に文字を書くとは，文字の伝達性や表現性などを考えながら目的や必要に応じて書くことである。身の回りの多様な表現に関心をもちながら，字形を正しく整える能力，配列などを整える能力，速く書く能力，楷書や行書を使い分ける能力，筆記具などを選択する能力など，小学校からこれまでに身に付けてきた書写の能力を総合的に発揮させ，実社会・実生活の中で文字を書くことを工夫し，様々に書き分けることができるように指導する。

○読書

小学校第5学年及び第6学年	第1学年	第2学年	第3学年
オ 日常的に読書に親しみ、読書が、自分の考えを広げることに役立つことに気付くこと。	オ 読書が、知識や情報を得たり、自分の考えを広げたりすることに役立つことを理解すること。	エ 本や文章などには、様々な立場や考え方が書かれていることを知り、自分の考えを広げたり深めたりする読書に生かすこと。	オ 自分の生き方や社会との関わり方を支える読書の意義と効用について理解すること。

オ 自分の生き方や社会との関わり方を支える読書の意義と効用について理解すること。

　第1学年のオ、第2学年のエを受けて、自分の生き方や社会との関わり方を支える読書の意義と効用について理解することを示している。

　読書は、今後どのように社会と関わっていくのか、どのような人生を送ろうとするのかを考え、判断していく参考となるだけでなく、自分の生き方や社会と自分との関わり方を支えるものにもなる。義務教育修了段階である第3学年においては、新しい知識を得たり、自分の考えを広げたり深めたりすることを通して、読書をすることの意味を実感させることが重要である。読書が自分の生き方や社会との関わり方を支えてくれることを実感することが、生涯にわたる読書活動の基盤となる。

2 〔思考力，判断力，表現力等〕

A 話すこと・聞くこと

> (1) 話すこと・聞くことに関する次の事項を身に付けることができるよう指導する。
>   ア 目的や場面に応じて，社会生活の中から話題を決め，多様な考えを想定しながら材料を整理し，伝え合う内容を検討すること。
>   イ 自分の立場や考えを明確にし，相手を説得できるように論理の展開などを考えて，話の構成を工夫すること。
>   ウ 場の状況に応じて言葉を選ぶなど，自分の考えが分かりやすく伝わるように表現を工夫すること。
>   エ 話の展開を予測しながら聞き，聞き取った内容や表現の仕方を評価して，自分の考えを広げたり深めたりすること。
>   オ 進行の仕方を工夫したり互いの発言を生かしたりしながら話し合い，合意形成に向けて考えを広げたり深めたりすること。
> (2) (1)に示す事項については，例えば，次のような言語活動を通して指導するものとする。
>   ア 提案や主張など自分の考えを話したり，それらを聞いて質問したり評価などを述べたりする活動。
>   イ 互いの考えを生かしながら議論や討論をする活動。

○話題の設定，情報の収集，内容の検討

小学校第5学年及び第6学年	第1学年	第2学年	第3学年
ア 目的や意図に応じて，日常生活の中から話題を決め，集めた材料を分類したり関係付けたりして，伝え合う内容を検討すること。	ア 目的や場面に応じて，日常生活の中から話題を決め，集めた材料を整理し，伝え合う内容を検討すること。	ア 目的や場面に応じて，社会生活の中から話題を決め，異なる立場や考えを想定しながら集めた材料を整理し，伝え合う内容を検討すること。	ア 目的や場面に応じて，社会生活の中から話題を決め，多様な考えを想定しながら材料を整理し，伝え合う内容を検討すること。

ア 目的や場面に応じて，社会生活の中から話題を決め，多様な考えを想定しながら材料を整理し，伝え合う内容を検討すること。

全学年を通して，目的や場面に応じて，伝え合う内容を検討することを示して

いる。第3学年では，話題を設定する範囲を第2学年と同じ**社会生活の中から**とするとともに，多様な考えを想定することに重点を置いている。

多様な考えを想定するとは，様々な考えをもった聞き手がいることを踏まえることである。同じ事柄であっても，知識や経験，立場などによって自分とは異なる多様な意見や考え方があることを前提にコミュニケーションを図ることが大切である。

多様な考えをもった聞き手に対しては，特に，信頼性などを確認しながら材料を整理し，伝え合う内容を分かりやすく示すことが重要である。

また，改めて材料を集めることをせず，自分が既にもっている情報だけで話す内容を検討することも想定している。社会生活においては，まとまった話をする際に，いつでも十分に準備する時間があるとは限らない。そこで，自分の知識や経験の中に材料を求めたり，時間をかけずに内容を検討したりすることも考えられる。

○構成の検討，考えの形成（話すこと）

小学校第5学年及び第6学年	第1学年	第2学年	第3学年
イ　話の内容が明確になるように，事実と感想，意見とを区別するなど，話の構成を考えること。	イ　自分の考えや根拠が明確になるように，話の中心的な部分と付加的な部分，事実と意見との関係などに注意して，話の構成を考えること。	イ　自分の立場や考えが明確になるように，根拠の適切さや論理の展開などに注意して，話の構成を工夫すること。	イ　自分の立場や考えを明確にし，相手を説得できるように論理の展開などを考えて，話の構成を工夫すること。

イ　自分の立場や考えを明確にし，相手を説得できるように論理の展開などを考えて，話の構成を工夫すること。

第2学年のイを受けて，自分の立場や考えを明確にし，話の構成を工夫することを示している。第3学年では，相手を説得できるように論理の展開などを考えることに重点を置いている。

多様な考えをもつ**相手を説得する**ためには，第2学年で取り上げた自分の考えに対する根拠の適切さを考えることに加え，話し手（自分）の考えについて，聞き手（相手）が納得できるように，論理の展開を考えながら，話の組立てを工夫する必要がある。自分の立場や考えを踏まえ，話の全体を俯瞰して，より聞き手が納得できる展開を考え，聞き手に応じた説明を加えたり，具体的な事例を根拠として示したり，語句や文の効果的な使い方を考えたりすることが重要である。

○表現，共有（話すこと）

小学校第5学年及び第6学年	第1学年	第2学年	第3学年
ウ　資料を活用するなどして，自分の考えが伝わるように表現を工夫すること。	ウ　相手の反応を踏まえながら，自分の考えが分かりやすく伝わるように表現を工夫すること。	ウ　資料や機器を用いるなどして，自分の考えが分かりやすく伝わるように表現を工夫すること。	ウ　場の状況に応じて言葉を選ぶなど，自分の考えが分かりやすく伝わるように表現を工夫すること。

ウ　場の状況に応じて言葉を選ぶなど，自分の考えが分かりやすく伝わるように表現を工夫すること。

　全学年を通して，自分の考えが分かりやすく伝わるように表現を工夫することを示している。第3学年では，場の状況に応じて言葉を選ぶなどして表現を工夫することに重点を置いている。

　第3学年になると，様々な場面で話をする機会が増え，その対象も広がる傾向がある。**場の状況に応じて言葉を選ぶ**とは，話をしている場の状況に応じた言葉遣いをしたり，聞き手に自分の考えが十分伝わっていないと感じられた時には，分かりやすい語句に言い換えたり内容を補足したりすることである。聞き手の人数や立場，年齢構成，会場の広さ等を踏まえた上で，自分の考えが分かりやすく伝わる話し方を工夫することが重要である。話す際の視線の方向，聞き手のうなずきや表情に注意し，場合によっては，話の途中で聞き手に問いかけたり質問を促したりしながら理解を深めていくなど，聞き手の反応や場の状況を判断しながら適切な働き掛けをすることも重要である。

　指導に当たっては，例えば，〔知識及び技能〕の(1)「エ　敬語などの相手や場に応じた言葉遣いを理解し，適切に使うこと。」などとの関連を図ることが考えられる。

○構造と内容の把握，精査・解釈，考えの形成，共有（聞くこと）

小学校第5学年及び第6学年	第1学年	第2学年	第3学年
エ　話し手の目的や自分が聞こうとする意図に応じて，話の内容を捉え，話し手の考えと比較しながら，自分の考えをまとめること。	エ　必要に応じて記録したり質問したりしながら話の内容を捉え，共通点や相違点などを踏まえて，自分の考えをまとめること。	エ　論理の展開などに注意して聞き，話し手の考えと比較しながら，自分の考えをまとめること。	エ　話の展開を予測しながら聞き，聞き取った内容や表現の仕方を評価して，自分の考えを広げたり深めたりすること。

エ 話の展開を予測しながら聞き，聞き取った内容や表現の仕方を評価して，自分の考えを広げたり深めたりすること。

　第２学年のエを受けて，自分の考えを広げたり深めたりすることについて示している。第３学年では，話の展開を予測しながら聞き，聞き取った内容や表現の仕方を評価することを求めている。

　話の展開を予測するためには，聞き取った話の内容と自分の知識や経験などとを結び付けながら話を聞くとともに，話し手の立場に立って物事を考える必要がある。

　聞き取った内容を評価するとは，話の内容を理解するとともに，意見や主張に対する根拠の適切さを確かめたり，自分の立場や考えとの違いを明らかにしたりするなどして，話の内容を価値付けることである。これらは，自分の意思決定に役立つだけではなく，様々な立場や考え方を尊重しつつ話を進めていく上で重要である。

　表現の仕方を評価するとは，話の内容だけでなく，話の構成や論理の展開，語句や文の使い方，声の出し方や言葉遣い，資料や機器の活用の仕方などについて価値付けることである。また，話し手の表現の仕方のよい点を，自分の表現に取り入れることを視野に入れて聞くことも重要である。

　このように，話を評価することを通して，多様な考えを理解したり自分の考えを見直したりして，自分の考えを広げたり深めたりすることが求められる。

○話合いの進め方の検討，考えの形成，共有（話し合うこと）

小学校第５学年及び第６学年	第１学年	第２学年	第３学年
オ　互いの立場や意図を明確にしながら計画的に話し合い，考えを広げたりまとめたりすること。	オ　話題や展開を捉えながら話し合い，互いの発言を結び付けて考えをまとめること。	オ　互いの立場や考えを尊重しながら話し合い，結論を導くために考えをまとめること。	オ　進行の仕方を工夫したり互いの発言を生かしたりしながら話し合い，合意形成に向けて考えを広げたり深めたりすること。

オ　進行の仕方を工夫したり互いの発言を生かしたりしながら話し合い，合意形成に向けて考えを広げたり深めたりすること。

　第２学年のオを受けて，目的に沿って話し合い，考えを広げたり深めたりすることについて示している。第３学年では，進行の仕方を工夫したり互いの発言を生かしたりしながら，合意形成に向けて話し合うことを求めている。

　進行の仕方を工夫したり互いの発言を生かしたりしながら話し合うとは，話合いが目的に沿って進むような手段を講じたり，それぞれの発言を目的や展開に照

らして取捨選択したり結び付けたりしながら話し合うことである。各自がもつ情報や意見を基にしてよりよい結論を求めることに加えて，ある結論や決定に至った場合にも，少数意見を尊重したり，どこまでが一致してどこからが違うのかを確かめ合ったりすることなどが重要である。話合いを目的に沿って効率よく進めるためには，目的に合った話合いの進め方を提案したり，話合いの進み具合を把握したり，それまでの話合いの経緯を振り返ってこれからの展開を考えたりすることが重要である。このことは，司会や議長として直接話合いを進行していく場合だけでなく，提案者や参加者などの役割で話合いに参加する場合にも必要である。

合意形成に向けて考えを広げたり深めたりするためには，立場や考えの違いを認めつつ，納得できる結論を目指して，それぞれが建設的な意見を述べながら話し合うことが重要である。様々なものの見方や考え方があることを踏まえながらもそこに共通点を見いだしたり，様々な意見から新たなものの見方や考え方を導き出したりすることで，考えは広がったり深まったりしていく。

○言語活動例

第1学年	第2学年	第3学年
ア 紹介や報告など伝えたいことを話したり，それらを聞いて質問したり意見などを述べたりする活動。 イ 互いの考えを伝えるなどして，少人数で話し合う活動。	ア 説明や提案など伝えたいことを話したり，それらを聞いて質問や助言などをしたりする活動。 イ それぞれの立場から考えを伝えるなどして，議論や討論をする活動。	ア 提案や主張など自分の考えを話したり，それらを聞いて質問したり評価などを述べたりする活動。 イ 互いの考えを生かしながら議論や討論をする活動。

ア 提案や主張など自分の考えを話したり，それらを聞いて質問したり評価などを述べたりする活動。

話し手が自分の考えを話したり，聞き手が質問したり評価などを述べたりする言語活動を例示している。

第3学年では，これまでの学習を生かし，不特定多数の多様な考えをもつ相手に対しても，自分の考えを明確にして話したり，相手の考えを聞いて理解したりすることができるように，提案や主張を例示している。

主張とは，信頼性の高い情報を根拠として自分の考えを伝えることである。

また，提案や主張などを聞いて，聞き手が疑問に思った点を質問したり，話し手の表現の工夫について評価したりする活動を例示している。

イ 互いの考えを生かしながら議論や討論をする活動。

互いの考えを生かしながら話し合う言語活動を例示している。
　互いの考えを生かしながら話し合うとは，それぞれがもっている情報や考えの違いを調整しながら話し合うことである。互いの意見の部分的な内容を取り上げて大勢が納得できる結論を導き出したり，多様な考えを認めつつ互いが合意できる点を見いだしたりすることが考えられる。

B 書くこと

> (1) 書くことに関する次の事項を身に付けることができるよう指導する。
>   ア 目的や意図に応じて，社会生活の中から題材を決め，集めた材料の客観性や信頼性を確認し，伝えたいことを明確にすること。
>   イ 文章の種類を選択し，多様な読み手を説得できるように論理の展開などを考えて，文章の構成を工夫すること。
>   ウ 表現の仕方を考えたり資料を適切に引用したりするなど，自分の考えが分かりやすく伝わる文章になるように工夫すること。
>   エ 目的や意図に応じた表現になっているかなどを確かめて，文章全体を整えること。
>   オ 論理の展開などについて，読み手からの助言などを踏まえ，自分の文章のよい点や改善点を見いだすこと。
> (2) (1)に示す事項については，例えば，次のような言語活動を通して指導するものとする。
>   ア 関心のある事柄について批評するなど，自分の考えを書く活動。
>   イ 情報を編集して文章にまとめるなど，伝えたいことを整理して書く活動。

○題材の設定，情報の収集，内容の検討

小学校第5学年及び第6学年	第1学年	第2学年	第3学年
ア 目的や意図に応じて，感じたことや考えたことなどから書くことを選び，集めた材料を分類したり関係付けたりして，伝えたいことを明確にすること。	ア 目的や意図に応じて，日常生活の中から題材を決め，集めた材料を整理し，伝えたいことを明確にすること。	ア 目的や意図に応じて，社会生活の中から題材を決め，多様な方法で集めた材料を整理し，伝えたいことを明確にすること。	ア 目的や意図に応じて，社会生活の中から題材を決め，集めた材料の客観性や信頼性を確認し，伝えたいことを明確にすること。

ア 目的や意図に応じて，社会生活の中から題材を決め，集めた材料の客観性や信頼性を確認し，伝えたいことを明確にすること。

全学年を通して，目的や意図に応じて，伝えたいことを明確にすることを示している。第3学年では，第2学年と同じく，題材を求める範囲を，地域社会の中で見聞きしたことや，テレビや新聞などの様々な媒体を通じて伝えられることなど社会生活全般とした上で，集めた材料の客観性や信頼性を確認することを求め

ている。

　私たちの身の回りには多種多様な情報が溢れており，比較的容易に入手できるものも多いが，中には書き手の偏った主観によって提示されたもの，発信元が曖昧なもの，裏付けが見当たらないもの，いつの情報かが不明であるものなど，真偽等の判断が難しいものが含まれている。このことに十分留意し，自分の考えを支える根拠として，客観性や信頼性の高い適切な情報を，書く材料として用いることが求められる。情報を慎重に取捨選択し，場合によっては再度情報を収集し直すことも必要になる。こうしたことは，生徒が情報の発信者として責任のある表現を心掛ける姿勢を育むことにもつながる。

○構成の検討

小学校第5学年及び第6学年	第1学年	第2学年	第3学年
イ　筋道の通った文章となるように，文章全体の構成や展開を考えること。	イ　書く内容の中心が明確になるように，段落の役割などを意識して文章の構成や展開を考えること。	イ　伝えたいことが分かりやすく伝わるように，段落相互の関係などを明確にし，文章の構成や展開を工夫すること。	イ　文章の種類を選択し，多様な読み手を説得できるように論理の展開などを考えて，文章の構成を工夫すること。

イ　文章の種類を選択し，多様な読み手を説得できるように論理の展開などを考えて，文章の構成を工夫すること。

　文章の種類には，例えば，文学的な文章として詩歌，物語，小説，随筆，戯曲など，説明的な文章として説明，解説，論説など，実用的な文章として記録，報告，報道，手紙などがある。

　文章の種類を選択するには，これまでに読んだり書いたりした様々な種類の文章を想起し，書く目的や意図に応じて，伝えたいことを表現するのに適したものかどうかを判断する必要がある。

　文章は特定の読み手に対して書く場合もあるが，不特定多数の多様な読み手に対して書く場合もある。その場合，読み手は様々な立場にあったり様々な考えをもっていたりすることを想定し，どのような読み手からも一定の理解が得られるよう論理の展開を工夫することが求められる。

　論理の展開とは，結論や主張を導くための筋道の通った考えの進め方のことである。例えば，初めに自分の意見を述べ，それを裏付ける事実を示し，自分の意見の正当性を示す書き方，具体的事実から一般化し，自分の意見の正当性へと結び付ける書き方などがある。これらは，論理の展開を考える場合の基本となる組立て方である。このことを基本に据えて論理の展開を考えることが重要である。

また，このことが，様々な考えをもつ多様な読み手を説得できる文章を書くことにつながる。

○考えの形成，記述

小学校第5学年及び第6学年	第1学年	第2学年	第3学年
ウ 目的や意図に応じて簡単に書いたり詳しく書いたりするとともに，事実と感想，意見とを区別して書いたりするなど，自分の考えが伝わるように書き表し方を工夫すること。 エ 引用したり，図表やグラフなどを用いたりして，自分の考えが伝わるように書き表し方を工夫すること。	ウ 根拠を明確にしながら，自分の考えが伝わる文章になるように工夫すること。	ウ 根拠の適切さを考えて説明や具体例を加えたり，表現の効果を考えて描写したりするなど，自分の考えが伝わる文章になるように工夫すること。	ウ 表現の仕方を考えたり資料を適切に引用したりするなど，自分の考えが分かりやすく伝わる文章になるように工夫すること。

ウ　表現の仕方を考えたり資料を適切に引用したりするなど，自分の考えが分かりやすく伝わる文章になるように工夫すること。

　全学年を通して，自分の考えが伝わる文章になるように工夫することを示している。第3学年では，特に，表現の仕方を考えたり資料を適切に引用したりすることなどを求めている。

　表現の仕方とは，敬体と常体などの文体，語句や文末表現を工夫することをはじめとして，簡潔な述べ方と詳細な述べ方，断定的な述べ方と婉曲な述べ方，説明的な文章での中心的な部分と付加的な部分との関係や，事実と意見との関係，文学的な文章での描写の仕方や比喩などの表現の技法など，記述に関わる表現全般のことである。**表現の仕方を考える**際には，目的や意図，題材などに合わせて，第3学年までに学習した表現に係る様々なことを活用しながら工夫することが重要である。例えば，同じ内容を伝える場合も，幾つかの表現の中から適切な表現の仕方を選んだり，外部の資料を引用したりすることで，より分かりやすく伝えることができる。また，文章の種類によっては，例えば，内容のまとまりごとに見出しを付けたり番号を振ったり，注釈を付けたりする工夫も考えられる。

　資料を適切に引用するためには，客観性や信頼性の高い資料を選んで用い，自分の考えの根拠としてふさわしいかどうかについて検討したり，引用部分を明ら

かにした上で，資料が伝えたいことと自分の考えとの関係について補足したりすることが重要である。なお，引用の際には，かぎ（「　」）でくくること，出典を明示すること，引用する文章が適切な量であることなどが求められる。図表などを引用する際は，本文に「図1は，〜」，「表1は，〜」といった表現を用いて本文との関連を示すことなども必要である。

○推敲

小学校第5学年及び第6学年	第1学年	第2学年	第3学年
オ　文章全体の構成や書き表し方などに着目して，文や文章を整えること。	エ　読み手の立場に立って，表記や語句の用法，叙述の仕方などを確かめて，文章を整えること。	エ　読み手の立場に立って，表現の効果などを確かめて，文章を整えること。	エ　目的や意図に応じた表現になっているかなどを確かめて，文章全体を整えること。

エ　目的や意図に応じた表現になっているかなどを確かめて，文章全体を整えること。

　第1学年及び第2学年のエを受けて，文章全体を整えることを示している。第3学年では，特に，文章を書く目的や意図に応じた表現になっているかなどを確かめることを求めている。

　文章全体を俯瞰して捉え，第1学年及び第2学年で取り上げた「表記や語句の用法，叙述の仕方」，「表現の効果」に加え，第3学年のア，イ，ウの指導事項に示された内容などに着目して，読み手の立場に立った客観的な視点から，目的や意図に応じた表現に整えることが求められる。

○共有

小学校第5学年及び第6学年	第1学年	第2学年	第3学年
カ　文章全体の構成や展開が明確になっているかなど，文章に対する感想や意見を伝え合い，自分の文章のよいところを見付けること。	オ　根拠の明確さなどについて，読み手からの助言などを踏まえ，自分の文章のよい点や改善点を見いだすこと。	オ　表現の工夫とその効果などについて，読み手からの助言などを踏まえ，自分の文章のよい点や改善点を見いだすこと。	オ　論理の展開などについて，読み手からの助言などを踏まえ，自分の文章のよい点や改善点を見いだすこと。

オ　論理の展開などについて，読み手からの助言などを踏まえ，自分の文章のよい点や改善点を見いだすこと。

　全学年を通して，読み手からの助言などを踏まえ，自分の文章のよい点や改善

点を見いだすことを示している。第3学年では，特に，論理の展開などの観点からよい点や改善点を見いだすことを求めている。

具体的には，書いた目的や意図に照らして，伝えていることに対して読み手は納得したか，それはどのような論理の展開のためか，首尾一貫した矛盾のない文章になっているかなどについて検討することが考えられる。また，どのように改善するとよいかなど，次の自分の書く活動へ生かす具体的な視点を得ることも重要である。

○言語活動例

第1学年	第2学年	第3学年
ア　本や資料から文章や図表などを引用して説明したり記録したりするなど，事実やそれを基に考えたことを書く活動。	ア　多様な考えができる事柄について意見を述べるなど，自分の考えを書く活動。	ア　関心のある事柄について批評するなど，自分の考えを書く活動。
イ　行事の案内や報告の文章を書くなど，伝えるべきことを整理して書く活動。	イ　社会生活に必要な手紙や電子メールを書くなど，伝えたいことを相手や媒体を考慮して書く活動。	イ　情報を編集して文章にまとめるなど，伝えたいことを整理して書く活動。
ウ　詩を創作したり随筆を書いたりするなど，感じたことや考えたことを書く活動。	ウ　短歌や俳句，物語を創作するなど，感じたことや想像したことを書く活動。	

ア　関心のある事柄について批評するなど，自分の考えを書く活動。

関心のある事柄について批評するなど，自分の考えを書く言語活動を例示している。

第3学年では，生徒の視野が一層広がるように，書く対象に対する書き手の主観だけでなく，客観的に物事を捉えながら自分の考えを書く活動を例示している。

批評するとは，対象とする事柄について，そのものの特性や価値などについて，根拠をもって論じたり評価したりすることである。

イ　情報を編集して文章にまとめるなど，伝えたいことを整理して書く活動。

複数の情報を編集して文章にまとめるなど，伝えたいことを整理して書く言語活動を例示している。

例えば，新聞，リーフレットやパンフレット，発表のための資料を作成するなど，情報を編集して文章にまとめることが考えられる。

これらの文章は，伝えたいことに合わせて様々な情報を収集し，書く目的や形式に応じて分量を考え，引用したり加工したりしてまとめるものである。一人でまとめることもあれば，複数でまとめることもある。

C　読むこと

> (1) 読むことに関する次の事項を身に付けることができるよう指導する。
> 　ア　文章の種類を踏まえて，論理や物語の展開の仕方などを捉えること。
> 　イ　文章を批判的に読みながら，文章に表れているものの見方や考え方について考えること。
> 　ウ　文章の構成や論理の展開，表現の仕方について評価すること。
> 　エ　文章を読んで考えを広げたり深めたりして，人間，社会，自然などについて，自分の意見をもつこと。
> (2) (1)に示す事項については，例えば，次のような言語活動を通して指導するものとする。
> 　ア　論説や報道などの文章を比較するなどして読み，理解したことや考えたことについて討論したり文章にまとめたりする活動。
> 　イ　詩歌や小説などを読み，批評したり，考えたことなどを伝え合ったりする活動。
> 　ウ　実用的な文章を読み，実生活への生かし方を考える活動。

○構造と内容の把握

小学校第5学年及び第6学年	第1学年	第2学年	第3学年
ア　事実と感想，意見などとの関係を叙述を基に押さえ，文章全体の構成を捉えて要旨を把握すること。	ア　文章の中心的な部分と付加的な部分，事実と意見との関係などについて叙述を基に捉え，要旨を把握すること。	ア　文章全体と部分との関係に注意しながら，主張と例示との関係や登場人物の設定の仕方などを捉えること。	ア　文章の種類を踏まえて，論理や物語の展開の仕方などを捉えること。
イ　登場人物の相互関係や心情などについて，描写を基に捉えること。	イ　場面の展開や登場人物の相互関係，心情の変化などについて，描写を基に捉えること。		

ア　文章の種類を踏まえて，論理や物語の展開の仕方などを捉えること。

説明的な文章と文学的な文章の両方に関する指導事項である。

第2学年のアを受けて，論理や物語の展開の仕方などを捉えることを示している。第3学年では，様々な文章の種類を踏まえて，説明的な文章の論理の展開の仕方や文学的な文章の物語の展開の仕方などを捉えることを求めている。

文章の種類を踏まえるとは，説明や論説の文章，物語や小説，詩歌など，小学校から第2学年までに学んだ様々な文章の特性を踏まえて，その展開を捉えることを示している。

　主として説明的な文章において，**論理**の展開の仕方を捉えることを求めている。文章の論述の過程には，書き手のものの見方や考えの進め方が表れている。このような書き手の論理の展開を捉えることで，文章の内容を正確に理解することができる。

　また，文学的な文章において，**物語の展開の仕方**を捉えることを求めている。物語の展開には，出来事の印象を深めたり次の展開への期待を促したりするなどの多様な工夫がなされている。このような展開の仕方を捉えることで，文章全体への理解を更に深めることができる。

○精査・解釈

小学校第5学年及び第6学年	第1学年	第2学年	第3学年
ウ　目的に応じて，文章と図表などを結び付けるなどして必要な情報を見付けたり，論の進め方について考えたりすること。	ウ　目的に応じて必要な情報に着目して要約したり，場面と場面，場面と描写などを結び付けたりして，内容を解釈すること。	イ　目的に応じて複数の情報を整理しながら適切な情報を得たり，登場人物の言動の意味などについて考えたりして，内容を解釈すること。	イ　文章を批判的に読みながら，文章に表れているものの見方や考え方について考えること。
エ　人物像や物語などの全体像を具体的に想像したり，表現の効果を考えたりすること。		ウ　文章と図表などを結び付け，その関係を踏まえて内容を解釈すること。	
	エ　文章の構成や展開，表現の効果について，根拠を明確にして考えること。	エ　観点を明確にして文章を比較するなどし，文章の構成や論理の展開，表現の効果について考えること。	ウ　文章の構成や論理の展開，表現の仕方について評価すること。

イ　文章を批判的に読みながら，文章に表れているものの見方や考え方について考えること。

　第2学年のイを受けて，文章を批判的に読んでものの見方や考え方について考えることを示している。

　文章を批判的に読むとは，文章に書かれていることをそのまま受け入れるのではなく，文章を対象化して，吟味したり検討したりしながら読むことである。

　説明的な文章では，例えば，文章中で述べられている主張と根拠との関係が適

切か，根拠は確かなものであるかどうかなど，述べられている内容の信頼性や客観性を吟味しながら読むことが求められる。その上で，**文章に表れているものの見方や考え方について**，自分の知識や経験などと照らし合わせて，納得や共感ができるか否かなどを考えることが重要である。

　文学的な文章においても，例えば，登場人物の行動や物語の展開の意味を考えたり，登場人物と自分との考え方の違いを確認したりするなど，批判的に読むことが重要である。

ウ　文章の構成や論理の展開，表現の仕方について評価すること。

　第2学年のエの「文章の構成や論理の展開，表現の効果について考えること」を受けて，文章の構成や論理の展開，表現の仕方について評価することを示している。

　文章の構成や論理の展開について評価するとは，文章の構成や論理の展開が分かりやすく適切なものであるか，読み手の共感を得るために有効であるかなどを根拠に基づいて判断し，その意味などについて考えることである。

　表現の仕方について評価するとは，様々な表現の仕方が，文章の内容や書き手の考えを正確に伝えたり印象付けたりする上でどのような効果を上げているかなどを根拠に基づいて判断し，その意味などについて考えることである。

　書き手の表現の仕方を評価することを，自分が文章を書く際に役立てるようにすることも重要である。

○考えの形成，共有

小学校第5学年及び第6学年	第1学年	第2学年	第3学年
オ　文章を読んで理解したことに基づいて，自分の考えをまとめること。 カ　文章を読んでまとめた意見や感想を共有し，自分の考えを広げること。	オ　文章を読んで理解したことに基づいて，自分の考えを確かなものにすること。	オ　文章を読んで理解したことや考えたことを知識や経験と結び付け，自分の考えを広げたり深めたりすること。	エ　文章を読んで考えを広げたり深めたりして，人間，社会，自然などについて，自分の意見をもつこと。

エ　文章を読んで考えを広げたり深めたりして，人間，社会，自然などについて，自分の意見をもつこと。

　第2学年のオを受けて，本や文章を読んで考えを広げたり深めたりし，人間，社会，自然などについての自分の考えをもつことを示している。

人間，社会，自然などについて，自分の意見をもつとは，様々な文章を読むことを通して，そこに表れているものの見方や考え方から，人間，社会，自然などについて思いを巡らせ，自分の考えをもつことである。

　「構造と内容の把握」や「精査・解釈」の学習過程を通して理解したことや評価したことなどを結び付けて自分の考えを明確にもち，文章に表れているものの見方や考え方と比べたり，他者の考えと比べたりすることによって，自分の考えを広げたり深めたりすることが求められる。義務教育修了段階として，社会生活の中の様々な事象について，より広い視野をもって自分の意見を形成することができるようにすることが重要である。その際，例えば，〔知識及び技能〕の(3)「オ　自分の生き方や社会との関わり方を支える読書の意義と効用について理解すること。」などとの関連を図り，日常の読書活動と結び付くようにすることが考えられる。

○言語活動例

第1学年	第2学年	第3学年
ア　説明や記録などの文章を読み，理解したことや考えたことを報告したり文章にまとめたりする活動。	ア　報告や解説などの文章を読み，理解したことや考えたことを説明したり文章にまとめたりする活動。	ア　論説や報道などの文章を比較するなどして読み，理解したことや考えたことについて討論したり文章にまとめたりする活動。
イ　小説や随筆などを読み，考えたことなどを記録したり伝え合ったりする活動。	イ　詩歌や小説などを読み，引用して解説したり，考えたことなどを伝え合ったりする活動。	イ　詩歌や小説などを読み，批評したり，考えたことなどを伝え合ったりする活動。
ウ　学校図書館などを利用し，多様な情報を得て，考えたことなどを報告したり資料にまとめたりする活動。	ウ　本や新聞，インターネットなどから集めた情報を活用し，出典を明らかにしながら，考えたことなどを説明したり提案したりする活動。	ウ　実用的な文章を読み，実生活への生かし方を考える活動。

ア　論説や報道などの文章を比較するなどして読み，理解したことや考えたことについて討論したり文章にまとめたりする活動。

　説明的な文章を比較するなどして読み，理解したことや考えたことについて討論したり文章にまとめたりする言語活動を例示している。

　取り上げる文章としては，社会生活の中で目にすることの多い論説や報道などの文章が考えられる。

　論説の文章については，新聞の論説をはじめ，物事の理非を論じる文章を想定している。また，**報道**の文章については，新聞や雑誌，インターネットに掲載さ

れている文章などを想定している。これらは，書き手が一定の立場や論点で意見や評価を述べたものである。

　理解したことや考えたことについて討論したり文章にまとめたりする際には，例えば，文章を読んで得た知識や考えを基に，討論会を行ったりノートやレポート等にまとめたりすることが考えられる。

イ　詩歌や小説などを読み，批評したり，考えたことなどを伝え合ったりする活動。

　文学的な文章を読んで批評したり，それらを読んで考えたことなどを伝え合ったりする言語活動を例示している。

　取り上げる文章としては，詩，俳句，短歌，小説などが考えられる。

　批評するとは，対象とする物事や作品などについて，そのものの特性や価値などについて，論じたり，評価したりすることである。

　考えたことなどを伝え合う際には，例えば，物語の展開の仕方や表現の効果について，根拠となる部分を挙げて客観的に説明することが考えられる。

ウ　実用的な文章を読み，実生活への生かし方を考える活動。

　様々な実用的な文章を読み，読んだ内容を実生活において生かすことを想定した言語活動を例示している。

　実用的な文章としては，広告，商品などの説明資料，取扱説明書，行政機関からのお知らせなどとして書かれた多様な文章が考えられる。義務教育修了段階である第3学年において，実生活で読むことが想定される様々な実用的な文章を，必要に応じて読み，活用することが重要である。

　実生活への生かし方を考えるとは，実用的な文章を読み，実生活の場面を想定した対応を考えることである。

第4章　指導計画の作成と内容の取扱い

● 1　指導計画作成上の配慮事項

○主体的・対話的で深い学びの実現に向けた授業改善に関する配慮事項

> 1　指導計画の作成に当たっては，次の事項に配慮するものとする。
> (1) 単元など内容や時間のまとまりを見通して，その中で育む資質・能力の育成に向けて，生徒の主体的・対話的で深い学びの実現を図るようにすること。その際，言葉による見方・考え方を働かせ，言語活動を通して，言葉の特徴や使い方などを理解し自分の思いや考えを深める学習の充実を図ること。

　この事項は，国語科の指導計画の作成に当たり，生徒の主体的・対話的で深い学びの実現を目指した授業改善を進めることとし，国語科の特質に応じて，効果的な学習が展開できるように配慮すべき内容を示したものである。

　国語科の指導に当たっては，(1)「知識及び技能」が習得されること，(2)「思考力，判断力，表現力等」を育成すること，(3)「学びに向かう力，人間性等」を涵養することが偏りなく実現されるよう，単元など内容や時間のまとまりを見通しながら，主体的・対話的で深い学びの実現に向けた授業改善を行うことが重要である。

　生徒に国語科の指導を通して「知識及び技能」や「思考力，判断力，表現力等」の育成を目指す授業改善を行うことはこれまでも多くの実践が重ねられてきている。そのような着実に取り組まれてきた実践を否定し，全く異なる指導方法を導入しなければならないと捉えるのではなく，生徒や学校の実態，指導の内容に応じ，「主体的な学び」，「対話的な学び」，「深い学び」の視点から授業改善を図ることが重要である。

　主体的・対話的で深い学びは，必ずしも１単位時間の授業の中で全てが実現されるものではない。単元など内容や時間のまとまりの中で，例えば，主体的に学習に取り組めるよう学習の見通しを立てたり学習したことを振り返ったりして自身の学びや変容を自覚できる場面をどこに設定するか，対話によって自分の考えなどを広げたり深めたりする場面をどこに設定するか，学びの深まりをつくりだすために，生徒が考える場面と教師が教える場面をどのように組み立てるか，といった視点で授業改善を進めることが求められる。また，生徒や学校の実態に応

じ，多様な学習活動を組み合わせて授業を組み立てていくことが重要であり，単元のまとまりを見通した学習を行うに当たり基礎となる知識及び技能の習得に課題が見られる場合には，それを身に付けるために，生徒の主体性を引き出すなどの工夫を重ね，確実な習得を図ることが必要である。

　主体的・対話的で深い学びの実現に向けた授業改善を進めるに当たり，特に「深い学び」の視点に関して，各教科等の学びの深まりの鍵となるのが「見方・考え方」である。各教科等の特質に応じた物事を捉える視点や考え方である「見方・考え方」を，習得・活用・探究という学びの過程の中で働かせることを通じて，より質の高い深い学びにつなげることが重要である。

　国語科は，様々な事物，経験，思い，考え等をどのように言葉で理解し，どのように言葉で表現するか，という言葉を通じた理解や表現及びそこで用いられる言葉そのものを学習対象としている。**言葉による見方・考え方を働かせる**とは，生徒が学習の中で，対象と言葉，言葉と言葉との関係を，言葉の意味，働き，使い方等に着目して捉えたり問い直したりして，言葉への自覚を高めることであると考えられる。この「対象と言葉，言葉と言葉との関係を，言葉の意味，働き，使い方等に着目して捉えたり問い直したり」するとは，言葉で表される話や文章を，意味や働き，使い方などの言葉の様々な側面から総合的に思考・判断し，理解したり表現したりすること，また，その理解や表現について，改めて言葉に着目して吟味することを示したものと言える。

　なお，このことは，話や文章を理解したり表現したりする際に必要となるものであるため，これまでも国語科の授業実践の中で，生徒が言葉に着目して学習に取り組むことにより「知識及び技能」や「思考力，判断力，表現力等」が身に付くよう，授業改善の創意工夫が図られてきたところである。

　国語科において授業改善を進めるに当たっては，言葉の特徴や使い方などの「知識及び技能」や，自分の思いや考えを深めるための「思考力，判断力，表現力等」といった指導事項に示す資質・能力を育成するため，これまでも国語科の授業実践の中で取り組まれてきたように，生徒が言葉に着目し，言葉に対して自覚的になるよう，学習指導の創意工夫を図ることが期待される。

〇弾力的な指導に関する配慮事項

> (2) 第2の各学年の内容の指導については，必要に応じて当該学年の前後の学年で取り上げることもできること。

第2の各学年の内容は、生徒の発達の段階を踏まえて3学年に分けて示している。この事項は、前後の学年を考慮して弾力的に指導することができるように指導計画を立てる必要があることを述べたものである。

　指導計画の作成に当たっては、小学校における指導内容を考慮した上で、生徒の発達や学習の状況に応じて、学習のねらいや生徒の興味・関心を考えながら計画を立てる必要がある。その際、各学年の内容に基づきながらも、その前の学年において初歩的な形で取り上げたり、後の学年において程度を高めて取り上げたりして指導することも考えられる。また、生徒の言語能力が螺旋的に高まるよう、各学年の学習指導を孤立させず、生徒の発達の段階を見通して目標の系統性を保ちながら柔軟かつ弾力的な運用を図り、系統化した効果的な指導がなされるよう計画を立てていくことが大切である。

○〔知識及び技能〕に関する配慮事項

> (3) 第2の各学年の内容の〔知識及び技能〕に示す事項については、〔思考力、判断力、表現力等〕に示す事項の指導を通して指導することを基本とし、必要に応じて、特定の事項だけを取り上げて指導したり、それらをまとめて指導したりするなど、指導の効果を高めるよう工夫すること。

　〔知識及び技能〕に示す事項は〔思考力、判断力、表現力等〕に示す事項の指導を通して行うことを基本とすることを示すとともに、指導の効果を高めるための弾力的な時間割編成に関する取扱いを示したものである。具体的には、〔知識及び技能〕に示す事項の定着を図るため、必要に応じて、特定の事項を取り上げて繰り返し指導したり、まとめて単元化して扱ったりすることもできることを示している。

　これは、言葉の特徴やきまりなどについて、生徒の興味・関心や学習の必要に応じ、ある程度まとまった「知識及び技能」を習得させるような指導もできることを示している。

○「A 話すこと・聞くこと」に関する配慮事項

> (4) 第2の各学年の内容の〔思考力、判断力、表現力等〕の「A 話すこと・聞くこと」に関する指導については、第1学年及び第2学年では年間15〜25単位時間程度、第3学年では年間10〜20単位時間程度を配当すること。その際、音声言語のための教材を積極的に活用するなどして、指導

> の効果を高めるよう工夫すること。

〔思考力，判断力，表現力等〕の「A話すこと・聞くこと」に関する指導について，指導計画に適切に位置付け，確実に実施するよう，学年ごとに配当する年間の授業時数を示している。

指導計画の作成に当たっては，例えば，ある程度まとまった時間を学期ごとに配分して計画する場合，年間を通して週時間を割り当てて計画する場合，更にその両方を組み合わせて計画する場合などが考えられる。

また，教材については，録音や録画のための機器などを積極的に活用することで，指導の効果を高めるように留意する。

○「B書くこと」に関する配慮事項

> (5) 第2の各学年の内容の〔思考力，判断力，表現力等〕の「B書くこと」に関する指導については，第1学年及び第2学年では年間30〜40単位時間程度，第3学年では年間20〜30単位時間程度を配当すること。その際，実際に文章を書く活動を重視すること。

〔思考力，判断力，表現力等〕の「B書くこと」に関する指導について，指導計画に適切に位置付け，確実に実施するよう，学年ごとに配当する年間の授業時数を示している。

指導計画の作成に当たっては，例えば，ある程度まとまった時間を学期ごとに配分して計画する場合，年間を通して週時間を割り当てて計画する場合，更にその両方を組み合わせて計画する場合などが考えられる。

書くことに関する資質・能力が確実に育成できるように，実際に文章を書く活動を多くすることが必要である。

○「読書」及び「C読むこと」に関する配慮事項

> (6) 第2の第1学年及び第3学年の内容の〔知識及び技能〕の(3)のオ，第2学年の内容の〔知識及び技能〕の(3)のエ，各学年の内容の〔思考力，判断力，表現力等〕の「C読むこと」に関する指導については，様々な文章を読んで，自分の表現に役立てられるようにするとともに，他教科等における読書の指導や学校図書館における指導との関連を考えて行うこと。

読書は，国語科で育成を目指す資質・能力をより高める重要な活動の一つである。このため，今回の改訂では，読書に関する指導事項を〔知識及び技能〕の(3)に位置付けている。〔知識及び技能〕の読書に関する指導事項及び〔思考力，判断力，表現力等〕の「C読むこと」の指導を通して，生徒の読書意欲を高め，生徒が様々な文章を読んで，自分の表現に役立てられるようになるよう配慮することが重要である。

　また，国語科における読書の指導は，国語科以外の，学校の教育活動全体における読書の指導との密接な連携を図っていく必要がある。他教科等における読書の指導や学校図書館における指導，全校一斉の読書活動などとの関連を考慮した指導計画を作成することなどが求められる。

○他教科等との関連についての配慮事項

> (7) 言語能力の向上を図る観点から，外国語科など他教科等との関連を積極的に図り，指導の効果を高めるようにすること。

　言語能力は，全ての教科等における学習の基盤となる資質・能力である。このため，第1章総則の第3の1(2)において，「言語能力の育成を図るため，各学校において必要な言語環境を整えるとともに，国語科を要としつつ各教科等の特質に応じて，生徒の言語活動を充実すること。」とされているとおり，言語能力の育成に向けて，国語科が中心的な役割を担いながら，教科等横断的な視点から教育課程の編成を図ることが重要である。

　指導計画の作成に当たっては，他教科等の内容の系統性や関連性を考慮することが求められる。その際，国語科と同様，言語を直接の学習対象とする外国語科との連携は特に重要なものとなる。

　例えば，国語科の学習内容が外国語科等の学習に結び付くよう指導の時期を工夫すること，関連のある学習内容や言語活動を取り上げた単元の設定を工夫することなどが考えられる。

○障害のある生徒への配慮についての事項

> (8) 障害のある生徒などについては，学習活動を行う場合に生じる困難さに応じた指導内容や指導方法の工夫を計画的，組織的に行うこと。

　障害者の権利に関する条約に掲げられたインクルーシブ教育システムの構築を

目指し，生徒の自立と社会参加を一層推進していくためには，通常の学級，通級による指導，特別支援学級，特別支援学校において，生徒の十分な学びを確保し，一人一人の生徒の障害の状態や発達の段階に応じた指導や支援を一層充実させていく必要がある。

通常の学級においても，発達障害を含む障害のある生徒が在籍している可能性があることを前提に，全ての教科等において，一人一人の教育的ニーズに応じたきめ細かな指導や支援ができるよう，障害種別の指導の工夫のみならず，各教科等の学びの過程において考えられる困難さに対する指導の工夫の意図，手立てを明確にすることが重要である。

これを踏まえ，今回の改訂では，障害のある生徒などの指導に当たっては，個々の生徒によって，見えにくさ，聞こえにくさ，道具の操作の困難さ，移動上の制約，健康面や安全面での制約，発音のしにくさ，心理的な不安定，人間関係形成の困難さ，読み書きや計算等の困難さ，注意の集中を持続することが苦手であることなど，学習活動を行う場合に生じる困難さが異なることに留意し，個々の生徒の困難さに応じた指導内容や指導方法を工夫することを，各教科等において示している。

その際，国語科の目標や内容の趣旨，学習活動のねらいを踏まえ，学習内容の変更や学習活動の代替を安易に行うことがないよう留意するとともに，生徒の学習負担や心理面にも配慮する必要がある。

例えば，国語科における配慮として，次のようなものが考えられる。

- 自分の立場以外の視点で考えたり他者の感情を理解したりするのが困難な場合には，生徒が身近に感じられる文章（例えば，同年代の主人公の物語など）を取り上げ，文章に表れている心情やその変化等が分かるよう，行動の描写や会話文に含まれている気持ちがよく伝わってくる語句等に気付かせたり，心情の移り変わりが分かる文章の中のキーワードを示したり，心情の変化を図や矢印などで視覚的に分かるように示してから言葉で表現させたりするなどの配慮をする。
- 比較的長い文章を書くなど，一定量の文字を書くことが困難な場合には，文字を書く負担を軽減するため，手書きだけではなくICT機器を使って文章を書くことができるようにするなどの配慮をする。
- 声を出して発表することに困難がある場合や人前で話すことへの不安を抱いている場合には，紙やホワイトボードに書いたものを提示したりICT機器を活用したりして発表するなど，多様な表現方法が選択できるように工夫し，自分の考えを表すことに対する自信がもてるような配慮をする。

なお，学校においては，こうした点を踏まえ，個別の指導計画を作成し，必要

な配慮を記載し，他教科等の担任と共有したり，翌年度の担任等に引き継いだりすることが必要である。

○道徳科などとの関連についての配慮事項

> (9) 第1章総則の第1の2の(2)に示す道徳教育の目標に基づき，道徳科などとの関連を考慮しながら，第3章特別の教科道徳の第2に示す内容について，国語科の特質に応じて適切な指導をすること。

国語科の指導においては，その特質に応じて，道徳について適切に指導する必要があることを示している。

第1章総則の第1の2(2)においては，「学校における道徳教育は，特別の教科である道徳（以下「道徳科」という。）を要として学校の教育活動全体を通じて行うものであり，道徳科はもとより，各教科，総合的な学習の時間及び特別活動のそれぞれの特質に応じて，生徒の発達の段階を考慮して，適切な指導を行うこと」と規定されている。

国語科における道徳教育の指導においては，学習活動や学習態度への配慮，教師の態度や行動による感化とともに，以下に示すような国語科と道徳教育との関連を明確に意識しながら，適切な指導を行う必要がある。

- 国語で正確に理解したり適切に表現したりする資質・能力を育成する上で，社会生活における人との関わりの中で伝え合う力を高めることは，学校の教育活動全体で道徳教育を進めていくための基盤となるものである。また，思考力や想像力を養うこと及び言語感覚を豊かにすることは，道徳的心情や道徳的判断力を養う基本になる。さらに，我が国の言語文化に関わり，国語を尊重してその能力の向上を図る態度を養うことは，伝統と文化を尊重し，それらを育んできた我が国と郷土を愛することなどにつながるものである。
- 第3の3(2)には，教材選定の観点として，道徳性の育成に資する項目を国語科の特質に応じて示している。

次に，道徳教育の要としての特別の教科である道徳（以下「道徳科」という。）の指導との関連を考慮する必要がある。国語科で扱った内容や教材の中で適切なものを，道徳科に活用することが効果的な場合もある。また，道徳科で取り上げたことに関係のある内容や教材を国語科で扱う場合には，道徳科における指導の成果を生かすように工夫することも考えられる。そのためにも，国語科の年間指導計画の作成などに際して，道徳教育の全体計画との関連，指導の内容及び時期等に配慮し，両者が相互に効果を高め合うようにすることが大切である。

2 内容の取扱いについての配慮事項

○〔知識及び技能〕に示す事項の取扱い

> 2　第2の内容の取扱いについては，次の事項に配慮するものとする。
> 　(1)〔知識及び技能〕に示す事項については，次のとおり取り扱うこと。
> 　　ア　日常の言語活動を振り返ることなどを通して，生徒が，実際に話したり聞いたり書いたり読んだりする場面を意識できるよう指導を工夫すること。

〔知識及び技能〕に示す事項の取扱いを示している。

〔知識及び技能〕に示す事項は，個別の事実的な知識や，一定の手順や段階を追って身に付く技能のみを指すものではないため，実際に話したり聞いたり書いたり読んだりする場面において，生きて働く「知識及び技能」として習得することが求められる。

そのため，指導に当たっては，生徒が，日常の言語活動の中にある言葉の特徴やきまりなどに気付くことや，学習したことを日常の話したり聞いたり書いたり読んだりする場面に生かすことを意識しながら学習できるようにすることが重要である。

> 　　イ　漢字の指導については，第2の内容に定めるほか，次のとおり取り扱うこと。
> 　　　(ｱ)　他教科等の学習において必要となる漢字については，当該教科等と関連付けて指導するなど，その確実な定着が図られるよう工夫すること。

漢字に関する事項の取扱いを示している。

小学校と同様に，他教科等の学習に必要となる漢字については，指導する時期や内容を意図的，計画的に位置付けるなど，当該教科等と関連付けた指導を行い，その確実な定着を図ることが求められる。

> 　　ウ　書写の指導については，第2の内容に定めるほか，次のとおり取り扱うこと。

> (ア) 文字を正しく整えて速く書くことができるようにするとともに、書写の能力を学習や生活に役立てる態度を育てるよう配慮すること。
> (イ) 硬筆を使用する書写の指導は各学年で行うこと。
> (ウ) 毛筆を使用する書写の指導は各学年で行い、硬筆による書写の能力の基礎を養うよう指導すること。
> (エ) 書写の指導に配当する授業時数は、第1学年及び第2学年では年間20単位時間程度、第3学年では年間10単位時間程度とすること。

書写に関する事項の取扱いを示している。

(ア)は、書写の指導におけるねらいを明確にしたものである。中学校では、文字を正確に読みやすく書くことができるという、文字の伝達性を重視した指導が求められる。その際、**正しく整えて**はひとまとまりの言葉であるとして考える必要がある。また、**速く**は、中学校における書写の中心的な学習内容となる漢字の行書及びそれに調和した仮名を書くことのねらいである。漢字の楷書及びそれに調和した仮名についても、**正しく整えて速く書くこと**ができるようにすることが必要である。

その上で、書写の学習で身に付けた資質・能力を、各教科等の学習や生活の様々な場面で積極的に生かす態度を育成することを求めている。様々な場面とは、例えば、学習した内容をノートに書いたり調べたことを模造紙にまとめたりすること、親しい人に手紙を書くことなどが考えられる。また、我が国の伝統文化である書き初めに取り組むことなどを通して、書写の能力が生活の中の様々な行事に生きていることを実感することも大切である。

(イ)及び(ウ)は、硬筆及び毛筆を使用する書写の指導は各学年で行うことを示している。その上で(ウ)は、毛筆を使用する書写の指導が、硬筆による書写の能力の基礎を養うことをねらいとしていることを明確にしたものである。このことは、我が国の豊かな文字文化を理解し、継承、創造していくための基礎ともなる。**硬筆による書写の能力の基礎を養う**ために、毛筆による書写の指導が一層効果的に働くことが求められる。また、各学年に示した書写の授業時数に応じて、毛筆を使用する書写の指導と硬筆を使用する書写の指導との割合を各学校と生徒の実態に即して、適切に設定することが求められる。

(エ)では、書写の配当時数について、第1学年及び第2学年では年間20単位時間程度、第3学年では年間10単位時間程度とすることを示している。指導計画の作成に当たり、書写の指導を取り上げて計画する場合には、〔知識及び技能〕や〔思考力、判断力、表現力等〕の指導と関連させた指導計画になるよう配慮することが重要である。

○**情報機器の活用に関する事項**

> (2) 第2の内容の指導に当たっては，生徒がコンピュータや情報通信ネットワークを積極的に活用する機会を設けるなどして，指導の効果を高めるよう工夫すること。

　コンピュータや情報通信ネットワークの活用について示している。情報化社会の進展を見据え，国語科の学習においても，情報収集や情報発信の手段として，インターネットや電子辞書等の活用，コンピュータによる発表資料の作成やプロジェクターによる提示など，コンピュータや情報通信ネットワークを活用する機会を設けることが重要である。

○**学校図書館などの活用に関する事項**

> (3) 第2の内容の指導に当たっては，学校図書館などを目的をもって計画的に利用しその機能の活用を図るようにすること。

　学校図書館は，生徒の読書活動や生徒への読書指導の場である「読書センター」，生徒の学習活動を支援したり授業の内容を豊かにしてその理解を深めたりする「学習センター」，生徒や教職員の情報ニーズに対応したり生徒の情報の収集・選択・活用能力を育成したりする「情報センター」としての機能を有している。

　〔知識及び技能〕及び〔思考力，判断力，表現力等〕に示す事項の指導に当たっては，本などの種類や配置，探し方など，小学校で学習した内容を踏まえながら，学校図書館などを利用する目的を明確にした上で計画的に利用し，これらの機能の活用を図ることが必要である。

3 教材についての配慮事項

> 3 教材については、次の事項に留意するものとする。
> (1) 教材は、第2の各学年の目標及び内容に示す資質・能力を偏りなく養うことや読書に親しむ態度を育成することをねらいとし、生徒の発達の段階に即して適切な話題や題材を精選して調和的に取り上げること。また、第2の各学年の内容の〔思考力、判断力、表現力等〕の「A話すこと・聞くこと」、「B書くこと」及び「C読むこと」のそれぞれの(2)に掲げる言語活動が十分行われるよう教材を選定すること。

　教科及び各学年の目標、〔知識及び技能〕及び〔思考力、判断力、表現力等〕に示す資質・能力を偏りなく養うことや読書に親しむ態度の育成をねらいとして、教材を選定することを示している。生徒の発達の段階に即して適切な話題や題材、話や文章の種類などを調和的に選定し、特に、〔思考力、判断力、表現力等〕においては、各領域の指導が適切に行われるよう、年間を通してバランスよく教材を配当することが重要である。

　また、〔思考力、判断力、表現力等〕の各領域の指導の充実を図るため、各領域の(2)に例示している言語活動が十分に行われるよう、教材を偏りなく取り上げるように配慮することを示している。

> (2) 教材は、次のような観点に配慮して取り上げること。
> 　ア 国語に対する認識を深め、国語を尊重する態度を育てるのに役立つこと。
> 　イ 伝え合う力、思考力や想像力を養い言語感覚を豊かにするのに役立つこと。
> 　ウ 公正かつ適切に判断する能力や創造的精神を養うのに役立つこと。
> 　エ 科学的、論理的に物事を捉え考察し、視野を広げるのに役立つこと。
> 　オ 人生について考えを深め、豊かな人間性を養い、たくましく生きる意志を育てるのに役立つこと。
> 　カ 人間、社会、自然などについての考えを深めるのに役立つこと。
> 　キ 我が国の伝統と文化に対する関心や理解を深め、それらを尊重する態度を育てるのに役立つこと。
> 　ク 広い視野から国際理解を深め、日本人としての自覚をもち、国際協調

の精神を養うのに役立つこと。

　教材選定に当たっては，内容の面でも教材の話題，題材を偏りなく選定するよう，8項目の観点を示している。国語を尊重する態度に関わるもの，国語科の目標や内容に関わるもの，生徒の内面的な生き方や豊かな人間性に関わるもの，我が国の伝統と文化に関わるもの，日本人としての自覚をもつことや国際理解や協調に関わるものなどである。

> (3) 第2の各学年の内容の〔思考力，判断力，表現力等〕の「C読むこと」の教材については，各学年で説明的な文章や文学的な文章などの文章の種類を調和的に取り扱うこと。また，説明的な文章については，適宜，図表や写真などを含むものを取り上げること。

　〔思考力，判断力，表現力等〕の「C読むこと」の教材について，生徒の発達や学習の状況に応じて，説明的な文章や文学的な文章などの文章の種類を調和的に取り扱うことを示している。

　また，実生活においては，図表や写真などを伴う文章が多いことから，指導のねらいに応じて，適宜，取り上げることを示している。図表や写真などを含むものとは，異なる形式で書かれた文章が組み合わされているもの，概念図や模式図，地図，表，グラフなどの様々な種類の図表や写真を伴う文章が挙げられる。これらの関係には，断片的な情報が互いに内容を補完し合っている場合，文章が図表などの解説になっている場合などがある。なお，取り上げる場合には，表やグラフの読み取りが学習の中心となるなど，他教科等において行うべき指導とならないよう留意する必要がある。

> (4) 我が国の言語文化に親しむことができるよう，近代以降の代表的な作家の作品を，いずれかの学年で取り上げること。

　いずれかの学年で近代以降の代表的な作家の作品を教材として取り上げることについて示している。各学年の〔知識及び技能〕の(3)の指導では，古典を教材として取り扱う。これにつながる，近代以降の代表的な作家の作品に触れることで，我が国の言語文化について一層理解し，これを継承・発展させる態度を育成することをねらいとしている。

> （5）古典に関する教材については，古典の原文に加え，古典の現代語訳，古典について解説した文章などを取り上げること。

　古典の指導に当たっては，古典の原文に加え，古典の現代語訳や古典について解説した文章などを教材として取り上げることを示している。

　中学校における古典の指導は，生徒が古典に親しみをもてるようにすることをねらいとしている。古典の原文は，古文や漢文特有のリズムを味わったり文語のきまりを知ったりする上で有効であるが，古典の指導は原文でなければ行えないというものではない。古典の文章の内容を概括したり古典の文章に関する様々な事柄に触れたりするためには，分かりやすい現代語訳や古典について解説した文章などを教材として適切に取り上げることが必要である。

付録

目次

- 付録1：学校教育法施行規則（抄）
- 付録2：中学校学習指導要領　第1章　総則
- 付録3：中学校学習指導要領　第2章　第1節　国語
- 付録4：教科の目標，各学年の目標及び内容の系統表（小・中学校国語科）
- 付録5：小学校学習指導要領　第2章　第1節　国語
- 付録6：中学校学習指導要領　第2章　第9節　外国語
- 付録7：中学校学習指導要領　第3章　特別の教科　道徳
- 付録8：「道徳の内容」の学年段階・学校段階の一覧表

学校教育法施行規則（抄）

昭和二十二年五月二十三日文部省令第十一号
一部改正：平成二十九年三月三十一日文部科学省令第二十号
平成三十年八月二十七日文部科学省令第二十七号

第四章　小学校

第二節　教育課程

第五十条　小学校の教育課程は，国語，社会，算数，理科，生活，音楽，図画工作，家庭，体育及び外国語の各教科（以下この節において「各教科」という。），特別の教科である道徳，外国語活動，総合的な学習の時間並びに特別活動によつて編成するものとする。

2　私立の小学校の教育課程を編成する場合は，前項の規定にかかわらず，宗教を加えることができる。この場合においては，宗教をもつて前項の特別の教科である道徳に代えることができる。

第五十四条　児童が心身の状況によつて履修することが困難な各教科は，その児童の心身の状況に適合するように課さなければならない。

第五十五条　小学校の教育課程に関し，その改善に資する研究を行うため特に必要があり，かつ，児童の教育上適切な配慮がなされていると文部科学大臣が認める場合においては，文部科学大臣が別に定めるところにより，第五十条第一項，第五十一条（中学校連携型小学校にあつては第五十二条の三，第七十九条の九第二項に規定する中学校併設型小学校にあつては第七十九条の十二において準用する第七十九条の五第一項）又は第五十二条の規定によらないことができる。

第五十五条の二　文部科学大臣が，小学校において，当該小学校又は当該小学校が設置されている地域の実態に照らし，より効果的な教育を実施するため，当該小学校又は当該地域の特色を生かした特別の教育課程を編成して教育を実施する必要があり，かつ，当該特別の教育課程について，教育基本法（平成十八年法律第百二十号）及び学校教育法第三十条第一項の規定等に照らして適切であり，児童の教育上適切な配慮がなされているものとして文部科学大臣が定める基準を満たしていると認める場合においては，文部科学大臣が別に定めるところにより，第五十条第一項，第五十一条（中学校連携型小学校にあつては第五十二条の三，第七十九条の九第二項に規定する中学校併設型小学校にあつては第七十九条の十二において準用する第七十九条の五第一項）又は第五十二条の規定の全部又は一部によらないことができる。

第五十六条　小学校において，学校生活への適応が困難であるため相当の期間小学校を欠席し引き続き欠席すると認められる児童を対象として，その実態に配慮した特別の教育課程を編成して教育を実施する必要があると文部科学大臣が認める場合においては，文部科学大臣が別に定めるところにより，第五十条第一項，第五十一条（中学校連携型小学校にあつては第五十二条の三，第七十九条の九第二項に規定する中学校併設型小学校にあつては第七十九条の十二において準用する第七十九条の五第一項）又は第五十二条の規定によら

ないことができる。

第五十六条の二　小学校において，日本語に通じない児童のうち，当該児童の日本語を理解し，使用する能力に応じた特別の指導を行う必要があるものを教育する場合には，文部科学大臣が別に定めるところにより，第五十条第一項，第五十一条（中学校連携型小学校にあつては第五十二条の三，第七十九条の九第二項に規定する中学校併設型小学校にあつては第七十九条の十二において準用する第七十九条の五第一項）及び第五十二条の規定にかかわらず，特別の教育課程によることができる。

第五十六条の三　前条の規定により特別の教育課程による場合においては，校長は，児童が設置者の定めるところにより他の小学校，義務教育学校の前期課程又は特別支援学校の小学部において受けた授業を，当該児童の在学する小学校において受けた当該特別の教育課程に係る授業とみなすことができる。

第五十六条の四　小学校において，学齢を経過した者のうち，その者の年齢，経験又は勤労の状況その他の実情に応じた特別の指導を行う必要があるものを夜間その他特別の時間において教育する場合には，文部科学大臣が別に定めるところにより，第五十条第一項，第五十一条（中学校連携型小学校にあつては第五十二条の三，第七十九条の九第二項に規定する中学校併設型小学校にあつては第七十九条の十二において準用する第七十九条の五第一項）及び第五十二条の規定にかかわらず，特別の教育課程によることができる。

第三節　学年及び授業日

第六十一条　公立小学校における休業日は，次のとおりとする。ただし，第三号に掲げる日を除き，当該学校を設置する地方公共団体の教育委員会（公立大学法人の設置する小学校にあつては，当該公立大学法人の理事長。第三号において同じ。）が必要と認める場合は，この限りでない。
　一　国民の祝日に関する法律（昭和二十三年法律第百七十八号）に規定する日
　二　日曜日及び土曜日
　三　学校教育法施行令第二十九条第一項の規定により教育委員会が定める日
第六十二条　私立小学校における学期及び休業日は，当該学校の学則で定める。

第五章　中学校

第七十二条　中学校の教育課程は，国語，社会，数学，理科，音楽，美術，保健体育，技術・家庭及び外国語の各教科（以下本章及び第七章中「各教科」という。），特別の教科である道徳，総合的な学習の時間並びに特別活動によつて編成するものとする。

第七十三条　中学校（併設型中学校，第七十四条の二第二項に規定する小学校連携型中学校，第七十五条第二項に規定する連携型中学校及び第七十九条の九第二項に規定する小学

校併設型中学校を除く。）の各学年における各教科，特別の教科である道徳，総合的な学習の時間及び特別活動のそれぞれの授業時数並びに各学年におけるこれらの総授業時数は，別表第二に定める授業時数を標準とする。

第七十四条　中学校の教育課程については，この章に定めるもののほか，教育課程の基準として文部科学大臣が別に公示する中学校学習指導要領によるものとする。

第七十九条　第四十一条から第四十九条まで，第五十条第二項，第五十四条から第六十八条までの規定は，中学校に準用する。この場合において，第四十二条中「五学級」とあるのは「二学級」と，第五十五条から第五十六条の二まで及び第五十六条の四の規定中「第五十条第一項」とあるのは「第七十二条」と，「第五十一条（中学校連携型小学校にあつては第五十二条の三，第七十九条の九第二項に規定する中学校併設型小学校にあつては第七十九条の十二において準用する第七十九条の五第一項）」とあるのは「第七十三条（併設型中学校にあつては第百十七条において準用する第百七条，小学校連携型中学校にあつては第七十四条の三，連携型中学校にあつては第七十六条，第七十九条の九第二項に規定する小学校併設型中学校にあつては第七十九条の十二において準用する第七十九条の五第二項）」と，「第五十二条」とあるのは「第七十四条」と，第五十五条の二中「第三十条第一項」とあるのは「第四十六条」と，第五十六条の三中「他の小学校，義務教育学校の前期課程又は特別支援学校の小学部」とあるのは「他の中学校，義務教育学校の後期課程，中等教育学校の前期課程又は特別支援学校の中学部」と読み替えるものとする。

第八章　特別支援教育

第百三十四条の二　校長は，特別支援学校に在学する児童等について個別の教育支援計画（学校と医療，保健，福祉，労働等に関する業務を行う関係機関及び民間団体（次項において「関係機関等」という。）との連携の下に行う当該児童等に対する長期的な支援に関する計画をいう。）を作成しなければならない。

2　校長は，前項の規定により個別の教育支援計画を作成するに当たつては，当該児童等又はその保護者の意向を踏まえつつ，あらかじめ，関係機関等と当該児童等の支援に関する必要な情報の共有を図らなければならない。

第百三十八条　小学校，中学校若しくは義務教育学校又は中等教育学校の前期課程における特別支援学級に係る教育課程については，特に必要がある場合は，第五十条第一項（第七十九条の六第一項において準用する場合を含む。），第五十一条，第五十二条（第七十九条の六第一項において準用する場合を含む。），第五十二条の三，第七十二条（第七十九条の六第二項及び第百八条第一項において準用する場合を含む。），第七十三条，第七十四条（第七十九条の六第二項及び第百八条第一項において準用する場合を含む。），第七十四条の三，第七十六条，第七十九条の五（第七十九条の十二において準用する場合を含む。）及び第百七条（第百十七条において準用する場合を含む。）の規定にかかわらず，特別の

教育課程によることができる。

第百三十九条の二　第百三十四条の二の規定は，小学校，中学校若しくは義務教育学校又は中等教育学校の前期課程における特別支援学級の児童又は生徒について準用する。

第百四十条　小学校，中学校，義務教育学校，高等学校又は中等教育学校において，次の各号のいずれかに該当する児童又は生徒（特別支援学級の児童及び生徒を除く。）のうち当該障害に応じた特別の指導を行う必要があるものを教育する場合には，文部科学大臣が別に定めるところにより，第五十条第一項（第七十九条の六第一項において準用する場合を含む。），第五十一条，第五十二条（第七十九条の六第一項において準用する場合を含む。），第五十二条の三，第七十二条（第七十九条の六第二項及び第百八条第一項において準用する場合を含む。），第七十三条，第七十四条（第七十九条の六第二項及び第百八条第一項において準用する場合を含む。），第七十四条の三，第七十六条，第七十九条の五（第七十九条の十二において準用する場合を含む。），第八十三条及び第八十四条（第百八条第二項において準用する場合を含む。）並びに第百七条（第百十七条において準用する場合を含む。）の規定にかかわらず，特別の教育課程によることができる。

一　言語障害者
二　自閉症者
三　情緒障害者
四　弱視者
五　難聴者
六　学習障害者
七　注意欠陥多動性障害者
八　その他障害のある者で，この条の規定により特別の教育課程による教育を行うことが適当なもの

第百四十一条　前条の規定により特別の教育課程による場合においては，校長は，児童又は生徒が，当該小学校，中学校，義務教育学校，高等学校又は中等教育学校の設置者の定めるところにより他の小学校，中学校，義務教育学校，高等学校，中等教育学校又は特別支援学校の小学部，中学部若しくは高等部において受けた授業を，当該小学校，中学校，義務教育学校，高等学校又は中等教育学校において受けた当該特別の教育課程に係る授業とみなすことができる。

第百四十一条の二　第百三十四条の二の規定は，第百四十条の規定により特別の指導が行われている児童又は生徒について準用する。

付録1

附　則（平成二十九年三月三十一日文部科学省令第二十号）

この省令は，平成三十二年四月一日から施行する。

別表第二（第七十三条関係）

区　　　分		第1学年	第2学年	第3学年
各教科の授業時数	国　　語	140	140	105
	社　　会	105	105	140
	数　　学	140	105	140
	理　　科	105	140	140
	音　　楽	45	35	35
	美　　術	45	35	35
	保健体育	105	105	105
	技術・家庭	70	70	35
	外　国　語	140	140	140
特別の教科である道徳の授業時数		35	35	35
総合的な学習の時間の授業時数		50	70	70
特別活動の授業時数		35	35	35
総授業時数		1015	1015	1015

備考
　一　この表の授業時数の一単位時間は，五十分とする。
　二　特別活動の授業時数は，中学校学習指導要領で定める学級活動（学校給食に係るものを除く。）に充てるものとする。

中学校学習指導要領　第1章　総則

● 第1　中学校教育の基本と教育課程の役割

1　各学校においては，教育基本法及び学校教育法その他の法令並びにこの章以下に示すところに従い，生徒の人間として調和のとれた育成を目指し，生徒の心身の発達の段階や特性及び学校や地域の実態を十分考慮して，適切な教育課程を編成するものとし，これらに掲げる目標を達成するよう教育を行うものとする。

2　学校の教育活動を進めるに当たっては，各学校において，第3の1に示す主体的・対話的で深い学びの実現に向けた授業改善を通して，創意工夫を生かした特色ある教育活動を展開する中で，次の(1)から(3)までに掲げる事項の実現を図り，生徒に生きる力を育むことを目指すものとする。

(1) 基礎的・基本的な知識及び技能を確実に習得させ，これらを活用して課題を解決するために必要な思考力，判断力，表現力等を育むとともに，主体的に学習に取り組む態度を養い，個性を生かし多様な人々との協働を促す教育の充実に努めること。その際，生徒の発達の段階を考慮して，生徒の言語活動など，学習の基盤をつくる活動を充実するとともに，家庭との連携を図りながら，生徒の学習習慣が確立するよう配慮すること。

(2) 道徳教育や体験活動，多様な表現や鑑賞の活動等を通して，豊かな心や創造性の涵養を目指した教育の充実に努めること。

　学校における道徳教育は，特別の教科である道徳（以下「道徳科」という。）を要として学校の教育活動全体を通じて行うものであり，道徳科はもとより，各教科，総合的な学習の時間及び特別活動のそれぞれの特質に応じて，生徒の発達の段階を考慮して，適切な指導を行うこと。

　道徳教育は，教育基本法及び学校教育法に定められた教育の根本精神に基づき，人間としての生き方を考え，主体的な判断の下に行動し，自立した人間として他者と共によりよく生きるための基盤となる道徳性を養うことを目標とすること。

　道徳教育を進めるに当たっては，人間尊重の精神と生命に対する畏敬の念を家庭，学校，その他社会における具体的な生活の中に生かし，豊かな心をもち，伝統と文化を尊重し，それらを育んできた我が国と郷土を愛し，個性豊かな文化の創造を図るとともに，平和で民主的な国家及び社会の形成者として，公共の精神を尊び，社会及び国家の発展に努め，他国を尊重し，国際社会の平和と発展や環境の保全に貢献し未来を拓く主体性のある日本人の育成に資することとなるよう特に留意すること。

(3) 学校における体育・健康に関する指導を，生徒の発達の段階を考慮して，学校の教育活動全体を通じて適切に行うことにより，健康で安全な生活と豊かなスポーツライフの実現を目指した教育の充実に努めること。特に，学校における食育の推進並びに体力の向上に関する指導，安全に関する指導及び心身の健康の保持増進に関する指導については，保健体育科，技術・家庭科及び特別活動の時間はもとより，各教科，道徳科及び総合的な学習の時間などにおいてもそれぞれの特質に応じて適切に行うよう努めること。また，それらの指導を通して，家庭や地域社会との連携を図りながら，日常生活において適切な体育・健康に関する活動の実践を促し，生涯を通じて健康・安全で活力ある生活を送るための基礎が培われるよう配慮すること。

3　2の(1)から(3)までに掲げる事項の実現を図り，豊かな創造性を備え持続可能な社会の創り手となることが期待される生徒に，生きる力を育むことを目指すに当たっては，学校教育全体並びに各教科，道徳科，総合的な学習の時間及び特別活動（以下「各教科等」という。ただし，第2の3の(2)のア及びウにおいて，特別活動については学級活動（学校給食に係るものを除く。）に

限る。)の指導を通してどのような資質・能力の育成を目指すのかを明確にしながら，教育活動の充実を図るものとする。その際，生徒の発達の段階や特性等を踏まえつつ，次に掲げることが偏りなく実現できるようにするものとする。
(1) 知識及び技能が習得されるようにすること。
(2) 思考力，判断力，表現力等を育成すること。
(3) 学びに向かう力，人間性等を涵養すること。

4　各学校においては，生徒や学校，地域の実態を適切に把握し，教育の目的や目標の実現に必要な教育の内容等を教科等横断的な視点で組み立てていくこと，教育課程の実施状況を評価してその改善を図っていくこと，教育課程の実施に必要な人的又は物的な体制を確保するとともにその改善を図っていくことなどを通して，教育課程に基づき組織的かつ計画的に各学校の教育活動の質の向上を図っていくこと(以下「カリキュラム・マネジメント」という。)に努めるものとする。

第2　教育課程の編成

1　各学校の教育目標と教育課程の編成

教育課程の編成に当たっては，学校教育全体や各教科等における指導を通して育成を目指す資質・能力を踏まえつつ，各学校の教育目標を明確にするとともに，教育課程の編成についての基本的な方針が家庭や地域とも共有されるよう努めるものとする。その際，第4章総合的な学習の時間の第2の1に基づき定められる目標との関連を図るものとする。

2　教科等横断的な視点に立った資質・能力の育成
(1) 各学校においては，生徒の発達の段階を考慮し，言語能力，情報活用能力（情報モラルを含む。），問題発見・解決能力等の学習の基盤となる資質・能力を育成していくことができるよう，各教科等の特質を生かし，教科等横断的な視点から教育課程の編成を図るものとする。
(2) 各学校においては，生徒や学校，地域の実態及び生徒の発達の段階を考慮し，豊かな人生の実現や災害等を乗り越えて次代の社会を形成することに向けた現代的な諸課題に対応して求められる資質・能力を，教科等横断的な視点で育成していくことができるよう，各学校の特色を生かした教育課程の編成を図るものとする。

3　教育課程の編成における共通的事項
(1) 内容等の取扱い
ア　第2章以下に示す各教科，道徳科及び特別活動の内容に関する事項は，特に示す場合を除き，いずれの学校においても取り扱わなければならない。
イ　学校において特に必要がある場合には，第2章以下に示していない内容を加えて指導することができる。また，第2章以下に示す内容の取扱いのうち内容の範囲や程度等を示す事項は，全ての生徒に対して指導するものとする内容の範囲や程度等を示したものであり，学校において特に必要がある場合には，この事項にかかわらず加えて指導することができる。ただし，これらの場合には，第2章以下に示す各教科，道徳科及び特別活動の目標や内容の趣旨を逸脱したり，生徒の負担過重となったりすることのないようにしなければならない。
ウ　第2章以下に示す各教科，道徳科及び特別活動の内容に掲げる事項の順序は，特に示す場合を除き，指導の順序を示すものではないので，学校においては，その取扱いについて適切な工夫を加えるものとする。
エ　学校において2以上の学年の生徒で編制する学級について特に必要がある場合には，各教科の目標の達成に支障のない範囲内で，各教科の目標及び内容について学年別の順序によらないことができる。

オ　各学校においては，生徒や学校，地域の実態を考慮して，生徒の特性等に応じた多様な学習活動が行えるよう，第2章に示す各教科や，特に必要な教科を，選択教科として開設し生徒に履修させることができる。その場合にあっては，全ての生徒に指導すべき内容との関連を図りつつ，選択教科の授業時数及び内容を適切に定め選択教科の指導計画を作成し，生徒の負担過重となることのないようにしなければならない。また，特に必要な教科の名称，目標，内容などについては，各学校が適切に定めるものとする。

カ　道徳科を要として学校の教育活動全体を通じて行う道徳教育の内容は，第3章特別の教科道徳の第2に示す内容とし，その実施に当たっては，第6に示す道徳教育に関する配慮事項を踏まえるものとする。

(2) 授業時数等の取扱い

ア　各教科等の授業は，年間35週以上にわたって行うよう計画し，週当たりの授業時数が生徒の負担過重にならないようにするものとする。ただし，各教科等や学習活動の特質に応じ効果的な場合には，夏季，冬季，学年末等の休業日の期間に授業日を設定する場合を含め，これらの授業を特定の期間に行うことができる。

イ　特別活動の授業のうち，生徒会活動及び学校行事については，それらの内容に応じ，年間，学期ごと，月ごとなどに適切な授業時数を充てるものとする。

ウ　各学校の時間割については，次の事項を踏まえ適切に編成するものとする。

(ｱ) 各教科等のそれぞれの授業の1単位時間は，各学校において，各教科等の年間授業時数を確保しつつ，生徒の発達の段階及び各教科等や学習活動の特質を考慮して適切に定めること。

(ｲ) 各教科等の特質に応じ，10分から15分程度の短い時間を活用して特定の教科等の指導を行う場合において，当該教科等を担当する教師が，単元や題材など内容や時間のまとまりを見通した中で，その指導内容の決定や指導の成果の把握と活用等を責任をもって行う体制が整備されているときは，その時間を当該教科等の年間授業時数に含めることができること。

(ｳ) 給食，休憩などの時間については，各学校において工夫を加え，適切に定めること。

(ｴ) 各学校において，生徒や学校，地域の実態，各教科等や学習活動の特質等に応じて，創意工夫を生かした時間割を弾力的に編成できること。

エ　総合的な学習の時間における学習活動により，特別活動の学校行事に掲げる各行事の実施と同様の成果が期待できる場合においては，総合的な学習の時間における学習活動をもって相当する特別活動の学校行事に掲げる各行事の実施に替えることができる。

(3) 指導計画の作成等に当たっての配慮事項

各学校においては，次の事項に配慮しながら，学校の創意工夫を生かし，全体として，調和のとれた具体的な指導計画を作成するものとする。

ア　各教科等の指導内容については，(1)のアを踏まえつつ，単元や題材など内容や時間のまとまりを見通しながら，そのまとめ方や重点の置き方に適切な工夫を加え，第3の1に示す主体的・対話的で深い学びの実現に向けた授業改善を通して資質・能力を育む効果的な指導ができるようにすること。

イ　各教科等及び各学年相互間の関連を図り，系統的，発展的な指導ができるようにすること。

4　学校段階間の接続

教育課程の編成に当たっては，次の事項に配慮しながら，学校段階間の接続を図るものとする。

(1) 小学校学習指導要領を踏まえ，小学校教育までの学習の成果が中学校教育に円滑に接続され，義務教育段階の終わりまでに育成することを目指す資質・能力を，生徒が確実に身に付け

ることができるよう工夫すること。特に，義務教育学校，小学校連携型中学校及び小学校併設型中学校においては，義務教育9年間を見通した計画的かつ継続的な教育課程を編成すること。
(2) 高等学校学習指導要領を踏まえ，高等学校教育及びその後の教育との円滑な接続が図られるよう工夫すること。特に，中等教育学校，連携型中学校及び併設型中学校においては，中等教育6年間を見通した計画的かつ継続的な教育課程を編成すること。

第3 教育課程の実施と学習評価

1 主体的・対話的で深い学びの実現に向けた授業改善
　各教科等の指導に当たっては，次の事項に配慮するものとする。
(1) 第1の3の(1)から(3)までに示すことが偏りなく実現されるよう，単元や題材など内容や時間のまとまりを見通しながら，生徒の主体的・対話的で深い学びの実現に向けた授業改善を行うこと。
　特に，各教科等において身に付けた知識及び技能を活用したり，思考力，判断力，表現力等や学びに向かう力，人間性等を発揮させたりして，学習の対象となる物事を捉え思考することにより，各教科等の特質に応じた物事を捉える視点や考え方（以下「見方・考え方」という。）が鍛えられていくことに留意し，生徒が各教科等の特質に応じた見方・考え方を働かせながら，知識を相互に関連付けてより深く理解したり，情報を精査して考えを形成したり，問題を見いだして解決策を考えたり，思いや考えを基に創造したりすることに向かう過程を重視した学習の充実を図ること。
(2) 第2の2の(1)に示す言語能力の育成を図るため，各学校において必要な言語環境を整えるとともに，国語科を要としつつ各教科等の特質に応じて，生徒の言語活動を充実すること。あわせて，(7)に示すとおり読書活動を充実すること。
(3) 第2の2の(1)に示す情報活用能力の育成を図るため，各学校において，コンピュータや情報通信ネットワークなどの情報手段を活用するために必要な環境を整え，これらを適切に活用した学習活動の充実を図ること。また，各種の統計資料や新聞，視聴覚教材や教育機器などの教材・教具の適切な活用を図ること。
(4) 生徒が学習の見通しを立てたり学習したことを振り返ったりする活動を，計画的に取り入れるように工夫すること。
(5) 生徒が生命の有限性や自然の大切さ，主体的に挑戦してみることや多様な他者と協働することの重要性などを実感しながら理解することができるよう，各教科等の特質に応じた体験活動を重視し，家庭や地域社会と連携しつつ体系的・継続的に実施できるよう工夫すること。
(6) 生徒が自ら学習課題や学習活動を選択する機会を設けるなど，生徒の興味・関心を生かした自主的，自発的な学習が促されるよう工夫すること。
(7) 学校図書館を計画的に利用しその機能の活用を図り，生徒の主体的・対話的で深い学びの実現に向けた授業改善に生かすとともに，生徒の自主的，自発的な学習活動や読書活動を充実すること。また，地域の図書館や博物館，美術館，劇場，音楽堂等の施設の活用を積極的に図り，資料を活用した情報の収集や鑑賞等の学習活動を充実すること。

2 学習評価の充実
　学習評価の実施に当たっては，次の事項に配慮するものとする。
(1) 生徒のよい点や進歩の状況などを積極的に評価し，学習したことの意義や価値を実感できるようにすること。また，各教科等の目標の実現に向けた学習状況を把握する観点から，単元や題材など内容や時間のまとまりを見通しながら評価の場面や方法を工夫して，学習の過程や成

果を評価し，指導の改善や学習意欲の向上を図り，資質・能力の育成に生かすようにすること。
(2) 創意工夫の中で学習評価の妥当性や信頼性が高められるよう，組織的かつ計画的な取組を推進するとともに，学年や学校段階を越えて生徒の学習の成果が円滑に接続されるように工夫すること。

● 第4　生徒の発達の支援

1　生徒の発達を支える指導の充実
　　教育課程の編成及び実施に当たっては，次の事項に配慮するものとする。
 (1) 学習や生活の基盤として，教師と生徒との信頼関係及び生徒相互のよりよい人間関係を育てるため，日頃から学級経営の充実を図ること。また，主に集団の場面で必要な指導や援助を行うガイダンスと，個々の生徒の多様な実態を踏まえ，一人一人が抱える課題に個別に対応した指導を行うカウンセリングの双方により，生徒の発達を支援すること。
 (2) 生徒が，自己の存在感を実感しながら，よりよい人間関係を形成し，有意義で充実した学校生活を送る中で，現在及び将来における自己実現を図っていくことができるよう，生徒理解を深め，学習指導と関連付けながら，生徒指導の充実を図ること。
 (3) 生徒が，学ぶことと自己の将来とのつながりを見通しながら，社会的・職業的自立に向けて必要な基盤となる資質・能力を身に付けていくことができるよう，特別活動を要としつつ各教科等の特質に応じて，キャリア教育の充実を図ること。その中で，生徒が自らの生き方を考え主体的に進路を選択することができるよう，学校の教育活動全体を通じ，組織的かつ計画的な進路指導を行うこと。
 (4) 生徒が，基礎的・基本的な知識及び技能の習得も含め，学習内容を確実に身に付けることができるよう，生徒や学校の実態に応じ，個別学習やグループ別学習，繰り返し学習，学習内容の習熟の程度に応じた学習，生徒の興味・関心等に応じた課題学習，補充的な学習や発展的な学習などの学習活動を取り入れることや，教師間の協力による指導体制を確保することなど，指導方法や指導体制の工夫改善により，個に応じた指導の充実を図ること。その際，第3の1の(3)に示す情報手段や教材・教具の活用を図ること。
2　特別な配慮を必要とする生徒への指導
 (1) 障害のある生徒などへの指導
　ア　障害のある生徒などについては，特別支援学校等の助言又は援助を活用しつつ，個々の生徒の障害の状態等に応じた指導内容や指導方法の工夫を組織的かつ計画的に行うものとする。
　イ　特別支援学級において実施する特別の教育課程については，次のとおり編成するものとする。
　　(ｱ)　障害による学習上又は生活上の困難を克服し自立を図るため，特別支援学校小学部・中学部学習指導要領第7章に示す自立活動を取り入れること。
　　(ｲ)　生徒の障害の程度や学級の実態等を考慮の上，各教科の目標や内容を下学年の教科の目標や内容に替えたり，各教科を，知的障害者である生徒に対する教育を行う特別支援学校の各教科に替えたりするなどして，実態に応じた教育課程を編成すること。
　ウ　障害のある生徒に対して，通級による指導を行い，特別の教育課程を編成する場合には，特別支援学校小学部・中学部学習指導要領第7章に示す自立活動の内容を参考とし，具体的な目標や内容を定め，指導を行うものとする。その際，効果的な指導が行われるよう，各教科等と通級による指導との関連を図るなど，教師間の連携に努めるものとする。
　エ　障害のある生徒などについては，家庭，地域及び医療や福祉，保健，労働等の業務を行う

関係機関との連携を図り，長期的な視点で生徒への教育的支援を行うために，個別の教育支援計画を作成し活用することに努めるとともに，各教科等の指導に当たって，個々の生徒の実態を的確に把握し，個別の指導計画を作成し活用することに努めるものとする。特に，特別支援学級に在籍する生徒や通級による指導を受ける生徒については，個々の生徒の実態を的確に把握し，個別の教育支援計画や個別の指導計画を作成し，効果的に活用するものとする。

(2) 海外から帰国した生徒などの学校生活への適応や，日本語の習得に困難のある生徒に対する日本語指導

　ア　海外から帰国した生徒などについては，学校生活への適応を図るとともに，外国における生活経験を生かすなどの適切な指導を行うものとする。

　イ　日本語の習得に困難のある生徒については，個々の生徒の実態に応じた指導内容や指導方法の工夫を組織的かつ計画的に行うものとする。特に，通級による日本語指導については，教師間の連携に努め，指導についての計画を個別に作成することなどにより，効果的な指導に努めるものとする。

(3) 不登校生徒への配慮

　ア　不登校生徒については，保護者や関係機関と連携を図り，心理や福祉の専門家の助言又は援助を得ながら，社会的自立を目指す観点から，個々の生徒の実態に応じた情報の提供その他の必要な支援を行うものとする。

　イ　相当の期間中学校を欠席し引き続き欠席すると認められる生徒を対象として，文部科学大臣が認める特別の教育課程を編成する場合には，生徒の実態に配慮した教育課程を編成するとともに，個別学習やグループ別学習など指導方法や指導体制の工夫改善に努めるものとする。

(4) 学齢を経過した者への配慮

　ア　夜間その他の特別の時間に授業を行う課程において学齢を経過した者を対象として特別の教育課程を編成する場合には，学齢を経過した者の年齢，経験又は勤労状況その他の実情を踏まえ，中学校教育の目的及び目標並びに第2章以下に示す各教科等の目標に照らして，中学校教育を通じて育成を目指す資質・能力を身に付けることができるようにするものとする。

　イ　学齢を経過した者を教育する場合には，個別学習やグループ別学習など指導方法や指導体制の工夫改善に努めるものとする。

第5　学校運営上の留意事項

1　教育課程の改善と学校評価，教育課程外の活動との連携等

　ア　各学校においては，校長の方針の下に，校務分掌に基づき教職員が適切に役割を分担しつつ，相互に連携しながら，各学校の特色を生かしたカリキュラム・マネジメントを行うよう努めるものとする。また，各学校が行う学校評価については，教育課程の編成，実施，改善が教育活動や学校運営の中核となることを踏まえ，カリキュラム・マネジメントと関連付けながら実施するよう留意するものとする。

　イ　教育課程の編成及び実施に当たっては，学校保健計画，学校安全計画，食に関する指導の全体計画，いじめの防止等のための対策に関する基本的な方針など，各分野における学校の全体計画等と関連付けながら，効果的な指導が行われるように留意するものとする。

　ウ　教育課程外の学校教育活動と教育課程の関連が図られるように留意するものとする。特に，生徒の自主的，自発的な参加により行われる部活動については，スポーツや文化，科学等に親しませ，学習意欲の向上や責任感，連帯感の涵養等，学校教育が目指す資質・能力の育成に資するものであり，学校教育の一環として，教育課程との関連が図られるよう留意す

ること。その際，学校や地域の実態に応じ，地域の人々の協力，社会教育施設や社会教育関係団体等の各種団体との連携などの運営上の工夫を行い，持続可能な運営体制が整えられるようにするものとする。
2 家庭や地域社会との連携及び協働と学校間の連携
　教育課程の編成及び実施に当たっては，次の事項に配慮するものとする。
　ア　学校がその目的を達成するため，学校や地域の実態等に応じ，教育活動の実施に必要な人的又は物的な体制を家庭や地域の人々の協力を得ながら整えるなど，家庭や地域社会との連携及び協働を深めること。また，高齢者や異年齢の子供など，地域における世代を越えた交流の機会を設けること。
　イ　他の中学校や，幼稚園，認定こども園，保育所，小学校，高等学校，特別支援学校などとの間の連携や交流を図るとともに，障害のある幼児児童生徒との交流及び共同学習の機会を設け，共に尊重し合いながら協働して生活していく態度を育むようにすること。

第6　道徳教育に関する配慮事項

　道徳教育を進めるに当たっては，道徳教育の特質を踏まえ，前項までに示す事項に加え，次の事項に配慮するものとする。
1 各学校においては，第1の2の(2)に示す道徳教育の目標を踏まえ，道徳教育の全体計画を作成し，校長の方針の下に，道徳教育の推進を主に担当する教師（以下「道徳教育推進教師」という。）を中心に，全教師が協力して道徳教育を展開すること。なお，道徳教育の全体計画の作成に当たっては，生徒や学校，地域の実態を考慮して，学校の道徳教育の重点目標を設定するとともに，道徳科の指導方針，第3章特別の教科道徳の第2に示す内容との関連を踏まえた各教科，総合的な学習の時間及び特別活動における指導の内容及び時期並びに家庭や地域社会との連携の方法を示すこと。
2 各学校においては，生徒の発達の段階や特性等を踏まえ，指導内容の重点化を図ること。その際，小学校における道徳教育の指導内容を更に発展させ，自立心や自律性を高め，規律ある生活をすること，生命を尊重する心や自らの弱さを克服して気高く生きようとする心を育てること，法やきまりの意義に関する理解を深めること，自らの将来の生き方を考え主体的に社会の形成に参画する意欲と態度を養うこと，伝統と文化を尊重し，それらを育んできた我が国と郷土を愛するとともに，他国を尊重すること，国際社会に生きる日本人としての自覚を身に付けることに留意すること。
3 学校や学級内の人間関係や環境を整えるとともに，職場体験活動やボランティア活動，自然体験活動，地域の行事への参加などの豊かな体験を充実すること。また，道徳教育の指導内容が，生徒の日常生活に生かされるようにすること。その際，いじめの防止や安全の確保等にも資することとなるよう留意すること。
4 学校の道徳教育の全体計画や道徳教育に関する諸活動などの情報を積極的に公表したり，道徳教育の充実のために家庭や地域の人々の積極的な参加や協力を得たりするなど，家庭や地域社会との共通理解を深め，相互の連携を図ること。

付録2

中学校学習指導要領 第2章 第1節 国語

● 第1 目標

　言葉による見方・考え方を働かせ，言語活動を通して，国語で正確に理解し適切に表現する資質・能力を次のとおり育成することを目指す。
(1) 社会生活に必要な国語について，その特質を理解し適切に使うことができるようにする。
(2) 社会生活における人との関わりの中で伝え合う力を高め，思考力や想像力を養う。
(3) 言葉がもつ価値を認識するとともに，言語感覚を豊かにし，我が国の言語文化に関わり，国語を尊重してその能力の向上を図る態度を養う。

● 第2 各学年の目標及び内容

〔第1学年〕
1 目標
(1) 社会生活に必要な国語の知識や技能を身に付けるとともに，我が国の言語文化に親しんだり理解したりすることができるようにする。
(2) 筋道立てて考える力や豊かに感じたり想像したりする力を養い，日常生活における人との関わりの中で伝え合う力を高め，自分の思いや考えを確かなものにすることができるようにする。
(3) 言葉がもつ価値に気付くとともに，進んで読書をし，我が国の言語文化を大切にして，思いや考えを伝え合おうとする態度を養う。

2 内容
〔知識及び技能〕
(1) 言葉の特徴や使い方に関する次の事項を身に付けることができるよう指導する。
　ア　音声の働きや仕組みについて，理解を深めること。
　イ　小学校学習指導要領第2章第1節国語の学年別漢字配当表（以下「学年別漢字配当表」という。）に示されている漢字に加え，その他の常用漢字のうち300字程度から400字程度までの漢字を読むこと。また，学年別漢字配当表の漢字のうち900字程度の漢字を書き，文や文章の中で使うこと。
　ウ　事象や行為，心情を表す語句の量を増すとともに，語句の辞書的な意味と文脈上の意味との関係に注意して話や文章の中で使うことを通して，語感を磨き語彙を豊かにすること。
　エ　単語の類別について理解するとともに，指示する語句と接続する語句の役割について理解を深めること。
　オ　比喩，反復，倒置，体言止めなどの表現の技法を理解し使うこと。
(2) 話や文章に含まれている情報の扱い方に関する次の事項を身に付けることができるよう指導する。
　ア　原因と結果，意見と根拠など情報と情報との関係について理解すること。
　イ　比較や分類，関係付けなどの情報の整理の仕方，引用の仕方や出典の示し方について理解を深め，それらを使うこと。
(3) 我が国の言語文化に関する次の事項を身に付けることができるよう指導する。
　ア　音読に必要な文語のきまりや訓読の仕方を知り，古文や漢文を音読し，古典特有のリズムを通して，古典の世界に親しむこと。

イ　古典には様々な種類の作品があることを知ること。
　　ウ　共通語と方言の果たす役割について理解すること。
　　エ　書写に関する次の事項を理解し使うこと。
　　　(ｱ)　字形を整え，文字の大きさ，配列などについて理解して，楷書で書くこと。
　　　(ｲ)　漢字の行書の基礎的な書き方を理解して，身近な文字を行書で書くこと。
　　オ　読書が，知識や情報を得たり，自分の考えを広げたりすることに役立つことを理解すること。
〔思考力，判断力，表現力等〕
A　話すこと・聞くこと
(1)　話すこと・聞くことに関する次の事項を身に付けることができるよう指導する。
　ア　目的や場面に応じて，日常生活の中から話題を決め，集めた材料を整理し，伝え合う内容を検討すること。
　イ　自分の考えや根拠が明確になるように，話の中心的な部分と付加的な部分，事実と意見との関係などに注意して，話の構成を考えること。
　ウ　相手の反応を踏まえながら，自分の考えが分かりやすく伝わるように表現を工夫すること。
　エ　必要に応じて記録したり質問したりしながら話の内容を捉え，共通点や相違点などを踏まえて，自分の考えをまとめること。
　オ　話題や展開を捉えながら話し合い，互いの発言を結び付けて考えをまとめること。
(2)　(1)に示す事項については，例えば，次のような言語活動を通して指導するものとする。
　ア　紹介や報告など伝えたいことを話したり，それらを聞いて質問したり意見などを述べたりする活動。
　イ　互いの考えを伝えるなどして，少人数で話し合う活動。
B　書くこと
(1)　書くことに関する次の事項を身に付けることができるよう指導する。
　ア　目的や意図に応じて，日常生活の中から題材を決め，集めた材料を整理し，伝えたいことを明確にすること。
　イ　書く内容の中心が明確になるように，段落の役割などを意識して文章の構成や展開を考えること。
　ウ　根拠を明確にしながら，自分の考えが伝わる文章になるように工夫すること。
　エ　読み手の立場に立って，表記や語句の用法，叙述の仕方などを確かめて，文章を整えること。
　オ　根拠の明確さなどについて，読み手からの助言などを踏まえ，自分の文章のよい点や改善点を見いだすこと。
(2)　(1)に示す事項については，例えば，次のような言語活動を通して指導するものとする。
　ア　本や資料から文章や図表などを引用して説明したり記録したりするなど，事実やそれを基に考えたことを書く活動。
　イ　行事の案内や報告の文章を書くなど，伝えるべきことを整理して書く活動。
　ウ　詩を創作したり随筆を書いたりするなど，感じたことや考えたことを書く活動。
C　読むこと
(1)　読むことに関する次の事項を身に付けることができるよう指導する。
　ア　文章の中心的な部分と付加的な部分，事実と意見との関係などについて叙述を基に捉え，要旨を把握すること。
　イ　場面の展開や登場人物の相互関係，心情の変化などについて，描写を基に捉えること。
　ウ　目的に応じて必要な情報に着目して要約したり，場面と場面，場面と描写などを結び付けたりして，内容を解釈すること。

エ　文章の構成や展開，表現の効果について，根拠を明確にして考えること。
オ　文章を読んで理解したことに基づいて，自分の考えを確かなものにすること。

(2) (1)に示す事項については，例えば，次のような言語活動を通して指導するものとする。
ア　説明や記録などの文章を読み，理解したことや考えたことを報告したり文章にまとめたりする活動。
イ　小説や随筆などを読み，考えたことなどを記録したり伝え合ったりする活動。
ウ　学校図書館などを利用し，多様な情報を得て，考えたことなどを報告したり資料にまとめたりする活動。

〔第2学年〕
1　目　標
(1) 社会生活に必要な国語の知識や技能を身に付けるとともに，我が国の言語文化に親しんだり理解したりすることができるようにする。
(2) 論理的に考える力や共感したり想像したりする力を養い，社会生活における人との関わりの中で伝え合う力を高め，自分の思いや考えを広げたり深めたりすることができるようにする。
(3) 言葉がもつ価値を認識するとともに，読書を生活に役立て，我が国の言語文化を大切にして，思いや考えを伝え合おうとする態度を養う。

2　内　容
〔知識及び技能〕
(1) 言葉の特徴や使い方に関する次の事項を身に付けることができるよう指導する。
ア　言葉には，相手の行動を促す働きがあることに気付くこと。
イ　話し言葉と書き言葉の特徴について理解すること。
ウ　第1学年までに学習した常用漢字に加え，その他の常用漢字のうち350字程度から450字程度までの漢字を読むこと。また，学年別漢字配当表に示されている漢字を書き，文や文章の中で使うこと。
エ　抽象的な概念を表す語句の量を増すとともに，類義語と対義語，同音異義語や多義的な意味を表す語句などについて理解し，話や文章の中で使うことを通して，語感を磨き語彙を豊かにすること。
オ　単語の活用，助詞や助動詞などの働き，文の成分の順序や照応など文の構成について理解するとともに，話や文章の構成や展開について理解を深めること。
カ　敬語の働きについて理解し，話や文章の中で使うこと。

(2) 話や文章に含まれている情報の扱い方に関する次の事項を身に付けることができるよう指導する。
ア　意見と根拠，具体と抽象など情報と情報との関係について理解すること。
イ　情報と情報との関係の様々な表し方を理解し使うこと。

(3) 我が国の言語文化に関する次の事項を身に付けることができるよう指導する。
ア　作品の特徴を生かして朗読するなどして，古典の世界に親しむこと。
イ　現代語訳や語注などを手掛かりに作品を読むことを通して，古典に表れたものの見方や考え方を知ること。
ウ　書写に関する次の事項を理解し使うこと。
　(ｱ)　漢字の行書とそれに調和した仮名の書き方を理解して，読みやすく速く書くこと。
　(ｲ)　目的や必要に応じて，楷書又は行書を選んで書くこと。

エ　本や文章などには，様々な立場や考え方が書かれていることを知り，自分の考えを広げたり深めたりする読書に生かすこと。

〔思考力，判断力，表現力等〕

A　話すこと・聞くこと
(1)　話すこと・聞くことに関する次の事項を身に付けることができるよう指導する。
　　ア　目的や場面に応じて，社会生活の中から話題を決め，異なる立場や考えを想定しながら集めた材料を整理し，伝え合う内容を検討すること。
　　イ　自分の立場や考えが明確になるように，根拠の適切さや論理の展開などに注意して，話の構成を工夫すること。
　　ウ　資料や機器を用いるなどして，自分の考えが分かりやすく伝わるように表現を工夫すること。
　　エ　論理の展開などに注意して聞き，話し手の考えと比較しながら，自分の考えをまとめること。
　　オ　互いの立場や考えを尊重しながら話し合い，結論を導くために考えをまとめること。
(2)　(1)に示す事項については，例えば，次のような言語活動を通して指導するものとする。
　　ア　説明や提案など伝えたいことを話したり，それらを聞いて質問や助言などをしたりする活動。
　　イ　それぞれの立場から考えを伝えるなどして，議論や討論をする活動。

B　書くこと
(1)　書くことに関する次の事項を身に付けることができるよう指導する。
　　ア　目的や意図に応じて，社会生活の中から題材を決め，多様な方法で集めた材料を整理し，伝えたいことを明確にすること。
　　イ　伝えたいことが分かりやすく伝わるように，段落相互の関係などを明確にし，文章の構成や展開を工夫すること。
　　ウ　根拠の適切さを考えて説明や具体例を加えたり，表現の効果を考えて描写したりするなど，自分の考えが伝わる文章になるように工夫すること。
　　エ　読み手の立場に立って，表現の効果などを確かめて，文章を整えること。
　　オ　表現の工夫とその効果などについて，読み手からの助言などを踏まえ，自分の文章のよい点や改善点を見いだすこと。
(2)　(1)に示す事項については，例えば，次のような言語活動を通して指導するものとする。
　　ア　多様な考えができる事柄について意見を述べるなど，自分の考えを書く活動。
　　イ　社会生活に必要な手紙や電子メールを書くなど，伝えたいことを相手や媒体を考慮して書く活動。
　　ウ　短歌や俳句，物語を創作するなど，感じたことや想像したことを書く活動。

C　読むこと
(1)　読むことに関する次の事項を身に付けることができるよう指導する。
　　ア　文章全体と部分との関係に注意しながら，主張と例示との関係や登場人物の設定の仕方などを捉えること。
　　イ　目的に応じて複数の情報を整理しながら適切な情報を得たり，登場人物の言動の意味などについて考えたりして，内容を解釈すること。
　　ウ　文章と図表などを結び付け，その関係を踏まえて内容を解釈すること。
　　エ　観点を明確にして文章を比較するなどし，文章の構成や論理の展開，表現の効果について考えること。
　　オ　文章を読んで理解したことや考えたことを知識や経験と結び付け，自分の考えを広げたり深めたりすること。
(2)　(1)に示す事項については，例えば，次のような言語活動を通して指導するものとする。

ア　報告や解説などの文章を読み，理解したことや考えたことを説明したり文章にまとめたりする活動。
　　イ　詩歌や小説などを読み，引用して解説したり，考えたことなどを伝え合ったりする活動。
　　ウ　本や新聞，インターネットなどから集めた情報を活用し，出典を明らかにしながら，考えたことなどを説明したり提案したりする活動。

〔第3学年〕
1　目標
(1)　社会生活に必要な国語の知識や技能を身に付けるとともに，我が国の言語文化に親しんだり理解したりすることができるようにする。
(2)　論理的に考える力や深く共感したり豊かに想像したりする力を養い，社会生活における人との関わりの中で伝え合う力を高め，自分の思いや考えを広げたり深めたりすることができるようにする。
(3)　言葉がもつ価値を認識するとともに，読書を通して自己を向上させ，我が国の言語文化に関わり，思いや考えを伝え合おうとする態度を養う。

2　内容
〔知識及び技能〕
(1)　言葉の特徴や使い方に関する次の事項を身に付けることができるよう指導する。
　　ア　第2学年までに学習した常用漢字に加え，その他の常用漢字の大体を読むこと。また，学年別漢字配当表に示されている漢字について，文や文章の中で使い慣れること。
　　イ　理解したり表現したりするために必要な語句の量を増し，慣用句や四字熟語などについて理解を深め，話や文章の中で使うとともに，和語，漢語，外来語などを使い分けることを通して，語感を磨き語彙を豊かにすること。
　　ウ　話や文章の種類とその特徴について理解を深めること。
　　エ　敬語などの相手や場に応じた言葉遣いを理解し，適切に使うこと。
(2)　話や文章に含まれている情報の扱い方に関する次の事項を身に付けることができるよう指導する。
　　ア　具体と抽象など情報と情報との関係について理解を深めること。
　　イ　情報の信頼性の確かめ方を理解し使うこと。
(3)　我が国の言語文化に関する次の事項を身に付けることができるよう指導する。
　　ア　歴史的背景などに注意して古典を読むことを通して，その世界に親しむこと。
　　イ　長く親しまれている言葉や古典の一節を引用するなどして使うこと。
　　ウ　時間の経過による言葉の変化や世代による言葉の違いについて理解すること。
　　エ　書写に関する次の事項を理解し使うこと。
　　　(ｱ)　身の回りの多様な表現を通して文字文化の豊かさに触れ，効果的に文字を書くこと。
　　オ　自分の生き方や社会との関わり方を支える読書の意義と効用について理解すること。
〔思考力，判断力，表現力等〕
A　話すこと・聞くこと
(1)　話すこと・聞くことに関する次の事項を身に付けることができるよう指導する。
　　ア　目的や場面に応じて，社会生活の中から話題を決め，多様な考えを想定しながら材料を整理し，伝え合う内容を検討すること。
　　イ　自分の立場や考えを明確にし，相手を説得できるように論理の展開などを考えて，話の構

成を工夫すること。
　　ウ　場の状況に応じて言葉を選ぶなど,自分の考えが分かりやすく伝わるように表現を工夫すること。
　　エ　話の展開を予測しながら聞き,聞き取った内容や表現の仕方を評価して,自分の考えを広げたり深めたりすること。
　　オ　進行の仕方を工夫したり互いの発言を生かしたりしながら話し合い,合意形成に向けて考えを広げたり深めたりすること。
　(2)　(1)に示す事項については,例えば,次のような言語活動を通して指導するものとする。
　　ア　提案や主張など自分の考えを話したり,それらを聞いて質問したり評価などを述べたりする活動。
　　イ　互いの考えを生かしながら議論や討論をする活動。
B　書くこと
　(1)　書くことに関する次の事項を身に付けることができるよう指導する。
　　ア　目的や意図に応じて,社会生活の中から題材を決め,集めた材料の客観性や信頼性を確認し,伝えたいことを明確にすること。
　　イ　文章の種類を選択し,多様な読み手を説得できるように論理の展開などを考えて,文章の構成を工夫すること。
　　ウ　表現の仕方を考えたり資料を適切に引用したりするなど,自分の考えが分かりやすく伝わる文章になるように工夫すること。
　　エ　目的や意図に応じた表現になっているかなどを確かめて,文章全体を整えること。
　　オ　論理の展開などについて,読み手からの助言などを踏まえ,自分の文章のよい点や改善点を見いだすこと。
　(2)　(1)に示す事項については,例えば,次のような言語活動を通して指導するものとする。
　　ア　関心のある事柄について批評するなど,自分の考えを書く活動。
　　イ　情報を編集して文章にまとめるなど,伝えたいことを整理して書く活動。
C　読むこと
　(1)　読むことに関する次の事項を身に付けることができるよう指導する。
　　ア　文章の種類を踏まえて,論理や物語の展開の仕方などを捉えること。
　　イ　文章を批判的に読みながら,文章に表れているものの見方や考え方について考えること。
　　ウ　文章の構成や論理の展開,表現の仕方について評価すること。
　　エ　文章を読んで考えを広げたり深めたりして,人間,社会,自然などについて,自分の意見をもつこと。
　(2)　(1)に示す事項については,例えば,次のような言語活動を通して指導するものとする。
　　ア　論説や報道などの文章を比較するなどして読み,理解したことや考えたことについて討論したり文章にまとめたりする活動。
　　イ　詩歌や小説などを読み,批評したり,考えたことなどを伝え合ったりする活動。
　　ウ　実用的な文章を読み,実生活への生かし方を考える活動。

第3　指導計画の作成と内容の取扱い

1　指導計画の作成に当たっては,次の事項に配慮するものとする。
　(1)　単元など内容や時間のまとまりを見通して,その中で育む資質・能力の育成に向けて,生徒の主体的・対話的で深い学びの実現を図るようにすること。その際,言葉による見方・考え方

を働かせ，言語活動を通して，言葉の特徴や使い方などを理解し自分の思いや考えを深める学習の充実を図ること。

(2) 第2の各学年の内容の指導については，必要に応じて当該学年の前後の学年で取り上げることもできること。

(3) 第2の各学年の内容の〔知識及び技能〕に示す事項については，〔思考力，判断力，表現力等〕に示す事項の指導を通して指導することを基本とし，必要に応じて，特定の事項だけを取り上げて指導したり，それらをまとめて指導したりするなど，指導の効果を高めるよう工夫すること。

(4) 第2の各学年の内容の〔思考力，判断力，表現力等〕の「A話すこと・聞くこと」に関する指導については，第1学年及び第2学年では年間15～25単位時間程度，第3学年では年間10～20単位時間程度を配当すること。その際，音声言語のための教材を積極的に活用するなどして，指導の効果を高めるよう工夫すること。

(5) 第2の各学年の内容の〔思考力，判断力，表現力等〕の「B書くこと」に関する指導については，第1学年及び第2学年では年間30～40単位時間程度，第3学年では年間20～30単位時間程度を配当すること。その際，実際に文章を書く活動を重視すること。

(6) 第2の第1学年及び第3学年の内容の〔知識及び技能〕の(3)のオ，第2学年の内容の〔知識及び技能〕の(3)のエ，各学年の内容の〔思考力，判断力，表現力等〕の「C読むこと」に関する指導については，様々な文章を読んで，自分の表現に役立てられるようにするとともに，他教科等における読書の指導や学校図書館における指導との関連を考えて行うこと。

(7) 言語能力の向上を図る観点から，外国語科など他教科等との関連を積極的に図り，指導の効果を高めるようにすること。

(8) 障害のある生徒などについては，学習活動を行う場合に生じる困難さに応じた指導内容や指導方法の工夫を計画的，組織的に行うこと。

(9) 第1章総則の第1の2の(2)に示す道徳教育の目標に基づき，道徳科などとの関連を考慮しながら，第3章特別の教科道徳の第2に示す内容について，国語科の特質に応じて適切な指導をすること。

2 第2の内容の取扱いについては，次の事項に配慮するものとする。

(1) 〔知識及び技能〕に示す事項については，次のとおり取り扱うこと。

　ア　日常の言語活動を振り返ることなどを通して，生徒が，実際に話したり聞いたり書いたり読んだりする場面を意識できるよう指導を工夫すること。

　イ　漢字の指導については，第2の内容に定めるほか，次のとおり取り扱うこと。

　　(ｱ)　他教科等の学習において必要となる漢字については，当該教科等と関連付けて指導するなど，その確実な定着が図られるよう工夫すること。

　ウ　書写の指導については，第2の内容に定めるほか，次のとおり取り扱うこと。

　　(ｱ)　文字を正しく整えて速く書くことができるようにするとともに，書写の能力を学習や生活に役立てる態度を育てるよう配慮すること。

　　(ｲ)　硬筆を使用する書写の指導は各学年で行うこと。

　　(ｳ)　毛筆を使用する書写の指導は各学年で行い，硬筆による書写の能力の基礎を養うよう指導すること。

　　(ｴ)　書写の指導に配当する授業時数は，第1学年及び第2学年では年間20単位時間程度，第3学年では年間10単位時間程度とすること。

(2) 第2の内容の指導に当たっては，生徒がコンピュータや情報通信ネットワークを積極的に活用する機会を設けるなどして，指導の効果を高めるよう工夫すること。

(3) 第2の内容の指導に当たっては，学校図書館などを目的をもって計画的に利用しその機能の活用を図るようにすること。
3 教材については，次の事項に留意するものとする。
(1) 教材は，第2の各学年の目標及び内容に示す資質・能力を偏りなく養うことや読書に親しむ態度を育成することをねらいとし，生徒の発達の段階に即して適切な話題や題材を精選して調和的に取り上げること。また，第2の各学年の内容の〔思考力，判断力，表現力等〕の「A話すこと・聞くこと」，「B書くこと」及び「C読むこと」のそれぞれの(2)に掲げる言語活動が十分行われるよう教材を選定すること。
(2) 教材は，次のような観点に配慮して取り上げること。
  ア 国語に対する認識を深め，国語を尊重する態度を育てるのに役立つこと。
  イ 伝え合う力，思考力や想像力を養い言語感覚を豊かにするのに役立つこと。
  ウ 公正かつ適切に判断する能力や創造的精神を養うのに役立つこと。
  エ 科学的，論理的に物事を捉え考察し，視野を広げるのに役立つこと。
  オ 人生について考えを深め，豊かな人間性を養い，たくましく生きる意志を育てるのに役立つこと。
  カ 人間，社会，自然などについての考えを深めるのに役立つこと。
  キ 我が国の伝統と文化に対する関心や理解を深め，それらを尊重する態度を育てるのに役立つこと。
  ク 広い視野から国際理解を深め，日本人としての自覚をもち，国際協調の精神を養うのに役立つこと。
(3) 第2の各学年の内容の〔思考力，判断力，表現力等〕の「C読むこと」の教材については，各学年で説明的な文章や文学的な文章などの文章の種類を調和的に取り扱うこと。また，説明的な文章については，適宜，図表や写真などを含むものを取り上げること。
(4) 我が国の言語文化に親しむことができるよう，近代以降の代表的な作家の作品を，いずれかの学年で取り上げること。
(5) 古典に関する教材については，古典の原文に加え，古典の現代語訳，古典について解説した文章などを取り上げること。

教科の目標，各学年の目標及び内容の系統表（小・中学校国語科）

教科の目標

	小学校
	言葉による見方・考え方を働かせ，言語活動を通して，国語で正確に理解し適切に表現する資質・能力を次のとおり育成することを目指す。
「知識及び技能」	(1) 日常生活に必要な国語について，その特質を理解し適切に使うことができるようにする。
「思考力，判断力，表現力等」	(2) 日常生活における人との関わりの中で伝え合う力を高め，思考力や想像力を養う。
「学びに向かう力，人間性等」	(3) 言葉がもつよさを認識するとともに，言語感覚を養い，国語の大切さを自覚し，国語を尊重してその能力の向上を図る態度を養う。

学年の目標

	（小）第1学年及び第2学年	（小）第3学年及び第4学年	（小）第5学年及び第6学年
「知識及び技能」	(1) 日常生活に必要な国語の知識や技能を身に付けるとともに，我が国の言語文化に親しんだり理解したりすることができるようにする。	(1) 日常生活に必要な国語の知識や技能を身に付けるとともに，我が国の言語文化に親しんだり理解したりすることができるようにする。	(1) 日常生活に必要な国語の知識や技能を身に付けるとともに，我が国の言語文化に親しんだり理解したりすることができるようにする。
「思考力，判断力，表現力等」	(2) 順序立てて考える力や感じたり想像したりする力を養い，日常生活における人との関わりの中で伝え合う力を高め，自分の思いや考えをもつことができるようにする。	(2) 筋道立てて考える力や豊かに感じたり想像したりする力を養い，日常生活における人との関わりの中で伝え合う力を高め，自分の思いや考えをまとめることができるようにする。	(2) 筋道立てて考える力や豊かに感じたり想像したりする力を養い，日常生活における人との関わりの中で伝え合う力を高め，自分の思いや考えを広げることができるようにする。
「学びに向かう力，人間性等」	(3) 言葉がもつよさを感じるとともに，楽しんで読書をし，国語を大切にして，思いや考えを伝え合おうとする態度を養う。	(3) 言葉がもつよさに気付くとともに，幅広く読書をし，国語を大切にして，思いや考えを伝え合おうとする態度を養う。	(3) 言葉がもつよさを認識するとともに，進んで読書をし，国語の大切さを自覚して，思いや考えを伝え合おうとする態度を養う。

中学校
言葉による見方・考え方を働かせ，言語活動を通して，国語で正確に理解し適切に表現する資質・能力を次のとおり育成することを目指す。
(1)　社会生活に必要な国語について，その特質を理解し適切に使うことができるようにする。
(2)　社会生活における人との関わりの中で伝え合う力を高め，思考力や想像力を養う。
(3)　言葉がもつ価値を認識するとともに，言語感覚を豊かにし，我が国の言語文化に関わり，国語を尊重してその能力の向上を図る態度を養う。

（中）第1学年	（中）第2学年	（中）第3学年
(1)　社会生活に必要な国語の知識や技能を身に付けるとともに，我が国の言語文化に親しんだり理解したりすることができるようにする。	(1)　社会生活に必要な国語の知識や技能を身に付けるとともに，我が国の言語文化に親しんだり理解したりすることができるようにする。	(1)　社会生活に必要な国語の知識や技能を身に付けるとともに，我が国の言語文化に親しんだり理解したりすることができるようにする。
(2)　筋道立てて考える力や豊かに感じたり想像したりする力を養い，日常生活における人との関わりの中で伝え合う力を高め，自分の思いや考えを確かなものにすることができるようにする。	(2)　論理的に考える力や共感したり想像したりする力を養い，社会生活における人との関わりの中で伝え合う力を高め，自分の思いや考えを広げたり深めたりすることができるようにする。	(2)　論理的に考える力や深く共感したり豊かに想像したりする力を養い，社会生活における人との関わりの中で伝え合う力を高め，自分の思いや考えを広げたり深めたりすることができるようにする。
(3)　言葉がもつ価値に気付くとともに，進んで読書をし，我が国の言語文化を大切にして，思いや考えを伝え合おうとする態度を養う。	(3)　言葉がもつ価値を認識するとともに，読書を生活に役立て，我が国の言語文化を大切にして，思いや考えを伝え合おうとする態度を養う。	(3)　言葉がもつ価値を認識するとともに，読書を通して自己を向上させ，我が国の言語文化に関わり，思いや考えを伝え合おうとする態度を養う。

付録4

〔知識及び技能〕

(1) 言葉の特徴や使い方に関する事項

	(小)第1学年及び第2学年	(小)第3学年及び第4学年	(小)第5学年及び第6学年
	(1) 言葉の特徴や使い方に関する次の事項を身に付けることができるよう指導する。		
言葉の働き	ア 言葉には、事物の内容を表す働きや、経験したことを伝える働きがあることに気付くこと。	ア 言葉には、考えたことや思ったことを表す働きがあることに気付くこと。	ア 言葉には、相手とのつながりをつくる働きがあることに気付くこと。
話し言葉と書き言葉	イ 音節と文字との関係、アクセントによる語の意味の違いなどに気付くとともに、姿勢や口形、発声や発音に注意して話すこと。 ウ 長音、拗音、促音、撥音などの表記、助詞の「は」、「へ」及び「を」の使い方、句読点の打ち方、かぎ（「 」）の使い方を理解して文や文章の中で使うこと。また、平仮名及び片仮名を読み、書くとともに、片仮名で書く語の種類を知り、文や文章の中で使うこと。	イ 相手を見て話したり聞いたりするとともに、言葉の抑揚や強弱、間の取り方などに注意して話すこと。 ウ 漢字と仮名を用いた表記、送り仮名の付け方、改行の仕方を理解して文や文章の中で使うとともに、句読点を適切に打つこと。また、第3学年においては、日常使われている簡単な単語について、ローマ字で表記されたものを読み、ローマ字で書くこと。	イ 話し言葉と書き言葉との違いに気付くこと。 ウ 文や文章の中で漢字と仮名を適切に使い分けるとともに、送り仮名や仮名遣いに注意して正しく書くこと。
漢字	エ 第1学年においては、別表の学年別漢字配当表（以下「学年別漢字配当表」という。）の第1学年に配当されている漢字を読み、漸次書き、文や文章の中で使うこと。第2学年においては、学年別漢字配当表の第2学年までに配当されている漢字を読むこと。また、第1学年に配当されている漢字を書き、文や文章の中で使うとともに、第2学年に配当されている漢字を漸次書き、文や文章の中で使うこと。	エ 第3学年及び第4学年の各学年においては、学年別漢字配当表の当該学年までに配当されている漢字を読むこと。また、当該学年の前の学年までに配当されている漢字を書き、文や文章の中で使うとともに、当該学年に配当されている漢字を漸次書き、文や文章の中で使うこと。	エ 第5学年及び第6学年の各学年においては、学年別漢字配当表の当該学年までに配当されている漢字を読むこと。また、当該学年の前の学年までに配当されている漢字を書き、文や文章の中で使うとともに、当該学年に配当されている漢字を漸次書き、文や文章の中で使うこと。
語彙	オ 身近なことを表す語句の量を増し、話や文章の中で使うとともに、言葉には意味による語句のまとまりがあることに気付き、語彙を豊かにすること。	オ 様子や行動、気持ちや性格を表す語句の量を増し、話や文章の中で使うとともに、言葉には性質や役割による語句のまとまりがあることを理解し、語彙を豊かにすること。	オ 思考に関わる語句の量を増し、話や文章の中で使うとともに、語句と語句との関係、語句の構成や変化について理解し、語彙を豊かにすること。また、語感や言葉の使い方に対する感覚を意識して、語や語句を使うこと。
文や文章	カ 文の中における主語と述語との関係に気付くこと。	カ 主語と述語との関係、修飾と被修飾との関係、指示する語句と接続する語句の役割、段落の役割について理解すること。	カ 文の中での語句の係り方や語順、文と文との接続の関係、話や文章の構成や展開、話や文章の種類とその特徴について理解すること。
言葉遣い	キ 丁寧な言葉と普通の言葉との違いに気を付けて使うとともに、敬体で書かれた文章に慣れること。	キ 丁寧な言葉を使うとともに、敬体と常体との違いに注意しながら書くこと。	キ 日常よく使われる敬語を理解し使い慣れること。
表現の技法			ク 比喩や反復などの表現の工夫に気付くこと。
音読，朗読	ク 語のまとまりや言葉の響きなどに気を付けて音読すること。	ク 文章全体の構成や内容の大体を意識しながら音読すること。	ケ 文章を音読したり朗読したりすること。

付録4

（中）第1学年	（中）第2学年	（中）第3学年
(1) 言葉の特徴や使い方に関する次の事項を身に付けることができるよう指導する。		
	ア 言葉には，相手の行動を促す働きがあることに気付くこと。	
ア 音声の働きや仕組みについて，理解を深めること。	イ 話し言葉と書き言葉の特徴について理解すること。	
イ 小学校学習指導要領第2章第1節国語の学年別漢字配当表（以下「学年別漢字配当表」という。）に示されている漢字に加え，その他の常用漢字のうち300字程度から400字程度までの漢字を読むこと。また，学年別漢字配当表の漢字のうち900字程度の漢字を書き，文や文章の中で使うこと。	ウ 第1学年までに学習した常用漢字に加え，その他の常用漢字のうち350字程度から450字程度までの漢字を読むこと。また，学年別漢字配当表に示されている漢字を書き，文や文章の中で使うこと。	ア 第2学年までに学習した常用漢字に加え，その他の常用漢字の大体を読むこと。また，学年別漢字配当表に示されている漢字について，文や文章の中で使い慣れること。
ウ 事象や行為，心情を表す語句の量を増すとともに，語句の辞書的な意味と文脈上の意味との関係に注意して話や文章の中で使うことを通して，語感を磨き語彙を豊かにすること。	エ 抽象的な概念を表す語句の量を増すとともに，類義語と対義語，同音異義語や多義的な意味を表す語句などについて理解し，話や文章の中で使うことを通して，語感を磨き語彙を豊かにすること。	イ 理解したり表現したりするために必要な語句の量を増し，慣用句や四字熟語などについて理解を深め，話や文章の中で使うとともに，和語，漢語，外来語などを使い分けることを通して，語感を磨き語彙を豊かにすること。
エ 単語の類別について理解するとともに，指示する語句と接続する語句の役割について理解を深めること。	オ 単語の活用，助詞や助動詞などの働き，文の成分の順序や照応など文の構成について理解するとともに，話や文章の構成や展開について理解を深めること。	ウ 話や文章の種類とその特徴について理解を深めること。
	カ 敬語の働きについて理解し，話や文章の中で使うこと。	エ 敬語などの相手や場に応じた言葉遣いを理解し，適切に使うこと。
オ 比喩，反復，倒置，体言止めなどの表現の技法を理解し使うこと。		

付録4

(2) 情報の扱い方に関する事項

	(小) 第1学年及び第2学年	(小) 第3学年及び第4学年	(小) 第5学年及び第6学年
	(2) 話や文章に含まれている情報の扱い方に関する次の事項を身に付けることができるよう指導する。		
情報と情報との関係	ア 共通，相違，事柄の順序など情報と情報との関係について理解すること。	ア 考えとそれを支える理由や事例，全体と中心など情報と情報との関係について理解すること。	ア 原因と結果など情報と情報との関係について理解すること。
情報の整理		イ 比較や分類の仕方，必要な語句などの書き留め方，引用の仕方や出典の示し方，辞書や事典の使い方を理解し使うこと。	イ 情報と情報との関係付けの仕方，図などによる語句と語句との関係の表し方を理解し使うこと。

(3) 我が国の言語文化に関する事項

	(小) 第1学年及び第2学年	(小) 第3学年及び第4学年	(小) 第5学年及び第6学年
	(3) 我が国の言語文化に関する次の事項を身に付けることができるよう指導する。		
伝統的な言語文化	ア 昔話や神話・伝承などの読み聞かせを聞くなどして，我が国の伝統的な言語文化に親しむこと。 イ 長く親しまれている言葉遊びを通して，言葉の豊かさに気付くこと。	ア 易しい文語調の短歌や俳句を音読したり暗唱したりするなどして，言葉の響きやリズムに親しむこと。 イ 長い間使われてきたことわざや慣用句，故事成語などの意味を知り，使うこと。	ア 親しみやすい古文や漢文，近代以降の文語調の文章を音読するなどして，言葉の響きやリズムに親しむこと。 イ 古典について解説した文章を読んだり作品の内容の大体を知ったりすることを通して，昔の人のものの見方や感じ方を知ること。
言葉の由来や変化		ウ 漢字が，へんやつくりなどから構成されていることについて理解すること。	ウ 語句の由来などに関心をもつとともに，時間の経過による言葉の変化や世代による言葉の違いに気付き，共通語と方言との違いを理解すること。また，仮名及び漢字の由来，特質などについて理解すること。
書写	ウ 書写に関する次の事項を理解し使うこと。 (ア) 姿勢や筆記具の持ち方を正しくして書くこと。 (イ) 点画の書き方や文字の形に注意しながら，筆順に従って丁寧に書くこと。 (ウ) 点画相互の接し方や交わり方，長短や方向などに注意して，文字を正しく書くこと。	エ 書写に関する次の事項を理解し使うこと。 (ア) 文字の組立て方を理解し，形を整えて書くこと。 (イ) 漢字や仮名の大きさ，配列に注意して書くこと。 (ウ) 毛筆を使用して点画の書き方への理解を深め，筆圧などに注意して書くこと。	エ 書写に関する次の事項を理解し使うこと。 (ア) 用紙全体との関係に注意して，文字の大きさや配列などを決めるとともに，書く速さを意識して書くこと。 (イ) 毛筆を使用して，穂先の動きと点画のつながりを意識して書くこと。 (ウ) 目的に応じて使用する筆記具を選び，その特徴を生かして書くこと。
読書	エ 読書に親しみ，いろいろな本があることを知ること。	オ 幅広く読書に親しみ，読書が，必要な知識や情報を得ることに役立つことに気付くこと。	オ 日常的に読書に親しみ，読書が，自分の考えを広げることに役立つことに気付くこと。

付録4

（中）第1学年	（中）第2学年	（中）第3学年
(2) 話や文章に含まれている情報の扱い方に関する次の事項を身に付けることができるよう指導する。		
ア 原因と結果，意見と根拠など情報と情報との関係について理解すること。	ア 意見と根拠，具体と抽象など情報と情報との関係について理解すること。	ア 具体と抽象など情報と情報との関係について理解を深めること。
イ 比較や分類，関係付けなどの情報の整理の仕方，引用の仕方や出典の示し方について理解を深め，それらを使うこと。	イ 情報と情報との関係の様々な表し方を理解し使うこと。	イ 情報の信頼性の確かめ方を理解し使うこと。

（中）第1学年	（中）第2学年	（中）第3学年
(3) 我が国の言語文化に関する次の事項を身に付けることができるよう指導する。		
ア 音読に必要な文語のきまりや訓読の仕方を知り，古文や漢文を音読し，古典特有のリズムを通して，古典の世界に親しむこと。	ア 作品の特徴を生かして朗読するなどして，古典の世界に親しむこと。	ア 歴史的背景などに注意して古典を読むことを通して，その世界に親しむこと。
イ 古典には様々な種類の作品があることを知ること。	イ 現代語訳や語注などを手掛かりに作品を読むことを通して，古典に表れたものの見方や考え方を知ること。	イ 長く親しまれている言葉や古典の一節を引用するなどして使うこと。
ウ 共通語と方言の果たす役割について理解すること。		ウ 時間の経過による言葉の変化や世代による言葉の違いについて理解すること。
エ 書写に関する次の事項を理解し使うこと。 (ｱ) 字形を整え，文字の大きさ，配列などについて理解して，楷書で書くこと。 (ｲ) 漢字の行書の基礎的な書き方を理解して，身近な文字を行書で書くこと。	ウ 書写に関する次の事項を理解し使うこと。 (ｱ) 漢字の行書とそれに調和した仮名の書き方を理解して，読みやすく速く書くこと。 (ｲ) 目的や必要に応じて，楷書又は行書を選んで書くこと。	エ 書写に関する次の事項を理解し使うこと。 (ｱ) 身の回りの多様な表現を通して文字文化の豊かさに触れ，効果的に文字を書くこと。
オ 読書が，知識や情報を得たり，自分の考えを広げたりすることに役立つことを理解すること。	エ 本や文章などには，様々な立場や考え方が書かれていることを知り，自分の考えを広げたり深めたりする読書に生かすこと。	オ 自分の生き方や社会との関わり方を支える読書の意義と効用について理解すること。

〔思考力,判断力,表現力等〕

A　話すこと・聞くこと

		（小）第1学年及び第2学年	（小）第3学年及び第4学年	（小）第5学年及び第6学年
		(1) 話すこと・聞くことに関する次の事項を身に付けることができるよう指導する。		
話すこと	話題の設定／情報の収集／内容の検討	ア　身近なことや経験したことなどから話題を決め、伝え合うために必要な事柄を選ぶこと。	ア　目的を意識して、日常生活の中から話題を決め、集めた材料を比較したり分類したりして、伝え合うために必要な事柄を選ぶこと。	ア　目的や意図に応じて、日常生活の中から話題を決め、集めた材料を分類したり関係付けたりして、伝え合う内容を検討すること。
	構成の検討／考えの形成	イ　相手に伝わるように、行動したことや経験したことに基づいて、話す事柄の順序を考えること。	イ　相手に伝わるように、理由や事例などを挙げながら、話の中心が明確になるよう話の構成を考えること。	イ　話の内容が明確になるように、事実と感想、意見とを区別するなど、話の構成を考えること。
	表現／共有	ウ　伝えたい事柄や相手に応じて、声の大きさや速さなどを工夫すること。	ウ　話の中心や話す場面を意識して、言葉の抑揚や強弱、間の取り方などを工夫すること。	ウ　資料を活用するなどして、自分の考えが伝わるように表現を工夫すること。
聞くこと	話題の設定／情報の収集	【再掲】ア　身近なことや経験したことなどから話題を決め、伝え合うために必要な事柄を選ぶこと。	【再掲】ア　目的を意識して、日常生活の中から話題を決め、集めた材料を比較したり分類したりして、伝え合うために必要な事柄を選ぶこと。	【再掲】ア　目的や意図に応じて、日常生活の中から話題を決め、集めた材料を分類したり関係付けたりして、伝え合う内容を検討すること。
	構造と内容の把握／精査・解釈／考えの形成／共有	エ　話し手が知らせたいことや自分が聞きたいことを落とさないように集中して聞き、話の内容を捉えて感想をもつこと。	エ　必要なことを記録したり質問したりしながら聞き、話し手が伝えたいことや自分が聞きたいことの中心を捉え、自分の考えをもつこと。	エ　話し手の目的や自分が聞こうとする意図に応じて、話の内容を捉え、話し手の考えと比較しながら、自分の考えをまとめること。
話し合うこと	話題の設定／情報の収集／内容の検討	【再掲】ア　身近なことや経験したことなどから話題を決め、伝え合うために必要な事柄を選ぶこと。	【再掲】ア　目的を意識して、日常生活の中から話題を決め、集めた材料を比較したり分類したりして、伝え合うために必要な事柄を選ぶこと。	【再掲】ア　目的や意図に応じて、日常生活の中から話題を決め、集めた材料を分類したり関係付けたりして、伝え合う内容を検討すること。
	話合いの進め方の検討／考えの形成／共有	オ　互いの話に関心をもち、相手の発言を受けて話をつなぐこと。	オ　目的や進め方を確認し、司会などの役割を果たしながら話し合い、互いの意見の共通点や相違点に着目して、考えをまとめること。	オ　互いの立場や意図を明確にしながら計画的に話し合い、考えを広げたりまとめたりすること。
		(2) (1)に示す事項については、例えば、次のような言語活動を通して指導するものとする。		
	言語活動例	ア　紹介や説明、報告など伝えたいことを話したり、それらを聞いて声に出して確かめたり感想を述べたりする活動。	ア　説明や報告など調べたことを話したり、それらを聞いたりする活動。	ア　意見や提案など自分の考えを話したり、それらを聞いたりする活動。
			イ　質問するなどして情報を集めたり、それらを発表したりする活動。	イ　インタビューなどをして必要な情報を集めたり、それらを発表したりする活動。
		イ　尋ねたり応答したりするなどして、少人数で話し合う活動。	ウ　互いの考えを伝えるなどして、グループや学級全体で話し合う活動。	ウ　それぞれの立場から考えを伝えるなどして話し合う活動。

（中）第1学年	（中）第2学年	（中）第3学年
(1) 話すこと・聞くことに関する次の事項を身に付けることができるよう指導する。		
ア 目的や場面に応じて，日常生活の中から話題を決め，集めた材料を整理し，伝え合う内容を検討すること。	ア 目的や場面に応じて，社会生活の中から話題を決め，異なる立場や考えを想定しながら集めた材料を整理し，伝え合う内容を検討すること。	ア 目的や場面に応じて，社会生活の中から話題を決め，多様な考えを想定しながら材料を整理し，伝え合う内容を検討すること。
イ 自分の考えや根拠が明確になるように，話の中心的な部分と付加的な部分，事実と意見との関係などに注意して，話の構成を考えること。	イ 自分の立場や考えが明確になるように，根拠の適切さや論理の展開などに注意して，話の構成を工夫すること。	イ 自分の立場や考えを明確にし，相手を説得できるように論理の展開などを考えて，話の構成を工夫すること。
ウ 相手の反応を踏まえながら，自分の考えが分かりやすく伝わるように表現を工夫すること。	ウ 資料や機器を用いるなどして，自分の考えが分かりやすく伝わるように表現を工夫すること。	ウ 場の状況に応じて言葉を選ぶなど，自分の考えが分かりやすく伝わるように表現を工夫すること。
【再掲】ア 目的や場面に応じて，日常生活の中から話題を決め，集めた材料を整理し，伝え合う内容を検討すること。	【再掲】ア 目的や場面に応じて，社会生活の中から話題を決め，異なる立場や考えを想定しながら集めた材料を整理し，伝え合う内容を検討すること。	【再掲】ア 目的や場面に応じて，社会生活の中から話題を決め，多様な考えを想定しながら材料を整理し，伝え合う内容を検討すること。
エ 必要に応じて記録したり質問したりしながら話の内容を捉え，共通点や相違点などを踏まえて，自分の考えをまとめること。	エ 論理の展開などに注意して聞き，話し手の考えと比較しながら，自分の考えをまとめること。	エ 話の展開を予測しながら聞き，聞き取った内容や表現の仕方を評価して，自分の考えを広げたり深めたりすること。
【再掲】ア 目的や場面に応じて，日常生活の中から話題を決め，集めた材料を整理し，伝え合う内容を検討すること。	【再掲】ア 目的や場面に応じて，社会生活の中から話題を決め，異なる立場や考えを想定しながら集めた材料を整理し，伝え合う内容を検討すること。	【再掲】ア 目的や場面に応じて，社会生活の中から話題を決め，多様な考えを想定しながら材料を整理し，伝え合う内容を検討すること。
オ 話題や展開を捉えながら話し合い，互いの発言を結び付けて考えをまとめること。	オ 互いの立場や考えを尊重しながら話し合い，結論を導くために考えをまとめること。	オ 進行の仕方を工夫したり互いの発言を生かしたりしながら話し合い，合意形成に向けて考えを広げたり深めたりすること。
(2) (1)に示す事項については，例えば，次のような言語活動を通して指導するものとする。		
ア 紹介や報告など伝えたいことを話したり，それらを聞いて質問したり意見などを述べたりする活動。	ア 説明や提案など伝えたいことを話したり，それらを聞いて質問や助言などをしたりする活動。	ア 提案や主張など自分の考えを話したり，それらを聞いて質問したり評価などを述べたりする活動。
イ 互いの考えを伝えるなどして，少人数で話し合う活動。	イ それぞれの立場から考えを伝えるなどして，議論や討論をする活動。	イ 互いの考えを生かしながら議論や討論をする活動。

B 書くこと

	（小）第1学年及び第2学年	（小）第3学年及び第4学年	（小）第5学年及び第6学年
	(1) 書くことに関する次の事項を身に付けることができるよう指導する。		
題材の設定 情報の収集 内容の検討	ア 経験したことや想像したことなどから書くことを見付け，必要な事柄を集めたり確かめたりして，伝えたいことを明確にすること。	ア 相手や目的を意識して，経験したことや想像したことなどから書くことを選び，集めた材料を比較したり分類したりして，伝えたいことを明確にすること。	ア 目的や意図に応じて，感じたことや考えたことなどから書くことを選び，集めた材料を分類したり関係付けたりして，伝えたいことを明確にすること。
構成の検討	イ 自分の思いや考えが明確になるように，事柄の順序に沿って簡単な構成を考えること。	イ 書く内容の中心を明確にし，内容のまとまりで段落をつくったり，段落相互の関係に注意したりして，文章の構成を考えること。	イ 筋道の通った文章となるように，文章全体の構成や展開を考えること。
考えの形成	ウ 語と語や文と文との続き方に注意しながら，内容のまとまりが分かるように書き表し方を工夫すること。	ウ 自分の考えとそれを支える理由や事例との関係を明確にして，書き表し方を工夫すること。	ウ 目的や意図に応じて簡単に書いたり詳しく書いたりするとともに，事実と感想，意見とを区別して書いたりするなど，自分の考えが伝わるように書き表し方を工夫すること。
記述			エ 引用したり，図表やグラフなどを用いたりして，自分の考えが伝わるように書き表し方を工夫すること。
推敲	エ 文章を読み返す習慣を付けるとともに，間違いを正したり，語と語や文と文との続き方を確かめたりすること。	エ 間違いを正したり，相手や目的を意識した表現になっているかを確かめたりして，文や文章を整えること。	オ 文章全体の構成や書き表し方などに着目して，文や文章を整えること。
共有	オ 文章に対する感想を伝え合い，自分の文章の内容や表現のよいところを見付けること。	オ 書こうとしたことが明確になっているかなど，文章に対する感想や意見を伝え合い，自分の文章のよいところを見付けること。	カ 文章全体の構成や展開が明確になっているかなど，文章に対する感想や意見を伝え合い，自分の文章のよいところを見付けること。
	(2) (1)に示す事項については，例えば，次のような言語活動を通して指導するものとする。		
言語活動例	ア 身近なことや経験したことを報告したり，観察したことを記録したりするなど，見聞きしたことを書く活動。 イ 日記や手紙を書くなど，思ったことや伝えたいことを書く活動。 ウ 簡単な物語をつくるなど，感じたことや想像したことを書く活動。	ア 調べたことをまとめて報告するなど，事実やそれを基に考えたことを書く活動。 イ 行事の案内やお礼の文章を書くなど，伝えたいことを手紙に書く活動。 ウ 詩や物語をつくるなど，感じたことや想像したことを書く活動。	ア 事象を説明したり意見を述べたりするなど，考えたことや伝えたいことを書く活動。 イ 短歌や俳句をつくるなど，感じたことや想像したことを書く活動。 ウ 事実や経験を基に，感じたり考えたりしたことや自分にとっての意味について文章に書く活動。

付録4

（中）第1学年	（中）第2学年	（中）第3学年
(1) 書くことに関する次の事項を身に付けることができるよう指導する。		
ア　目的や意図に応じて，日常生活の中から題材を決め，集めた材料を整理し，伝えたいことを明確にすること。	ア　目的や意図に応じて，社会生活の中から題材を決め，多様な方法で集めた材料を整理し，伝えたいことを明確にすること。	ア　目的や意図に応じて，社会生活の中から題材を決め，集めた材料の客観性や信頼性を確認し，伝えたいことを明確にすること。
イ　書く内容の中心が明確になるように，段落の役割などを意識して文章の構成や展開を考えること。	イ　伝えたいことが分かりやすく伝わるように，段落相互の関係などを明確にし，文章の構成や展開を工夫すること。	イ　文章の種類を選択し，多様な読み手を説得できるように論理の展開などを考えて，文章の構成を工夫すること。
ウ　根拠を明確にしながら，自分の考えが伝わる文章になるように工夫すること。	ウ　根拠の適切さを考えて説明や具体例を加えたり，表現の効果を考えて描写したりするなど，自分の考えが伝わる文章になるように工夫すること。	ウ　表現の仕方を考えたり資料を適切に引用したりするなど，自分の考えが分かりやすく伝わる文章になるように工夫すること。
エ　読み手の立場に立って，表記や語句の用法，叙述の仕方などを確かめて，文章を整えること。	エ　読み手の立場に立って，表現の効果などを確かめて，文章を整えること。	エ　目的や意図に応じた表現になっているかなどを確かめて，文章全体を整えること。
オ　根拠の明確さなどについて，読み手からの助言などを踏まえ，自分の文章のよい点や改善点を見いだすこと。	オ　表現の工夫とその効果などについて，読み手からの助言などを踏まえ，自分の文章のよい点や改善点を見いだすこと。	オ　論理の展開などについて，読み手からの助言などを踏まえ，自分の文章のよい点や改善点を見いだすこと。
(2) (1)に示す事項については，例えば，次のような言語活動を通して指導するものとする。		
ア　本や資料から文章や図表などを引用して説明したり記録したりするなど，事実やそれを基に考えたことを書く活動。	ア　多様な考えができる事柄について意見を述べるなど，自分の考えを書く活動。	ア　関心のある事柄について批評するなど，自分の考えを書く活動。
イ　行事の案内や報告の文章を書くなど，伝えるべきことを整理して書く活動。	イ　社会生活に必要な手紙や電子メールを書くなど，伝えたいことを相手や媒体を考慮して書く活動。	イ　情報を編集して文章にまとめるなど，伝えたいことを整理して書く活動。
ウ　詩を創作したり随筆を書いたりするなど，感じたことや考えたことを書く活動。	ウ　短歌や俳句，物語を創作するなど，感じたことや想像したことを書く活動。	

C 読むこと

	（小）第1学年及び第2学年	（小）第3学年及び第4学年	（小）第5学年及び第6学年
	(1) 読むことに関する次の事項を身に付けることができるよう指導する。		
構造と内容の把握	ア 時間的な順序や事柄の順序などを考えながら，内容の大体を捉えること。 イ 場面の様子や登場人物の行動など，内容の大体を捉えること。	ア 段落相互の関係に着目しながら，考えとそれを支える理由や事例との関係などについて，叙述を基に捉えること。 イ 登場人物の行動や気持ちなどについて，叙述を基に捉えること。	ア 事実と感想，意見などとの関係を叙述を基に押さえ，文章全体の構成を捉えて要旨を把握すること。 イ 登場人物の相互関係や心情などについて，描写を基に捉えること。
精査・解釈	ウ 文章の中の重要な語や文を考えて選び出すこと。 エ 場面の様子に着目して，登場人物の行動を具体的に想像すること。	ウ 目的を意識して，中心となる語や文を見付けて要約すること。 エ 登場人物の気持ちの変化や性格，情景について，場面の移り変わりと結び付けて具体的に想像すること。	ウ 目的に応じて，文章と図表などを結び付けるなどして必要な情報を見付けたり，論の進め方について考えたりすること。 エ 人物像や物語などの全体像を具体的に想像したり，表現の効果を考えたりすること。
考えの形成	オ 文章の内容と自分の体験とを結び付けて，感想をもつこと。	オ 文章を読んで理解したことに基づいて，感想や考えをもつこと。	オ 文章を読んで理解したことに基づいて，自分の考えをまとめること。
共有	カ 文章を読んで感じたことや分かったことを共有すること。	カ 文章を読んで感じたことや考えたことを共有し，一人一人の感じ方などに違いがあることに気付くこと。	カ 文章を読んでまとめた意見や感想を共有し，自分の考えを広げること。
	(2) (1)に示す事項については，例えば，次のような言語活動を通して指導するものとする。		
言語活動例	ア 事物の仕組みを説明した文章などを読み，分かったことや考えたことを述べる活動。 イ 読み聞かせを聞いたり物語などを読んだりして，内容や感想などを伝え合ったり，演じたりする活動。 ウ 学校図書館などを利用し，図鑑や科学的なことについて書いた本などを読み，分かったことなどを説明する活動。	ア 記録や報告などの文章を読み，文章の一部を引用して，分かったことや考えたことを説明したり，意見を述べたりする活動。 イ 詩や物語などを読み，内容を説明したり，考えたことなどを伝え合ったりする活動。 ウ 学校図書館などを利用し，事典や図鑑などから情報を得て，分かったことなどをまとめて説明する活動。	ア 説明や解説などの文章を比較するなどして読み，分かったことや考えたことを，話し合ったり文章にまとめたりする活動。 イ 詩や物語，伝記などを読み，内容を説明したり，自分の生き方などについて考えたことを伝え合ったりする活動。 ウ 学校図書館などを利用し，複数の本や新聞などを活用して，調べたり考えたりしたことを報告する活動。

（中）第1学年	（中）第2学年	（中）第3学年
(1) 読むことに関する次の事項を身に付けることができるよう指導する。		
ア 文章の中心的な部分と付加的な部分，事実と意見との関係などについて叙述を基に捉え，要旨を把握すること。	ア 文章全体と部分との関係に注意しながら，主張と例示との関係や登場人物の設定の仕方などを捉えること。	ア 文章の種類を踏まえて，論理や物語の展開の仕方などを捉えること。
イ 場面の展開や登場人物の相互関係，心情の変化などについて，描写を基に捉えること。		
ウ 目的に応じて必要な情報に着目して要約したり，場面と場面，場面と描写などを結び付けたりして，内容を解釈すること。	イ 目的に応じて複数の情報を整理しながら適切な情報を得たり，登場人物の言動の意味などについて考えたりして，内容を解釈すること。	イ 文章を批判的に読みながら，文章に表れているものの見方や考え方について考えること。
	ウ 文章と図表などを結び付け，その関係を踏まえて内容を解釈すること。	
エ 文章の構成や展開，表現の効果について，根拠を明確にして考えること。	エ 観点を明確にして文章を比較するなどし，文章の構成や論理の展開，表現の効果について考えること。	ウ 文章の構成や論理の展開，表現の仕方について評価すること。
オ 文章を読んで理解したことに基づいて，自分の考えを確かなものにすること。	オ 文章を読んで理解したことや考えたことを知識や経験と結び付け，自分の考えを広げたり深めたりすること。	エ 文章を読んで考えを広げたり深めたりして，人間，社会，自然などについて，自分の意見をもつこと。
(2) (1)に示す事項については，例えば，次のような言語活動を通して指導するものとする。		
ア 説明や記録などの文章を読み，理解したことや考えたことを報告したり文章にまとめたりする活動。	ア 報告や解説などの文章を読み，理解したことや考えたことを説明したり文章にまとめたりする活動。	ア 論説や報道などの文章を比較するなどして読み，理解したことや考えたことについて討論したり文章にまとめたりする活動。
イ 小説や随筆などを読み，考えたことなどを記録したり伝え合ったりする活動。	イ 詩歌や小説などを読み，引用して解説したり，考えたことなどを伝え合ったりする活動。	イ 詩歌や小説などを読み，批評したり，考えたことなどを伝え合ったりする活動。
ウ 学校図書館などを利用し，多様な情報を得て，考えたことなどを報告したり資料にまとめたりする活動。	ウ 本や新聞，インターネットなどから集めた情報を活用し，出典を明らかにしながら，考えたことなどを説明したり提案したりする活動。	ウ 実用的な文章を読み，実生活への生かし方を考える活動。

付録4

小学校学習指導要領　第2章　第1節　国語

● 第1　目標

言葉による見方・考え方を働かせ，言語活動を通して，国語で正確に理解し適切に表現する資質・能力を次のとおり育成することを目指す。

(1) 日常生活に必要な国語について，その特質を理解し適切に使うことができるようにする。
(2) 日常生活における人との関わりの中で伝え合う力を高め，思考力や想像力を養う。
(3) 言葉がもつよさを認識するとともに，言語感覚を養い，国語の大切さを自覚し，国語を尊重してその能力の向上を図る態度を養う。

● 第2　各学年の目標及び内容

〔第1学年及び第2学年〕

1　目標

(1) 日常生活に必要な国語の知識や技能を身に付けるとともに，我が国の言語文化に親しんだり理解したりすることができるようにする。
(2) 順序立てて考える力や感じたり想像したりする力を養い，日常生活における人との関わりの中で伝え合う力を高め，自分の思いや考えをもつことができるようにする。
(3) 言葉がもつよさを感じるとともに，楽しんで読書をし，国語を大切にして，思いや考えを伝え合おうとする態度を養う。

2　内容

〔知識及び技能〕

(1) 言葉の特徴や使い方に関する次の事項を身に付けることができるよう指導する。

　ア　言葉には，事物の内容を表す働きや，経験したことを伝える働きがあることに気付くこと。
　イ　音節と文字との関係，アクセントによる語の意味の違いなどに気付くとともに，姿勢や口形，発声や発音に注意して話すこと。
　ウ　長音，拗音，促音，撥音などの表記，助詞の「は」，「へ」及び「を」の使い方，句読点の打ち方，かぎ（「　」）の使い方を理解して文や文章の中で使うこと。また，平仮名及び片仮名を読み，書くとともに，片仮名で書く語の種類を知り，文や文章の中で使うこと。
　エ　第1学年においては，別表の学年別漢字配当表（以下「学年別漢字配当表」という。）の第1学年に配当されている漢字を読み，漸次書き，文や文章の中で使うこと。第2学年においては，学年別漢字配当表の第2学年までに配当されている漢字を読むこと。また，第1学年に配当されている漢字を書き，文や文章の中で使うとともに，第2学年に配当されている漢字を漸次書き，文や文章の中で使うこと。
　オ　身近なことを表す語句の量を増し，話や文章の中で使うとともに，言葉には意味による語句のまとまりがあることに気付き，語彙を豊かにすること。
　カ　文の中における主語と述語との関係に気付くこと。
　キ　丁寧な言葉と普通の言葉との違いに気を付けて使うとともに，敬体で書かれた文章に慣れること。
　ク　語のまとまりや言葉の響きなどに気を付けて音読すること。

(2) 話や文章に含まれている情報の扱い方に関する次の事項を身に付けることができるよう指導

する。
　　ア　共通，相違，事柄の順序など情報と情報との関係について理解すること。
　(3)　我が国の言語文化に関する次の事項を身に付けることができるよう指導する。
　　ア　昔話や神話・伝承などの読み聞かせを聞くなどして，我が国の伝統的な言語文化に親しむこと。
　　イ　長く親しまれている言葉遊びを通して，言葉の豊かさに気付くこと。
　　ウ　書写に関する次の事項を理解し使うこと。
　　　(ア)　姿勢や筆記具の持ち方を正しくして書くこと。
　　　(イ)　点画の書き方や文字の形に注意しながら，筆順に従って丁寧に書くこと。
　　　(ウ)　点画相互の接し方や交わり方，長短や方向などに注意して，文字を正しく書くこと。
　　エ　読書に親しみ，いろいろな本があることを知ること。
　〔思考力，判断力，表現力等〕
A　話すこと・聞くこと
　(1)　話すこと・聞くことに関する次の事項を身に付けることができるよう指導する。
　　ア　身近なことや経験したことなどから話題を決め，伝え合うために必要な事柄を選ぶこと。
　　イ　相手に伝わるように，行動したことや経験したことに基づいて，話す事柄の順序を考えること。
　　ウ　伝えたい事柄や相手に応じて，声の大きさや速さなどを工夫すること。
　　エ　話し手が知らせたいことや自分が聞きたいことを落とさないように集中して聞き，話の内容を捉えて感想をもつこと。
　　オ　互いの話に関心をもち，相手の発言を受けて話をつなぐこと。
　(2)　(1)に示す事項については，例えば，次のような言語活動を通して指導するものとする。
　　ア　紹介や説明，報告など伝えたいことを話したり，それらを聞いて声に出して確かめたり感想を述べたりする活動。
　　イ　尋ねたり応答したりするなどして，少人数で話し合う活動。
B　書くこと
　(1)　書くことに関する次の事項を身に付けることができるよう指導する。
　　ア　経験したことや想像したことなどから書くことを見付け，必要な事柄を集めたり確かめたりして，伝えたいことを明確にすること。
　　イ　自分の思いや考えが明確になるように，事柄の順序に沿って簡単な構成を考えること。
　　ウ　語と語や文と文との続き方に注意しながら，内容のまとまりが分かるように書き表し方を工夫すること。
　　エ　文章を読み返す習慣を付けるとともに，間違いを正したり，語と語や文と文との続き方を確かめたりすること。
　　オ　文章に対する感想を伝え合い，自分の文章の内容や表現のよいところを見付けること。
　(2)　(1)に示す事項については，例えば，次のような言語活動を通して指導するものとする。
　　ア　身近なことや経験したことを報告したり，観察したことを記録したりするなど，見聞きしたことを書く活動。
　　イ　日記や手紙を書くなど，思ったことや伝えたいことを書く活動。
　　ウ　簡単な物語をつくるなど，感じたことや想像したことを書く活動。
C　読むこと
　(1)　読むことに関する次の事項を身に付けることができるよう指導する。
　　ア　時間的な順序や事柄の順序などを考えながら，内容の大体を捉えること。

イ　場面の様子や登場人物の行動など，内容の大体を捉えること。
　　ウ　文章の中の重要な語や文を考えて選び出すこと。
　　エ　場面の様子に着目して，登場人物の行動を具体的に想像すること。
　　オ　文章の内容と自分の体験とを結び付けて，感想をもつこと。
　　カ　文章を読んで感じたことや分かったことを共有すること。
(2)　(1)に示す事項については，例えば，次のような言語活動を通して指導するものとする。
　　ア　事物の仕組みを説明した文章などを読み，分かったことや考えたことを述べる活動。
　　イ　読み聞かせを聞いたり物語などを読んだりして，内容や感想などを伝え合ったり，演じたりする活動。
　　ウ　学校図書館などを利用し，図鑑や科学的なことについて書いた本などを読み，分かったことなどを説明する活動。

〔第3学年及び第4学年〕

1　目　標

(1)　日常生活に必要な国語の知識や技能を身に付けるとともに，我が国の言語文化に親しんだり理解したりすることができるようにする。
(2)　筋道立てて考える力や豊かに感じたり想像したりする力を養い，日常生活における人との関わりの中で伝え合う力を高め，自分の思いや考えをまとめることができるようにする。
(3)　言葉がもつよさに気付くとともに，幅広く読書をし，国語を大切にして，思いや考えを伝え合おうとする態度を養う。

2　内　容

〔知識及び技能〕

(1)　言葉の特徴や使い方に関する次の事項を身に付けることができるよう指導する。
　　ア　言葉には，考えたことや思ったことを表す働きがあることに気付くこと。
　　イ　相手を見て話したり聞いたりするとともに，言葉の抑揚や強弱，間の取り方などに注意して話すこと。
　　ウ　漢字と仮名を用いた表記，送り仮名の付け方，改行の仕方を理解して文や文章の中で使うとともに，句読点を適切に打つこと。また，第3学年においては，日常使われている簡単な単語について，ローマ字で表記されたものを読み，ローマ字で書くこと。
　　エ　第3学年及び第4学年の各学年においては，学年別漢字配当表の当該学年までに配当されている漢字を読むこと。また，当該学年の前の学年までに配当されている漢字を書き，文や文章の中で使うとともに，当該学年に配当されている漢字を漸次書き，文や文章の中で使うこと。
　　オ　様子や行動，気持ちや性格を表す語句の量を増し，話や文章の中で使うとともに，言葉には性質や役割による語句のまとまりがあることを理解し，語彙を豊かにすること。
　　カ　主語と述語との関係，修飾と被修飾との関係，指示する語句と接続する語句の役割，段落の役割について理解すること。
　　キ　丁寧な言葉を使うとともに，敬体と常体との違いに注意しながら書くこと。
　　ク　文章全体の構成や内容の大体を意識しながら音読すること。
(2)　話や文章に含まれている情報の扱い方に関する次の事項を身に付けることができるよう指導する。
　　ア　考えとそれを支える理由や事例，全体と中心など情報と情報との関係について理解すること。

イ　比較や分類の仕方，必要な語句などの書き留め方，引用の仕方や出典の示し方，辞書や事典の使い方を理解し使うこと。
　(3)　我が国の言語文化に関する次の事項を身に付けることができるよう指導する。
　　ア　易しい文語調の短歌や俳句を音読したり暗唱したりするなどして，言葉の響きやリズムに親しむこと。
　　イ　長い間使われてきたことわざや慣用句，故事成語などの意味を知り，使うこと。
　　ウ　漢字が，へんやつくりなどから構成されていることについて理解すること。
　　エ　書写に関する次の事項を理解し使うこと。
　　　(ア)　文字の組立て方を理解し，形を整えて書くこと。
　　　(イ)　漢字や仮名の大きさ，配列に注意して書くこと。
　　　(ウ)　毛筆を使用して点画の書き方への理解を深め，筆圧などに注意して書くこと。
　　オ　幅広く読書に親しみ，読書が，必要な知識や情報を得ることに役立つことに気付くこと。
〔思考力，判断力，表現力等〕
A　話すこと・聞くこと
　(1)　話すこと・聞くことに関する次の事項を身に付けることができるよう指導する。
　　ア　目的を意識して，日常生活の中から話題を決め，集めた材料を比較したり分類したりして，伝え合うために必要な事柄を選ぶこと。
　　イ　相手に伝わるように，理由や事例などを挙げながら，話の中心が明確になるよう話の構成を考えること。
　　ウ　話の中心や話す場面を意識して，言葉の抑揚や強弱，間の取り方などを工夫すること。
　　エ　必要なことを記録したり質問したりしながら聞き，話し手が伝えたいことや自分が聞きたいことの中心を捉え，自分の考えをもつこと。
　　オ　目的や進め方を確認し，司会などの役割を果たしながら話し合い，互いの意見の共通点や相違点に着目して，考えをまとめること。
　(2)　(1)に示す事項については，例えば，次のような言語活動を通して指導するものとする。
　　ア　説明や報告など調べたことを話したり，それらを聞いたりする活動。
　　イ　質問するなどして情報を集めたり，それらを発表したりする活動。
　　ウ　互いの考えを伝えるなどして，グループや学級全体で話し合う活動。
B　書くこと
　(1)　書くことに関する次の事項を身に付けることができるよう指導する。
　　ア　相手や目的を意識して，経験したことや想像したことなどから書くことを選び，集めた材料を比較したり分類したりして，伝えたいことを明確にすること。
　　イ　書く内容の中心を明確にし，内容のまとまりで段落をつくったり，段落相互の関係に注意したりして，文章の構成を考えること。
　　ウ　自分の考えとそれを支える理由や事例との関係を明確にして，書き表し方を工夫すること。
　　エ　間違いを正したり，相手や目的を意識した表現になっているかを確かめたりして，文や文章を整えること。
　　オ　書こうとしたことが明確になっているかなど，文章に対する感想や意見を伝え合い，自分の文章のよいところを見付けること。
　(2)　(1)に示す事項については，例えば，次のような言語活動を通して指導するものとする。
　　ア　調べたことをまとめて報告するなど，事実やそれを基に考えたことを書く活動。
　　イ　行事の案内やお礼の文章を書くなど，伝えたいことを手紙に書く活動。
　　ウ　詩や物語をつくるなど，感じたことや想像したことを書く活動。

付録5

C　読むこと
(1) 読むことに関する次の事項を身に付けることができるよう指導する。
　ア　段落相互の関係に着目しながら、考えとそれを支える理由や事例との関係などについて、叙述を基に捉えること。
　イ　登場人物の行動や気持ちなどについて、叙述を基に捉えること。
　ウ　目的を意識して、中心となる語や文を見付けて要約すること。
　エ　登場人物の気持ちの変化や性格、情景について、場面の移り変わりと結び付けて具体的に想像すること。
　オ　文章を読んで理解したことに基づいて、感想や考えをもつこと。
　カ　文章を読んで感じたことや考えたことを共有し、一人一人の感じ方などに違いがあることに気付くこと。
(2) (1)に示す事項については、例えば、次のような言語活動を通して指導するものとする。
　ア　記録や報告などの文章を読み、文章の一部を引用して、分かったことや考えたことを説明したり、意見を述べたりする活動。
　イ　詩や物語などを読み、内容を説明したり、考えたことなどを伝え合ったりする活動。
　ウ　学校図書館などを利用し、事典や図鑑などから情報を得て、分かったことなどをまとめて説明する活動。

〔第５学年及び第６学年〕
1　目　標
(1) 日常生活に必要な国語の知識や技能を身に付けるとともに、我が国の言語文化に親しんだり理解したりすることができるようにする。
(2) 筋道立てて考える力や豊かに感じたり想像したりする力を養い、日常生活における人との関わりの中で伝え合う力を高め、自分の思いや考えを広げることができるようにする。
(3) 言葉がもつよさを認識するとともに、進んで読書をし、国語の大切さを自覚して、思いや考えを伝え合おうとする態度を養う。

2　内　容
〔知識及び技能〕
(1) 言葉の特徴や使い方に関する次の事項を身に付けることができるよう指導する。
　ア　言葉には、相手とのつながりをつくる働きがあることに気付くこと。
　イ　話し言葉と書き言葉との違いに気付くこと。
　ウ　文や文章の中で漢字と仮名を適切に使い分けるとともに、送り仮名や仮名遣いに注意して正しく書くこと。
　エ　第５学年及び第６学年の各学年においては、学年別漢字配当表の当該学年までに配当されている漢字を読むこと。また、当該学年の前の学年までに配当されている漢字を書き、文や文章の中で使うとともに、当該学年に配当されている漢字を漸次書き、文や文章の中で使うこと。
　オ　思考に関わる語句の量を増し、話や文章の中で使うとともに、語句と語句との関係、語句の構成や変化について理解し、語彙を豊かにすること。また、語感や言葉の使い方に対する感覚を意識して、語や語句を使うこと。
　カ　文の中での語句の係り方や語順、文と文との接続の関係、話や文章の構成や展開、話や文章の種類とその特徴について理解すること。

キ　日常よく使われる敬語を理解し使い慣れること。
ク　比喩や反復などの表現の工夫に気付くこと。
ケ　文章を音読したり朗読したりすること。
(2) 話や文章に含まれている情報の扱い方に関する次の事項を身に付けることができるよう指導する。
ア　原因と結果など情報と情報との関係について理解すること。
イ　情報と情報との関係付けの仕方，図などによる語句と語句との関係の表し方を理解し使うこと。
(3) 我が国の言語文化に関する次の事項を身に付けることができるよう指導する。
ア　親しみやすい古文や漢文，近代以降の文語調の文章を音読するなどして，言葉の響きやリズムに親しむこと。
イ　古典について解説した文章を読んだり作品の内容の大体を知ったりすることを通して，昔の人のものの見方や感じ方を知ること。
ウ　語句の由来などに関心をもつとともに，時間の経過による言葉の変化や世代による言葉の違いに気付き，共通語と方言との違いを理解すること。また，仮名及び漢字の由来，特質などについて理解すること。
エ　書写に関する次の事項を理解し使うこと。
　(ｱ)　用紙全体との関係に注意して，文字の大きさや配列などを決めるとともに，書く速さを意識して書くこと。
　(ｲ)　毛筆を使用して，穂先の動きと点画のつながりを意識して書くこと。
　(ｳ)　目的に応じて使用する筆記具を選び，その特徴を生かして書くこと。
オ　日常的に読書に親しみ，読書が，自分の考えを広げることに役立つことに気付くこと。
〔思考力，判断力，表現力等〕
A　話すこと・聞くこと
(1) 話すこと・聞くことに関する次の事項を身に付けることができるよう指導する。
ア　目的や意図に応じて，日常生活の中から話題を決め，集めた材料を分類したり関係付けたりして，伝え合う内容を検討すること。
イ　話の内容が明確になるように，事実と感想，意見とを区別するなど，話の構成を考えること。
ウ　資料を活用するなどして，自分の考えが伝わるように表現を工夫すること。
エ　話し手の目的や自分が聞こうとする意図に応じて，話の内容を捉え，話し手の考えと比較しながら，自分の考えをまとめること。
オ　互いの立場や意図を明確にしながら計画的に話し合い，考えを広げたりまとめたりすること。
(2) (1)に示す事項については，例えば，次のような言語活動を通して指導するものとする。
ア　意見や提案など自分の考えを話したり，それらを聞いたりする活動。
イ　インタビューなどをして必要な情報を集めたり，それらを発表したりする活動。
ウ　それぞれの立場から考えを伝えるなどして話し合う活動。
B　書くこと
(1) 書くことに関する次の事項を身に付けることができるよう指導する。
ア　目的や意図に応じて，感じたことや考えたことなどから書くことを選び，集めた材料を分類したり関係付けたりして，伝えたいことを明確にすること。
イ　筋道の通った文章となるように，文章全体の構成や展開を考えること。
ウ　目的や意図に応じて簡単に書いたり詳しく書いたりするとともに，事実と感想，意見とを区別して書いたりするなど，自分の考えが伝わるように書き表し方を工夫すること。

付録5

エ　引用したり，図表やグラフなどを用いたりして，自分の考えが伝わるように書き表し方を工夫すること。
　　オ　文章全体の構成や書き表し方などに着目して，文や文章を整えること。
　　カ　文章全体の構成や展開が明確になっているかなど，文章に対する感想や意見を伝え合い，自分の文章のよいところを見付けること。
　(2)　(1)に示す事項については，例えば，次のような言語活動を通して指導するものとする。
　　ア　事象を説明したり意見を述べたりするなど，考えたことや伝えたいことを書く活動。
　　イ　短歌や俳句をつくるなど，感じたことや想像したことを書く活動。
　　ウ　事実や経験を基に，感じたり考えたりしたことや自分にとっての意味について文章に書く活動。
　C　読むこと
　(1)　読むことに関する次の事項を身に付けることができるよう指導する。
　　ア　事実と感想，意見などとの関係を叙述を基に押さえ，文章全体の構成を捉えて要旨を把握すること。
　　イ　登場人物の相互関係や心情などについて，描写を基に捉えること。
　　ウ　目的に応じて，文章と図表などを結び付けるなどして必要な情報を見付けたり，論の進め方について考えたりすること。
　　エ　人物像や物語などの全体像を具体的に想像したり，表現の効果を考えたりすること。
　　オ　文章を読んで理解したことに基づいて，自分の考えをまとめること。
　　カ　文章を読んでまとめた意見や感想を共有し，自分の考えを広げること。
　(2)　(1)に示す事項については，例えば，次のような言語活動を通して指導するものとする。
　　ア　説明や解説などの文章を比較するなどして読み，分かったことや考えたことを，話し合ったり文章にまとめたりする活動。
　　イ　詩や物語，伝記などを読み，内容を説明したり，自分の生き方などについて考えたことを伝え合ったりする活動。
　　ウ　学校図書館などを利用し，複数の本や新聞などを活用して，調べたり考えたりしたことを報告する活動。

●　第3　指導計画の作成と内容の取扱い

1　指導計画の作成に当たっては，次の事項に配慮するものとする。
　(1)　単元など内容や時間のまとまりを見通して，その中で育む資質・能力の育成に向けて，児童の主体的・対話的で深い学びの実現を図るようにすること。その際，言葉による見方・考え方を働かせ，言語活動を通して，言葉の特徴や使い方などを理解し自分の思いや考えを深める学習の充実を図ること。
　(2)　第2の各学年の内容の指導については，必要に応じて当該学年より前の学年において初歩的な形で取り上げたり，その後の学年で程度を高めて取り上げたりするなどして，弾力的に指導すること。
　(3)　第2の各学年の内容の〔知識及び技能〕に示す事項については，〔思考力，判断力，表現力等〕に示す事項の指導を通して指導することを基本とし，必要に応じて，特定の事項だけを取り上げて指導したり，それらをまとめて指導したりするなど，指導の効果を高めるよう工夫すること。なお，その際，第1章総則の第2の3の(2)のウの(イ)に掲げる指導を行う場合には，当該指導のねらいを明確にするとともに，単元など内容や時間のまとまりを見通して資質・能

力が偏りなく育成されるよう計画的に指導すること。

(4) 第2の各学年の内容の〔思考力，判断力，表現力等〕の「A話すこと・聞くこと」に関する指導については，意図的，計画的に指導する機会が得られるように，第1学年及び第2学年では年間35単位時間程度，第3学年及び第4学年では年間30単位時間程度，第5学年及び第6学年では年間25単位時間程度を配当すること。その際，音声言語のための教材を活用するなどして指導の効果を高めるよう工夫すること。

(5) 第2の各学年の内容の〔思考力，判断力，表現力等〕の「B書くこと」に関する指導については，第1学年及び第2学年では年間100単位時間程度，第3学年及び第4学年では年間85単位時間程度，第5学年及び第6学年では年間55単位時間程度を配当すること。その際，実際に文章を書く活動をなるべく多くすること。

(6) 第2の第1学年及び第2学年の内容の〔知識及び技能〕の(3)のエ，第3学年及び第4学年，第5学年及び第6学年の内容の〔知識及び技能〕の(3)のオ及び各学年の内容の〔思考力，判断力，表現力等〕の「C読むこと」に関する指導については，読書意欲を高め，日常生活において読書活動を活発に行うようにするとともに，他教科等の学習における読書の指導や学校図書館における指導との関連を考えて行うこと。

(7) 低学年においては，第1章総則の第2の4の(1)を踏まえ，他教科等との関連を積極的に図り，指導の効果を高めるようにするとともに，幼稚園教育要領等に示す幼児期の終わりまでに育ってほしい姿との関連を考慮すること。特に，小学校入学当初においては，生活科を中心とした合科的・関連的な指導や，弾力的な時間割の設定を行うなどの工夫をすること。

(8) 言語能力の向上を図る観点から，外国語活動及び外国語科など他教科等との関連を積極的に図り，指導の効果を高めるようにすること。

(9) 障害のある児童などについては，学習活動を行う場合に生じる困難さに応じた指導内容や指導方法の工夫を計画的，組織的に行うこと。

(10) 第1章総則の第1の2の(2)に示す道徳教育の目標に基づき，道徳科などとの関連を考慮しながら，第3章特別の教科道徳の第2に示す内容について，国語科の特質に応じて適切な指導をすること。

2 第2の内容の取扱いについては，次の事項に配慮するものとする。

(1) 〔知識及び技能〕に示す事項については，次のとおり取り扱うこと。

　ア 日常の言語活動を振り返ることなどを通して，児童が，実際に話したり聞いたり書いたり読んだりする場面を意識できるよう指導を工夫すること。

　イ 理解したり表現したりするために必要な文字や語句については，辞書や事典を利用して調べる活動を取り入れるなど，調べる習慣が身に付くようにすること。

　ウ 第3学年におけるローマ字の指導に当たっては，第5章総合的な学習の時間の第3の2の(3)に示す，コンピュータで文字を入力するなどの学習の基盤として必要となる情報手段の基本的な操作を習得し，児童が情報や情報手段を主体的に選択し活用できるよう配慮することとの関連が図られるようにすること。

　エ 漢字の指導については，第2の内容に定めるほか，次のとおり取り扱うこと。

　　(ｱ) 学年ごとに配当されている漢字は，児童の学習負担に配慮しつつ，必要に応じて，当該学年以前の学年又は当該学年以降の学年において指導することもできること。

　　(ｲ) 当該学年より後の学年に配当されている漢字及びそれ以外の漢字については，振り仮名を付けるなど，児童の学習負担に配慮しつつ提示することができること。

　　(ｳ) 他教科等の学習において必要となる漢字については，当該教科等と関連付けて指導するなど，その確実な定着が図られるよう指導を工夫すること。

(エ)　漢字の指導においては，学年別漢字配当表に示す漢字の字体を標準とすること。
　オ　各学年の(3)のア及びイに関する指導については，各学年で行い，古典に親しめるよう配慮すること。
　カ　書写の指導については，第2の内容に定めるほか，次のとおり取り扱うこと。
　　(ア)　文字を正しく整えて書くことができるようにするとともに，書写の能力を学習や生活に役立てる態度を育てるよう配慮すること。
　　(イ)　硬筆を使用する書写の指導は各学年で行うこと。
　　(ウ)　毛筆を使用する書写の指導は第3学年以上の各学年で行い，各学年年間30単位時間程度を配当するとともに，毛筆を使用する書写の指導は硬筆による書写の能力の基礎を養うよう指導すること。
　　(エ)　第1学年及び第2学年の(3)のウの(イ)の指導については，適切に運筆する能力の向上につながるよう，指導を工夫すること。
(2)　第2の内容の指導に当たっては，児童がコンピュータや情報通信ネットワークを積極的に活用する機会を設けるなどして，指導の効果を高めるよう工夫すること。
(3)　第2の内容の指導に当たっては，学校図書館などを目的をもって計画的に利用しその機能の活用を図るようにすること。その際，本などの種類や配置，探し方について指導するなど，児童が必要な本などを選ぶことができるよう配慮すること。なお，児童が読む図書については，人間形成のため偏りがないよう配慮して選定すること。

3　教材については，次の事項に留意するものとする。
(1)　教材は，第2の各学年の目標及び内容に示す資質・能力を偏りなく養うことや読書に親しむ態度の育成を通して読書習慣を形成することをねらいとし，児童の発達の段階に即して適切な話題や題材を精選して調和的に取り上げること。また，第2の各学年の内容の〔思考力，判断力，表現力等〕の「A話すこと・聞くこと」，「B書くこと」及び「C読むこと」のそれぞれの(2)に掲げる言語活動が十分行われるよう教材を選定すること。
(2)　教材は，次のような観点に配慮して取り上げること。
　ア　国語に対する関心を高め，国語を尊重する態度を育てるのに役立つこと。
　イ　伝え合う力，思考力や想像力及び言語感覚を養うのに役立つこと。
　ウ　公正かつ適切に判断する能力や態度を育てるのに役立つこと。
　エ　科学的，論理的に物事を捉え考察し，視野を広げるのに役立つこと。
　オ　生活を明るくし，強く正しく生きる意志を育てるのに役立つこと。
　カ　生命を尊重し，他人を思いやる心を育てるのに役立つこと。
　キ　自然を愛し，美しいものに感動する心を育てるのに役立つこと。
　ク　我が国の伝統と文化に対する理解と愛情を育てるのに役立つこと。
　ケ　日本人としての自覚をもって国を愛し，国家，社会の発展を願う態度を育てるのに役立つこと。
　コ　世界の風土や文化などを理解し，国際協調の精神を養うのに役立つこと。
(3)　第2の各学年の内容の〔思考力，判断力，表現力等〕の「C読むこと」の教材については，各学年で説明的な文章や文学的な文章などの文章の種類を調和的に取り扱うこと。また，説明的な文章については，適宜，図表や写真などを含むものを取り上げること。

別表

学年別漢字配当表

第一学年	一 右 雨 円 王 音 下 火 花 貝 学 気 九 休 玉 金 空 月 犬 見 五 口 校 左 三 山 子 四 糸 字 耳 七 車 手 十 出 女 小 上 森 人 水 正 生 青 夕 石 赤 千 川 先 早 草 足 村 大 男 竹 中 虫 町 天 田 土 二 日 入 年 白 八 百 文 木 本 名 目 立 力 林 六 （80字）
第二学年	引 羽 雲 園 遠 何 科 夏 家 歌 画 回 会 海 絵 外 角 楽 活 間 丸 岩 顔 汽 記 帰 弓 牛 魚 京 強 教 近 兄 形 計 元 言 原 戸 古 午 後 語 工 公 広 交 光 考 行 高 黄 合 谷 国 黒 今 才 細 作 算 止 市 矢 姉 思 紙 寺 自 時 室 社 弱 首 秋 週 春 書 少 場 色 食 心 新 親 図 数 西 声 星 晴 切 雪 船 線 前 組 走 多 太 体 台 地 池 知 茶 昼 長 鳥 朝 直 通 弟 店 点 電 刀 冬 当 東 答 頭 同 道 読 内 南 肉 馬 売 買 麦 半 番 父 風 分 聞 米 歩 母 方 北 毎 妹 万 明 鳴 毛 門 夜 野 友 用 曜 来 里 理 話 （160字）
	悪 安 暗 医 委 意 育 員 院 飲 運 泳 駅 央 横 屋 温 化 荷 界 開 階 寒 感 漢 館 岸 起 期 客 究 急 級 宮 球 去 橋 業 曲 局

付録5

第三学年

銀区苦具君係軽血決研県庫湖向幸港号根祭皿
仕死使始指歯詩次事持式実写者主守取酒受州
拾終習集住重宿所暑助昭消商章勝乗植申身神
真深進世整昔全相送想息速族他打対待代第題
炭短談着注柱丁帳調追定庭笛鉄転都度投豆島
湯登等動童農波配倍箱畑発反坂板皮悲美鼻筆
氷表秒病品負部服福物平返勉放味命面問役薬
由油有遊予羊洋葉陽様落流旅両緑礼列練路和

(200字)

第四学年

愛案以衣位茨印英栄媛塩岡億加果貨課芽賀改
械害街各覚潟完官管関観願岐希季旗器機議求
泣給挙漁共協鏡競極熊訓軍郡群径景芸欠結建
健験固功好香候康佐差菜最埼材崎昨札刷察参
産散残氏司試児治滋辞鹿失借種周祝順初松笑
唱焼照城縄臣信井成省清静席積折節説浅戦選
然争倉巣束側続卒孫帯隊達単置仲沖兆低底的
典伝徒努灯働特徳栃奈梨熱念敗梅博阪飯飛必
票標不夫付府阜富副兵別辺変便包法望牧末満

	未 民 無 約 勇 要 養 浴 利 陸 良 料 量 輪 類 令 冷 例 連 老 労 録　　　　　　　　　　　　　　　　　　（202字）
第五学年	圧 囲 移 因 永 営 衛 易 益 液 演 応 往 桜 可 仮 価 河 過 快 解 格 確 額 刊 幹 慣 眼 紀 基 寄 規 喜 技 義 逆 久 旧 救 居 許 境 均 禁 句 型 経 潔 件 険 検 限 現 減 故 個 護 効 厚 耕 航 鉱 構 興 講 告 混 査 再 災 妻 採 際 在 財 罪 殺 雑 酸 賛 士 支 史 志 枝 師 資 飼 示 似 識 質 舎 謝 授 修 述 術 準 序 招 証 象 賞 条 状 常 情 織 職 制 性 政 勢 精 製 税 責 績 接 設 絶 祖 素 総 造 像 増 則 測 属 率 損 貸 態 団 断 築 貯 張 停 提 程 適 統 堂 銅 導 得 毒 独 任 燃 能 破 犯 判 版 比 肥 非 費 備 評 貧 布 婦 武 復 複 仏 粉 編 弁 保 墓 報 豊 防 貿 暴 脈 務 夢 迷 綿 輸 余 容 略 留 領 歴　　　　　　　　（193字）
第六学	胃 異 遺 域 宇 映 延 沿 恩 我 灰 拡 革 閣 割 株 干 巻 看 簡 危 机 揮 貴 疑 吸 供 胸 郷 勤 筋 系 敬 警 劇 激 穴 券 絹 権 憲 源 厳 己 呼 誤 后 孝 皇 紅 降 鋼 刻 穀 骨 困 砂 座 済 裁 策 冊 蚕 至 私 姿 視 詞 誌 磁 射 捨 尺 若 樹 収 宗 就 衆 従 縦 縮 熟 純 処 署 諸 除 承 将 傷 障 蒸 針 仁 垂 推 寸 盛 聖 誠 舌 宣 専 泉 洗 染 銭 善 奏 窓 創 装 層 操 蔵 臓 存 尊 退

付録5

年	宅 担 探 誕 段 暖 値 宙 忠 著 庁 頂 腸 潮 賃 痛 敵 展 討 党
	糖 届 難 乳 認 納 脳 派 拝 背 肺 俳 班 晩 否 批 秘 俵 腹 奮
	並 陛 閉 片 補 暮 宝 訪 亡 忘 棒 枚 幕 密 盟 模 訳 郵 優 預
	幼 欲 翌 乱 卵 覧 裏 律 臨 朗 論　　　　　　　　　　（191字）

中学校学習指導要領 第2章 第9節 外国語

● 第1 目標

外国語によるコミュニケーションにおける見方・考え方を働かせ,外国語による聞くこと,読むこと,話すこと,書くことの言語活動を通して,簡単な情報や考えなどを理解したり表現したり伝え合ったりするコミュニケーションを図る資質・能力を次のとおり育成することを目指す。

(1) 外国語の音声や語彙,表現,文法,言語の働きなどを理解するとともに,これらの知識を,聞くこと,読むこと,話すこと,書くことによる実際のコミュニケーションにおいて活用できる技能を身に付けるようにする。

(2) コミュニケーションを行う目的や場面,状況などに応じて,日常的な話題や社会的な話題について,外国語で簡単な情報や考えなどを理解したり,これらを活用して表現したり伝え合ったりすることができる力を養う。

(3) 外国語の背景にある文化に対する理解を深め,聞き手,読み手,話し手,書き手に配慮しながら,主体的に外国語を用いてコミュニケーションを図ろうとする態度を養う。

● 第2 各言語の目標及び内容等

英 語

1 目 標

英語学習の特質を踏まえ,以下に示す,聞くこと,読むこと,話すこと[やり取り],話すこと[発表],書くことの五つの領域別に設定する目標の実現を目指した指導を通して,第1の(1)及び(2)に示す資質・能力を一体的に育成するとともに,その過程を通して,第1の(3)に示す資質・能力を育成する。

(1) 聞くこと

　ア　はっきりと話されれば,日常的な話題について,必要な情報を聞き取ることができるようにする。

　イ　はっきりと話されれば,日常的な話題について,話の概要を捉えることができるようにする。

　ウ　はっきりと話されれば,社会的な話題について,短い説明の要点を捉えることができるようにする。

(2) 読むこと

　ア　日常的な話題について,簡単な語句や文で書かれたものから必要な情報を読み取ることができるようにする。

　イ　日常的な話題について,簡単な語句や文で書かれた短い文章の概要を捉えることができるようにする。

　ウ　社会的な話題について,簡単な語句や文で書かれた短い文章の要点を捉えることができるようにする。

(3) 話すこと[やり取り]

　ア　関心のある事柄について,簡単な語句や文を用いて即興で伝え合うことができるようにする。

　イ　日常的な話題について,事実や自分の考え,気持ちなどを整理し,簡単な語句や文を用いて伝えたり,相手からの質問に答えたりすることができるようにする。

　ウ　社会的な話題に関して聞いたり読んだりしたことについて,考えたことや感じたこと,そ

の理由などを，簡単な語句や文を用いて述べ合うことができるようにする。
- (4) 話すこと［発表］
  - ア 関心のある事柄について，簡単な語句や文を用いて即興で話すことができるようにする。
  - イ 日常的な話題について，事実や自分の考え，気持ちなどを整理し，簡単な語句や文を用いてまとまりのある内容を話すことができるようにする。
  - ウ 社会的な話題に関して聞いたり読んだりしたことについて，考えたことや感じたこと，その理由などを，簡単な語句や文を用いて話すことができるようにする。
- (5) 書くこと
  - ア 関心のある事柄について，簡単な語句や文を用いて正確に書くことができるようにする。
  - イ 日常的な話題について，事実や自分の考え，気持ちなどを整理し，簡単な語句や文を用いてまとまりのある文章を書くことができるようにする。
  - ウ 社会的な話題に関して聞いたり読んだりしたことについて，考えたことや感じたこと，その理由などを，簡単な語句や文を用いて書くことができるようにする。

2 内容

〔知識及び技能〕

(1) 英語の特徴やきまりに関する事項

実際に英語を用いた言語活動を通して，小学校学習指導要領第2章第10節外国語第2の2の(1)及び次に示す言語材料のうち，1に示す五つの領域別の目標を達成するのにふさわしいものについて理解するとともに，言語材料と言語活動とを効果的に関連付け，実際のコミュニケーションにおいて活用できる技能を身に付けることができるよう指導する。

- ア 音声

  次に示す事項について取り扱うこと。
  - (ｱ) 現代の標準的な発音
  - (ｲ) 語と語の連結による音の変化
  - (ｳ) 語や句，文における基本的な強勢
  - (ｴ) 文における基本的なイントネーション
  - (ｵ) 文における基本的な区切り

- イ 符号

  感嘆符，引用符などの符号

- ウ 語，連語及び慣用表現
  - (ｱ) 1に示す五つの領域別の目標を達成するために必要となる，小学校で学習した語に1600～1800語程度の新語を加えた語
  - (ｲ) 連語のうち，活用頻度の高いもの
  - (ｳ) 慣用表現のうち，活用頻度の高いもの

- エ 文，文構造及び文法事項

  小学校学習指導要領第2章第10節外国語第2の2の(1)のエ及び次に示す事項について，意味のある文脈でのコミュニケーションの中で繰り返し触れることを通して活用すること。
  - (ｱ) 文
    - a 重文，複文
    - b 疑問文のうち，助動詞（may, will など）で始まるものや or を含むもの，疑問詞（which, whose）で始まるもの
    - c 感嘆文のうち基本的なもの
  - (ｲ) 文構造

a　［主語＋動詞＋補語］のうち，

　　　　主語＋be動詞以外の動詞＋$\begin{Bmatrix}名詞\\形容詞\end{Bmatrix}$

　　　b　［主語＋動詞＋目的語］のうち，

　　　　(a)　主語＋動詞＋$\begin{Bmatrix}動名詞\\to不定詞\\how（など）to不定詞\end{Bmatrix}$

　　　　(b)　主語＋動詞＋$\begin{Bmatrix}thatで始まる節\\whatなどで始まる節\end{Bmatrix}$

　　　c　［主語＋動詞＋間接目的語＋直接目的語］のうち，

　　　　(a)　主語＋動詞＋間接目的語＋$\begin{Bmatrix}名詞\\代名詞\end{Bmatrix}$

　　　　(b)　主語＋動詞＋間接目的語＋how（など）to不定詞

　　　　(c)　主語＋動詞＋間接目的語＋$\begin{Bmatrix}thatで始まる節\\whatなどで始まる節\end{Bmatrix}$

　　　d　［主語＋動詞＋目的語＋補語］のうち，

　　　　(a)　主語＋動詞＋目的語＋$\begin{Bmatrix}名詞\\形容詞\end{Bmatrix}$

　　　　(b)　主語＋動詞＋目的語＋原形不定詞

　　　e　その他

　　　　(a)　There＋be動詞＋〜

　　　　(b)　It＋be動詞＋〜（＋for〜）＋to不定詞

　　　　(c)　主語＋tell, wantなど＋目的語＋to不定詞

　　　　(d)　主語＋be動詞＋形容詞＋thatで始まる節

　(ウ)　文法事項

　　　a　代名詞

　　　　(a)　人称や指示，疑問，数量を表すもの

　　　　(b)　関係代名詞のうち，主格のthat, which, who, 目的格のthat, whichの制限的用法

　　　b　接続詞

　　　c　助動詞

　　　d　前置詞

　　　e　動詞の時制及び相など

　　　　　現在形や過去形，現在進行形，過去進行形，現在完了形，現在完了進行形，助動詞などを用いた未来表現

　　　f　形容詞や副詞を用いた比較表現

　　　g　to不定詞

　　　h　動名詞

　　　i　現在分詞や過去分詞の形容詞としての用法

　　　j　受け身

　　　k　仮定法のうち基本的なもの

〔思考力，判断力，表現力等〕

(2)　情報を整理しながら考えなどを形成し，英語で表現したり，伝え合ったりすることに関する事項

具体的な課題等を設定し，コミュニケーションを行う目的や場面，状況などに応じて，情報を整理しながら考えなどを形成し，これらを論理的に表現することを通して，次の事項を身に付けることができるよう指導する。

ア　日常的な話題や社会的な話題について，英語を聞いたり読んだりして必要な情報や考えなどを捉えること。

イ　日常的な話題や社会的な話題について，英語を聞いたり読んだりして得られた情報や表現を，選択したり抽出したりするなどして活用し，話したり書いたりして事実や自分の考え，気持ちなどを表現すること。

ウ　日常的な話題や社会的な話題について，伝える内容を整理し，英語で話したり書いたりして互いに事実や自分の考え，気持ちなどを伝え合うこと。

(3) 言語活動及び言語の働きに関する事項

① 言語活動に関する事項

(2)に示す事項については，(1)に示す事項を活用して，例えば，次のような言語活動を通して指導する。

ア　小学校学習指導要領第2章第10節外国語の第2の2の(3)に示す言語活動のうち，小学校における学習内容の定着を図るために必要なもの。

イ　聞くこと

(ｱ)　日常的な話題について，自然な口調で話される英語を聞いて，話し手の意向を正確に把握する活動。

(ｲ)　店や公共交通機関などで用いられる簡単なアナウンスなどから，自分が必要とする情報を聞き取る活動。

(ｳ)　友達からの招待など，身近な事柄に関する簡単なメッセージを聞いて，その内容を把握し，適切に応答する活動。

(ｴ)　友達や家族，学校生活などの日常的な話題や社会的な話題に関する会話や説明などを聞いて，概要や要点を把握する活動。また，その内容を英語で説明する活動。

ウ　読むこと

(ｱ)　書かれた内容や文章の構成を考えながら黙読したり，その内容を表現するよう音読したりする活動。

(ｲ)　日常的な話題について，簡単な表現が用いられている広告やパンフレット，予定表，手紙，電子メール，短い文章などから，自分が必要とする情報を読み取る活動。

(ｳ)　簡単な語句や文で書かれた日常的な話題に関する短い説明やエッセイ，物語などを読んで概要を把握する活動。

(ｴ)　簡単な語句や文で書かれた社会的な話題に関する説明などを読んで，イラストや写真，図表なども参考にしながら，要点を把握する活動。また，その内容に対する賛否や自分の考えを述べる活動。

エ　話すこと［やり取り］

(ｱ)　関心のある事柄について，相手からの質問に対し，その場で適切に応答したり，関連する質問をしたりして，互いに会話を継続する活動。

(ｲ)　日常的な話題について，伝えようとする内容を整理し，自分で作成したメモなどを活用しながら相手と口頭で伝え合う活動。

(ｳ)　社会的な話題に関して聞いたり読んだりしたことから把握した内容に基づき，読み取ったことや感じたこと，考えたことなどを伝えた上で，相手からの質問に対して適切に応答したり自ら質問し返したりする活動。

オ　話すこと［発表］
　(ア)　関心のある事柄について，その場で考えを整理して口頭で説明する活動。
　(イ)　日常的な話題について，事実や自分の考え，気持ちなどをまとめ，簡単なスピーチをする活動。
　(ウ)　社会的な話題に関して聞いたり読んだりしたことから把握した内容に基づき，自分で作成したメモなどを活用しながら口頭で要約したり，自分の考えや気持ちなどを話したりする活動。

カ　書くこと
　(ア)　趣味や好き嫌いなど，自分に関する基本的な情報を語句や文で書く活動。
　(イ)　簡単な手紙や電子メールの形で自分の近況などを伝える活動。
　(ウ)　日常的な話題について，簡単な語句や文を用いて，出来事などを説明するまとまりのある文章を書く活動。
　(エ)　社会的な話題に関して聞いたり読んだりしたことから把握した内容に基づき，自分の考えや気持ち，その理由などを書く活動。

② 言語の働きに関する事項
　言語活動を行うに当たり，主として次に示すような言語の使用場面や言語の働きを取り上げるようにする。

ア　言語の使用場面の例
　(ア)　生徒の身近な暮らしに関わる場面
　　・家庭での生活　・学校での学習や活動
　　・地域の行事　など
　(イ)　特有の表現がよく使われる場面
　　・自己紹介　・買物　・食事
　　・道案内　・旅行　・電話での対応
　　・手紙や電子メールのやり取り　など

イ　言語の働きの例
　(ア)　コミュニケーションを円滑にする
　　・話し掛ける　・相づちを打つ　・聞き直す
　　・繰り返す　など
　(イ)　気持ちを伝える
　　・礼を言う　・苦情を言う　・褒める
　　・謝る　・歓迎する　など
　(ウ)　事実・情報を伝える
　　・説明する　・報告する　・発表する
　　・描写する　など
　(エ)　考えや意図を伝える
　　・申し出る　・約束する　・意見を言う
　　・賛成する　・反対する　・承諾する
　　・断る　・仮定する　など
　(オ)　相手の行動を促す
　　・質問する　・依頼する　・招待する
　　・命令する　など

3　指導計画の作成と内容の取扱い

(1) 指導計画の作成に当たっては，小学校や高等学校における指導との接続に留意しながら，次の事項に配慮するものとする。

　ア　単元など内容や時間のまとまりを見通して，その中で育む資質・能力の育成に向けて，生徒の主体的・対話的で深い学びの実現を図るようにすること。その際，具体的な課題等を設定し，生徒が外国語によるコミュニケーションにおける見方・考え方を働かせながら，コミュニケーションの目的や場面，状況などを意識して活動を行い，英語の音声や語彙，表現，文法の知識を五つの領域における実際のコミュニケーションにおいて活用する学習の充実を図ること。

　イ　学年ごとの目標を適切に定め，3学年間を通じて外国語科の目標の実現を図るようにすること。

　ウ　実際に英語を使用して互いの考えや気持ちを伝え合うなどの言語活動を行う際は，2の(1)に示す言語材料について理解したり練習したりするための指導を必要に応じて行うこと。また，小学校第3学年から第6学年までに扱った簡単な語句や基本的な表現などの学習内容を繰り返し指導し定着を図ること。

　エ　生徒が英語に触れる機会を充実するとともに，授業を実際のコミュニケーションの場面とするため，授業は英語で行うことを基本とする。その際，生徒の理解の程度に応じた英語を用いるようにすること。

　オ　言語活動で扱う題材は，生徒の興味・関心に合ったものとし，国語科や理科，音楽科など，他の教科等で学習したことを活用したり，学校行事で扱う内容と関連付けたりするなどの工夫をすること。

　カ　障害のある生徒などについては，学習活動を行う場合に生じる困難さに応じた指導内容や指導方法の工夫を計画的，組織的に行うこと。

　キ　指導計画の作成や授業の実施に当たっては，ネイティブ・スピーカーや英語が堪能な地域人材などの協力を得る等，指導体制の充実を図るとともに，指導方法の工夫を行うこと。

(2) 2の内容に示す事項については，次の事項に配慮するものとする。

　ア　2の(1)に示す言語材料については，平易なものから難しいものへと段階的に指導すること。また，生徒の発達の段階に応じて，聞いたり読んだりすることを通して意味を理解できるように指導すべき事項と，話したり書いたりして表現できるように指導すべき事項とがあることに留意すること。

　イ　音声指導に当たっては，日本語との違いに留意しながら，発音練習などを通して2の(1)のアに示す言語材料を継続して指導するとともに，音声指導の補助として，必要に応じて発音表記を用いて指導することもできることに留意すること。また，発音と綴りとを関連付けて指導すること。

　ウ　文字指導に当たっては，生徒の学習負担にも配慮しながら筆記体を指導することもできることに留意すること。

　エ　文法事項の指導に当たっては，次の事項に留意すること。

　　(ア)　英語の特質を理解させるために，関連のある文法事項はまとめて整理するなど，効果的な指導ができるよう工夫すること。

　　(イ)　文法はコミュニケーションを支えるものであることを踏まえ，コミュニケーションの目的を達成する上での必要性や有用性を実感させた上でその知識を活用させたり，繰り返し使用することで当該文法事項の規則性や構造などについて気付きを促したりするなど，言語活動と効果的に関連付けて指導すること。

(ｳ) 用語や用法の区別などの指導が中心とならないよう配慮し，実際に活用できるようにするとともに，語順や修飾関係などにおける日本語との違いに留意して指導すること。

オ 辞書の使い方に慣れ，活用できるようにすること。

カ 身近な事柄について，友達に質問をしたり質問に答えたりする力を育成するため，ペア・ワーク，グループ・ワークなどの学習形態について適宜工夫すること。その際，他者とコミュニケーションを行うことに課題がある生徒については，個々の生徒の特性に応じて指導内容や指導方法を工夫すること。

キ 生徒が身に付けるべき資質・能力や生徒の実態，教材の内容などに応じて，視聴覚教材やコンピュータ，情報通信ネットワーク，教育機器などを有効活用し，生徒の興味・関心をより高め，指導の効率化や言語活動の更なる充実を図るようにすること。

ク 各単元や各時間の指導に当たっては，コミュニケーションを行う目的，場面，状況などを明確に設定し，言語活動を通して育成すべき資質・能力を明確に示すことにより，生徒が学習の見通しを立てたり，振り返ったりすることができるようにすること。

(3) 教材については，次の事項に留意するものとする。

ア 教材は，聞くこと，読むこと，話すこと［やり取り］，話すこと［発表］，書くことなどのコミュニケーションを図る資質・能力を総合的に育成するため，1に示す五つの領域別の目標と2に示す内容との関係について，単元など内容や時間のまとまりごとに各教材の中で明確に示すとともに，実際の言語の使用場面や言語の働きに十分配慮した題材を取り上げること。

イ 英語を使用している人々を中心とする世界の人々や日本人の日常生活，風俗習慣，物語，地理，歴史，伝統文化，自然科学などに関するものの中から，生徒の発達の段階や興味・関心に即して適切な題材を効果的に取り上げるものとし，次の観点に配慮すること。

(ｱ) 多様な考え方に対する理解を深めさせ，公正な判断力を養い豊かな心情を育てるのに役立つこと。

(ｲ) 我が国の文化や，英語の背景にある文化に対する関心を高め，理解を深めようとする態度を養うのに役立つこと。

(ｳ) 広い視野から国際理解を深め，国際社会と向き合うことが求められている我が国の一員としての自覚を高めるとともに，国際協調の精神を養うのに役立つこと。

その他の外国語

その他の外国語については，英語の1に示す五つの領域別の目標，2に示す内容及び3に示す指導計画の作成と内容の取扱いに準じて指導を行うものとする。

● 第3　指導計画の作成と内容の取扱い

1　外国語科においては，英語を履修させることを原則とすること。

2　第1章総則の第1の2の(2)に示す道徳教育の目標に基づき，道徳科などとの関連を考慮しながら，第3章特別の教科道徳の第2に示す内容について，外国語科の特質に応じて適切な指導をすること。

中学校学習指導要領　第3章　特別の教科　道徳

● 第1　目標

第1章総則の第1の2の(2)に示す道徳教育の目標に基づき，よりよく生きるための基盤となる道徳性を養うため，道徳的諸価値についての理解を基に，自己を見つめ，物事を広い視野から多面的・多角的に考え，人間としての生き方についての考えを深める学習を通して，道徳的な判断力，心情，実践意欲と態度を育てる。

● 第2　内容

学校の教育活動全体を通じて行う道徳教育の要である道徳科においては，以下に示す項目について扱う。

A　主として自分自身に関すること

［自主，自律，自由と責任］
　自律の精神を重んじ，自主的に考え，判断し，誠実に実行してその結果に責任をもつこと。

［節度，節制］
　望ましい生活習慣を身に付け，心身の健康の増進を図り，節度を守り節制に心掛け，安全で調和のある生活をすること。

［向上心，個性の伸長］
　自己を見つめ，自己の向上を図るとともに，個性を伸ばして充実した生き方を追求すること。

［希望と勇気，克己と強い意志］
　より高い目標を設定し，その達成を目指し，希望と勇気をもち，困難や失敗を乗り越えて着実にやり遂げること。

［真理の探究，創造］
　真実を大切にし，真理を探究して新しいものを生み出そうと努めること。

B　主として人との関わりに関すること

［思いやり，感謝］
　思いやりの心をもって人と接するとともに，家族などの支えや多くの人々の善意により日々の生活や現在の自分があることに感謝し，進んでそれに応え，人間愛の精神を深めること。

［礼儀］
　礼儀の意義を理解し，時と場に応じた適切な言動をとること。

［友情，信頼］
　友情の尊さを理解して心から信頼できる友達をもち，互いに励まし合い，高め合うとともに，異性についての理解を深め，悩みや葛藤も経験しながら人間関係を深めていくこと。

［相互理解，寛容］
　自分の考えや意見を相手に伝えるとともに，それぞれの個性や立場を尊重し，いろいろなものの見方や考え方があることを理解し，寛容の心をもって謙虚に他に学び，自らを高めていくこと。

C　主として集団や社会との関わりに関すること

［遵法精神，公徳心］
　法やきまりの意義を理解し，それらを進んで守るとともに，そのよりよい在り方について考え，自他の権利を大切にし，義務を果たして，規律ある安定した社会の実現に努めること。

［公正，公平，社会正義］
　正義と公正さを重んじ，誰に対しても公平に接し，差別や偏見のない社会の実現に努めること。
［社会参画，公共の精神］
　社会参画の意識と社会連帯の自覚を高め，公共の精神をもってよりよい社会の実現に努めること。
［勤労］
　勤労の尊さや意義を理解し，将来の生き方について考えを深め，勤労を通じて社会に貢献すること。
［家族愛，家庭生活の充実］
　父母，祖父母を敬愛し，家族の一員としての自覚をもって充実した家庭生活を築くこと。
［よりよい学校生活，集団生活の充実］
　教師や学校の人々を敬愛し，学級や学校の一員としての自覚をもち，協力し合ってよりよい校風をつくるとともに，様々な集団の意義や集団の中での自分の役割と責任を自覚して集団生活の充実に努めること。
［郷土の伝統と文化の尊重，郷土を愛する態度］
　郷土の伝統と文化を大切にし，社会に尽くした先人や高齢者に尊敬の念を深め，地域社会の一員としての自覚をもって郷土を愛し，進んで郷土の発展に努めること。
［我が国の伝統と文化の尊重，国を愛する態度］
　優れた伝統の継承と新しい文化の創造に貢献するとともに，日本人としての自覚をもって国を愛し，国家及び社会の形成者として，その発展に努めること。
［国際理解，国際貢献］
　世界の中の日本人としての自覚をもち，他国を尊重し，国際的視野に立って，世界の平和と人類の発展に寄与すること。
D　主として生命や自然，崇高なものとの関わりに関すること
［生命の尊さ］
　生命の尊さについて，その連続性や有限性なども含めて理解し，かけがえのない生命を尊重すること。
［自然愛護］
　自然の崇高さを知り，自然環境を大切にすることの意義を理解し，進んで自然の愛護に努めること。
［感動，畏敬の念］
　美しいものや気高いものに感動する心をもち，人間の力を超えたものに対する畏敬の念を深めること。
［よりよく生きる喜び］
　人間には自らの弱さや醜さを克服する強さや気高く生きようとする心があることを理解し，人間として生きることに喜びを見いだすこと。

第3　指導計画の作成と内容の取扱い

1　各学校においては，道徳教育の全体計画に基づき，各教科，総合的な学習の時間及び特別活動との関連を考慮しながら，道徳科の年間指導計画を作成するものとする。なお，作成に当たっては，第2に示す内容項目について，各学年において全て取り上げることとする。その際，生徒や

学校の実態に応じ，3学年間を見通した重点的な指導や内容項目間の関連を密にした指導，一つの内容項目を複数の時間で扱う指導を取り入れるなどの工夫を行うものとする。
2　第2の内容の指導に当たっては，次の事項に配慮するものとする。
　(1)　学級担任の教師が行うことを原則とするが，校長や教頭などの参加，他の教師との協力的な指導などについて工夫し，道徳教育推進教師を中心とした指導体制を充実すること。
　(2)　道徳科が学校の教育活動全体を通じて行う道徳教育の要としての役割を果たすことができるよう，計画的・発展的な指導を行うこと。特に，各教科，総合的な学習の時間及び特別活動における道徳教育としては取り扱う機会が十分でない内容項目に関わる指導を補うことや，生徒や学校の実態等を踏まえて指導をより一層深めること，内容項目の相互の関連を捉え直したり発展させたりすることに留意すること。
　(3)　生徒が自ら道徳性を養う中で，自らを振り返って成長を実感したり，これからの課題や目標を見付けたりすることができるよう工夫すること。その際，道徳性を養うことの意義について，生徒自らが考え，理解し，主体的に学習に取り組むことができるようにすること。また，発達の段階を考慮し，人間としての弱さを認めながら，それを乗り越えてよりよく生きようとすることのよさについて，教師が生徒と共に考える姿勢を大切にすること。
　(4)　生徒が多様な感じ方や考え方に接する中で，考えを深め，判断し，表現する力などを育むことができるよう，自分の考えを基に討論したり書いたりするなどの言語活動を充実すること。その際，様々な価値観について多面的・多角的な視点から振り返って考える機会を設けるとともに，生徒が多様な見方や考え方に接しながら，更に新しい見方や考え方を生み出していくことができるよう留意すること。
　(5)　生徒の発達の段階や特性等を考慮し，指導のねらいに即して，問題解決的な学習，道徳的行為に関する体験的な学習等を適切に取り入れるなど，指導方法を工夫すること。その際，それらの活動を通じて学んだ内容の意義などについて考えることができるようにすること。また，特別活動等における多様な実践活動や体験活動も道徳科の授業に生かすようにすること。
　(6)　生徒の発達の段階や特性等を考慮し，第2に示す内容との関連を踏まえつつ，情報モラルに関する指導を充実すること。また，例えば，科学技術の発展と生命倫理との関係や社会の持続可能な発展などの現代的な課題の取扱いにも留意し，身近な社会的課題を自分との関係において考え，その解決に向けて取り組もうとする意欲や態度を育てるよう努めること。なお，多様な見方や考え方のできる事柄について，特定の見方や考え方に偏った指導を行うことのないようにすること。
　(7)　道徳科の授業を公開したり，授業の実施や地域教材の開発や活用などに家庭や地域の人々，各分野の専門家等の積極的な参加や協力を得たりするなど，家庭や地域社会との共通理解を深め，相互の連携を図ること。
3　教材については，次の事項に留意するものとする。
　(1)　生徒の発達の段階や特性，地域の実情等を考慮し，多様な教材の活用に努めること。特に，生命の尊厳，社会参画，自然，伝統と文化，先人の伝記，スポーツ，情報化への対応等の現代的な課題などを題材とし，生徒が問題意識をもって多面的・多角的に考えたり，感動を覚えたりするような充実した教材の開発や活用を行うこと。
　(2)　教材については，教育基本法や学校教育法その他の法令に従い，次の観点に照らし適切と判断されるものであること。
　　ア　生徒の発達の段階に即し，ねらいを達成するのにふさわしいものであること。
　　イ　人間尊重の精神にかなうものであって，悩みや葛藤等の心の揺れ，人間関係の理解等の課題も含め，生徒が深く考えることができ，人間としてよりよく生きる喜びや勇気を与えられ

るものであること。
　ウ　多様な見方や考え方のできる事柄を取り扱う場合には，特定の見方や考え方に偏った取扱いがなされていないものであること。
4　生徒の学習状況や道徳性に係る成長の様子を継続的に把握し，指導に生かすよう努める必要がある。ただし，数値などによる評価は行わないものとする。

「道徳の内容」の学年段階・学校段階の一覧表

		小学校第1学年及び第2学年（19）	小学校第3学年及び第4学年（20）
A	主として自分自身に関すること		
	善悪の判断，自律，自由と責任	(1) よいことと悪いこととの区別をし，よいと思うことを進んで行うこと。	(1) 正しいと判断したことは，自信をもって行うこと。
	正直，誠実	(2) うそをついたりごまかしをしたりしないで，素直に伸び伸びと生活すること。	(2) 過ちは素直に改め，正直に明るい心で生活すること。
	節度，節制	(3) 健康や安全に気を付け，物や金銭を大切にし，身の回りを整え，わがままをしないで，規則正しい生活をすること。	(3) 自分でできることは自分でやり，安全に気を付け，よく考えて行動し，節度のある生活をすること。
	個性の伸長	(4) 自分の特徴に気付くこと。	(4) 自分の特徴に気付き，長所を伸ばすこと。
	希望と勇気，努力と強い意志	(5) 自分のやるべき勉強や仕事をしっかりと行うこと。	(5) 自分でやろうと決めた目標に向かって，強い意志をもち，粘り強くやり抜くこと。
	真理の探究		
B	主として人との関わりに関すること		
	親切，思いやり	(6) 身近にいる人に温かい心で接し，親切にすること。	(6) 相手のことを思いやり，進んで親切にすること。
	感謝	(7) 家族など日頃世話になっている人々に感謝すること。	(7) 家族など生活を支えてくれている人々や現在の生活を築いてくれた高齢者に，尊敬と感謝の気持ちをもって接すること。
	礼儀	(8) 気持ちのよい挨拶，言葉遣い，動作などに心掛けて，明るく接すること。	(8) 礼儀の大切さを知り，誰に対しても真心をもって接すること。
	友情，信頼	(9) 友達と仲よくし，助け合うこと。	(9) 友達と互いに理解し，信頼し，助け合うこと。
	相互理解，寛容		(10) 自分の考えや意見を相手に伝えるとともに，相手のことを理解し，自分と異なる意見も大切にすること。
C	主として集団や社会との関わりに関すること		
	規則の尊重	(10) 約束やきまりを守り，みんなが使う物を大切にすること。	(11) 約束や社会のきまりの意義を理解し，それらを守ること。
	公正，公平，社会正義	(11) 自分の好き嫌いにとらわれないで接すること。	(12) 誰に対しても分け隔てをせず，公正，公平な態度で接すること。
	勤労，公共の精神	(12) 働くことのよさを知り，みんなのために働くこと。	(13) 働くことの大切さを知り，進んでみんなのために働くこと。
	家族愛，家庭生活の充実	(13) 父母，祖父母を敬愛し，進んで家の手伝いなどをして，家族の役に立つこと。	(14) 父母，祖父母を敬愛し，家族みんなで協力し合って楽しい家庭をつくること。
	よりよい学校生活，集団生活の充実	(14) 先生を敬愛し，学校の人々に親しんで，学級や学校の生活を楽しくすること。	(15) 先生や学校の人々を敬愛し，みんなで協力し合って楽しい学級や学校をつくること。
	伝統と文化の尊重，国や郷土を愛する態度	(15) 我が国や郷土の文化と生活に親しみ，愛着をもつこと。	(16) 我が国や郷土の伝統と文化を大切にし，国や郷土を愛する心をもつこと。
	国際理解，国際親善	(16) 他国の人々や文化に親しむこと。	(17) 他国の人々や文化に親しみ，関心をもつこと。
D	主として生命や自然，崇高なものとの関わりに関すること		
	生命の尊さ	(17) 生きることのすばらしさを知り，生命を大切にすること。	(18) 生命の尊さを知り，生命あるものを大切にすること。
	自然愛護	(18) 身近な自然に親しみ，動植物に優しい心で接すること。	(19) 自然のすばらしさや不思議さを感じ取り，自然や動植物を大切にすること。
	感動，畏敬の念	(19) 美しいものに触れ，すがすがしい心をもつこと。	(20) 美しいものや気高いものに感動する心をもつこと。
	よりよく生きる喜び		

小学校第5学年及び第6学年（22）	中学校（22）	
(1) 自由を大切にし，自律的に判断し，責任のある行動をすること。 (2) 誠実に，明るい心で生活すること。	(1) 自律の精神を重んじ，自主的に考え，判断し，誠実に実行してその結果に責任をもつこと。	自主，自律，自由と責任
(3) 安全に気を付けることや，生活習慣の大切さについて理解し，自分の生活を見直し，節度を守り節制に心掛けること。	(2) 望ましい生活習慣を身に付け，心身の健康の増進を図り，節度を守り節制に心掛け，安全で調和のある生活をすること。	節度，節制
(4) 自分の特徴を知って，短所を改め長所を伸ばすこと。	(3) 自己を見つめ，自己の向上を図るとともに，個性を伸ばして充実した生き方を追求すること。	向上心，個性の伸長
(5) より高い目標を立て，希望と勇気をもち，困難があってもくじけずに努力して物事をやり抜くこと。	(4) より高い目標を設定し，その達成を目指し，希望と勇気をもち，困難や失敗を乗り越えて着実にやり遂げること。	希望と勇気，克己と強い意志
(6) 真理を大切にし，物事を探究しようとする心をもつこと。	(5) 真実を大切にし，真理を探究して新しいものを生み出そうと努めること。	真理の探究，創造
(7) 誰に対しても思いやりの心をもち，相手の立場に立って親切にすること。 (8) 日々の生活が家族や過去からの多くの人々の支え合いや助け合いで成り立っていることに感謝し，それに応えること。	(6) 思いやりの心をもって人と接するとともに，家族などの支えや多くの人々の善意により日々の生活や現在の自分があることに感謝し，進んでそれに応え，人間愛の精神を深めること。	思いやり，感謝
(9) 時と場をわきまえて，礼儀正しく真心をもって接すること。	(7) 礼儀の意義を理解し，時と場に応じた適切な言動をすること。	礼儀
(10) 友達と互いに信頼し，学び合って友情を深め，異性についても理解しながら，人間関係を築いていくこと。	(8) 友情の尊さを理解して心から信頼できる友達をもち，互いに励まし合い，高め合うとともに，異性についての理解を深め，悩みや葛藤も経験しながら人間関係を深めていくこと。	友情，信頼
(11) 自分の考えや意見を相手に伝えるとともに，謙虚な心をもち，広い心で自分と異なる意見や立場を尊重すること。	(9) 自分の考えや意見を相手に伝えるとともに，それぞれの個性や立場を尊重し，いろいろなものの見方や考え方があることを理解し，寛容の心をもって謙虚に他に学び，自らを高めていくこと。	相互理解，寛容
(12) 法やきまりの意義を理解した上で進んでそれらを守り，自他の権利を大切にし，義務を果たすこと。	(10) 法やきまりの意義を理解し，それらを進んで守るとともに，そのよりよい在り方について考え，自他の権利を大切にし，義務を果たして，規律ある安定した社会の実現に努めること。	遵法精神，公徳心
(13) 誰に対しても差別をすることや偏見をもつことなく，公正，公平な態度で接し，正義の実現に努めること。	(11) 正義と公正さを重んじ，誰に対しても公平に接し，差別や偏見のない社会の実現に努めること。	公正，公平，社会正義
(14) 働くことや社会に奉仕することの充実感を味わうとともに，その意義を理解し，公共のために役に立つことをすること。	(12) 社会参画の意識と社会連帯の自覚を高め，公共の精神をもってよりよい社会の実現に努めること。	社会参画，公共の精神
	(13) 勤労の尊さや意義を理解し，将来の生き方について考えを深め，勤労を通じて社会に貢献すること。	勤労
(15) 父母，祖父母を敬愛し，家族の幸せを求めて，進んで役に立つことをすること。	(14) 父母，祖父母を敬愛し，家族の一員としての自覚をもって充実した家庭生活を築くこと。	家族愛，家庭生活の充実
(16) 先生や学校の人々を敬愛し，みんなで協力し合ってよりよい学級や学校をつくるとともに，様々な集団の中での自分の役割を自覚して集団生活の充実に努めること。	(15) 教師や学校の人々を敬愛し，学級や学校の一員としての自覚をもち，協力し合ってよりよい校風をつくるとともに，様々な集団の意義や集団の中での自分の役割と責任を自覚して集団生活の充実に努めること。	よりよい学校生活，集団生活の充実
(17) 我が国や郷土の伝統と文化を大切にし，先人の努力を知り，国や郷土を愛する心をもつこと。	(16) 郷土の伝統と文化を大切にし，社会に尽くした先人や高齢者に尊敬の念を深め，地域社会の一員としての自覚をもって郷土を愛し，進んで郷土の発展に努めること。	郷土の伝統と文化の尊重，郷土を愛する態度
	(17) 優れた伝統の継承と新しい文化の創造に貢献するとともに，日本人としての自覚をもって国を愛し，国家及び社会の形成者として，その発展に努めること。	我が国の伝統と文化の尊重，国を愛する態度
(18) 他国の人々や文化について理解し，日本人としての自覚をもって国際親善に努めること。	(18) 世界の中の日本人としての自覚をもち，他国を尊重し，国際的視野に立って，世界の平和と人類の発展に寄与すること。	国際理解，国際貢献
(19) 生命が多くの生命のつながりの中にあるかけがえのないものであることを理解し，生命を尊重すること。	(19) 生命の尊さについて，その連続性や有限性なども含めて理解し，かけがえのない生命を尊重すること。	生命の尊さ
(20) 自然の偉大さを知り，自然環境を大切にすること。	(20) 自然の崇高さを知り，自然環境を大切にすることの意義を理解し，進んで自然の愛護に努めること。	自然愛護
(21) 美しいものや気高いものに感動する心や人間の力を超えたものに対する畏敬の念をもつこと。	(21) 美しいものや気高いものに感動する心をもち，人間の力を超えたものに対する畏敬の念を深めること。	感動，畏敬の念
(22) よりよく生きようとする人間の強さや気高さを理解し，人間として生きる喜びを感じること。	(22) 人間には自らの弱さや醜さを克服する強さや気高く生きようとする心があることを理解し，人間として生きることに喜びを見いだすこと。	よりよく生きる喜び

付録8

学習指導要領等の改善に係る検討に必要な専門的作業等協力者（五十音順）

（職名は平成29年6月現在）

青 山 浩 之	横浜国立大学教授
安 部 朋 世	千葉大学教授
飯 村 祐 一	茨城県小美玉市立美野里中学校教頭
木 村 真 理	茨城県水戸市立第一中学校教頭
児 玉 　 忠	宮城教育大学教授
髙 木 まさき	横浜国立大学教授
田 上 顕 二	長崎県教育委員会義務教育課係長
廿 樂 裕 貴	埼玉大学教育学部附属中学校教諭
積 山 昌 典	広島県立広島中学校教諭
冨 山 哲 也	十文字学園女子大学教授
西 　 一 夫	信州大学教授
萩 中 奈穂美	富山大学人間発達科学部附属中学校教諭
三 浦 登志一	山形大学教授
宮 城 洋 之	東京都三鷹の森学園三鷹市立第三中学校長
山 内 裕 介	神奈川県横浜市立南高等学校教諭

なお，文部科学省においては，次の者が本書の編集に当たった。

合 田 哲 雄	初等中等教育局教育課程課長
平 野 　 誠	大臣官房教育改革調整官
小 林 　 努	初等中等教育局教育課程課課長補佐
杉 本 直 美	初等中等教育局教育課程課教科調査官

中学校学習指導要領（平成 29 年告示）解説
国語編
MEXT 1-1717

平成 30 年 3 月 31 日	初版発行
令和 6 年 9 月 6 日	3 版発行
著作権所有	文部科学省

発 行 者
東京都北区堀船 2 丁目17-1
東京書籍株式会社
代表者　渡辺能理夫

印 刷 者
東京都北区堀船 1 丁目28-1
株式会社リーブルテック

発 行 所
東京都北区堀船 2 丁目17-1
東京書籍株式会社
電　話　03－5390－7247

定価 402円（本体 365 円＋税 10％）